미디어리터러시와 비판적 사고

- 디지털 세상에서 자기주도적 삶과 학습을 위한 지침서 -

황치성 지음

교육과학사

| 머리말 |

흔히 현대사회를 정보 홍수의 시대라 불러 왔다. 인터넷이 발달하면서 사람들이 홍수처럼 밀려드는 정보에 휩쓸려 사는 시대현상을 빗댄 말이다. 그러나 에릭 슈미트 구글 회장이 2010년 미국 캘리포니아의 한 회의석상에서 말했듯이 이제 이틀이면 인류가 동굴벽화 시대부터 2003년까지 창출한 것보다 더 많은 정보를 창출할 수 있다.[1] 뿐만 아니다. 2009년 샌디에이고 캘리포니아 대학 연구에 따르면 미국인이 하루에 흡수하는 정보량은 34기가바이트에 달한다.[2] 쉽게 말해 한 사람이 하루에 300만 쪽에 이르는 정보에 노출된다는 의미다. 이 정도면 홍수가 아니라 정보의 쓰나미 시대라고 해도 과언이 아니다.

이렇듯 풍요로워진 정보 덕분에 일상의 삶 또한 과거와 비교할 수 없을 정도로 편리해졌다. 스마트폰 하나면 세상 어디서든 또 언제 어떤 질문을 하든 순식간에 답을 구할 수 있다. 정보 유형도 무궁무진하다. 가까운 곳의 맛집 정보에서 과제 해결에 필요한 정보나 비즈니스 정보, 나아가 세계적인 예술작품이나 남극 오지의 정보도 실시간으로 접할 수 있다.

그러나 문명의 이기가 늘 그랬듯 정보의 풍요와 편리함이 사람들의 삶에 늘 긍정적인 것만은 아니다. 손쉽게 클릭해서 정보를 구할 수 있지만, 그 순간 중대한 문제가 발생할 수 있다. 선정적인 제목으로 미디어 소비자를 유혹하는 온라인 뉴스미디어의 낚시성 제목과 허위 · 과장광고, SNS를 타고 순식간에 확산되는 페이크뉴스, 나아가 스마트폰을 통해 유통되는 보이스피싱에 이르기까지 거짓되고 왜곡된 정보가 무수히 널려 있기 때문이다.

이렇듯 정보가 넘쳐나는 세상에서 정보의 풍요는 다른 한편으로 '무언가'의 결핍을 가져온다. 즉 정보의 과부하가 사람의 주의를 소모시키고 나아가 집중력과 의미의 빈곤을 가져올 수 있다. 물리학에서 말하는 질량불변의 법칙이 인간의 사고작용에도 그대로 적용된다는 의미다. 이 때문에 넘쳐나는 정보 속에서 주의력을 어떻게 배분하느냐의 문제가 더욱 중요해진다. 넘쳐나는 정보를 현명하게 선택하고 그 정보를 분별력 있게 판단할 줄 아는 능력, 즉 비판적 사고력의 중요성은 더욱 커지고 있다.

비판적 사고의 필요성은 미디어를 매개로 유통되는 뉴스나 정보에 국한되지 않는다. 우리 일상에서도 부지기수로 발생한다. 배우자를 결정하거나 고가의 물건을 구입하는 경우, 나아가 투표를 통해 적합한 후보를 결정해야 하는 경우 등등 수없이 많다. 선택과 판단이 연속되는 우리의 삶은 비판적 사고력 여부에 달려 있다 해도 과언이 아니다.

이런 맥락에서 비판적 사고는 21세기 지식기반 사회, 나아가 4차 산업혁명 시대를 살아가는 데 필수 역량으로 손꼽히고 있다. 글로벌 차원의 교수학습 모델을 개발하고 있는 P21(Partnership for 21st Century Skills)은, 4C 즉 커뮤니케이션, 창의성, 협업능력과 함께 비판적 사고력을 21세기 핵심역량으로 규정했다. 또 4차 산업혁명의 이슈화를 촉발시킨 클라우스 슈밥 세계경제포럼 회장은 미래를 살아가는 필수 직업역량으로 '비판적 사고'와 '뉴미디어리터러시'를 강조했다.[3)]

디지털 미디어를 매개로 한 정보 의존도가 증가하는 가운데 비판적 사고의 중요성은 나날이 커지고 있지만 우리 교육 환경에서 비판적 사고는 뒷전에 밀려 있었다. 일방적으로 지식을 전달하는 주입식 일색의 교육 환경에선 어쩌면 당연한 귀결이었을 것이다. 여기에 사회문화적 환경과 정치상황도 크게 작용했다. 전통적인 유교문화와 군부독재에 따른 군사문화의 영향으로 복종과 순종이 미덕으로 간주되어 왔고 또 비판을 비난으로 오인하는 언어적 혼동 속에서 비판하면 부정이나 불평불만으로 치부되어 금기시되기까지 했다.

이런 상황은 학교 밖에서 미디어교육을 전담하는 기관이나 단체의 교육활동에서도 예외가 아니다. 1970년대 후반, 우리나라에 처음 도입된 사회 미디어리터러시 교육은 40년이라는 짧은 기간 동안 괄목할 만한 외적 성장을 이루어냈다. 현재 전국적으로 최신 설비를 갖춘 미디어센터만 해도 40여 개에 이르고 있고 국회에서는 법 제정을 통해 미디어교육을 지원하려는 노력도 가시화되고 있다.

학교 교육현장도 미디어리터러시를 강화하는 방향으로 변하고 있다. 2015년 개정 교육과정은 핵심역량을 강조하고 지식정보처리 역량과 함께 그 하위 요소로 '비판적 사고'와 '매체활용 능력'의 함양을 공식화했다. 이것은 비판적 사고를 적용한 미디어리터러시 교육의 근거를 제시했을 뿐만 아니라 학교 안팎에서 미디어리터러시 교육을 확산시킬 수 있는 계기를 마련했다는 점에서 큰 의미를 가진다.

미디어리터러시 교육을 발전시키는 데 더없이 좋은 기회를 맞이한 셈이다. 그런데 한 가지 중대한 문제가 남아 있다. 미디어리터러시 교육의 본질이라 할 수 있는 비판적 사고가 간과되고 있다는 점이다. 미국 미디어리터러시센터가 단언하듯 비판적 사고가 빠져 있는 것은 미디어리터러시 교육이라 할 수 없다. 미디어리터러시가 21세기 핵심역량, 나아가 4차 산업혁명 시대의 필수 직업역량으로 부각되고 있는 것은 바로 비판적 사고의 존재감 때문이다. 그럼에도 불구하고 우리나라 미디어리터러시 교육 현실에서 비판적 사고는 그 중요성에 비해 그다지 주목을 받지 못했다.

이 책은 현재의 미디어리터러시 교육의 실천과 그 환경에 대한 고민과 함께 4부에 걸쳐 비판적 사고를 강조한 미디어리터러시 교육을 구체적으로 실천할 수 있는 방법론과 지침들을 담은 것이다.

1부는 책 전반에 대한 도입부로 비판적 사고의 개념과 특성, 지적 기원, 그리고 일상에서 흔히 범할 수 있는 오류를 다양한 사례와 함께 다루면서 비판적 사고의 의미와 중요성을 상기시키고 있다.

비판적 사고는 일반적으로 논리학이나 철학 또는 언어학 영역에서 주로 다루어졌다. 물론 이 영역에서의 학습도 중요하지만 그 쓰임새가 주로 논술 등과 같은 특별한 목적에 한정되고 또 어렵다는 인식이 팽배했다. 그에 반해 미디어리터러시 영역에서 다루는 비판적 사고는 일상적으로 접하는 미디어 메시지에 기초하기 때문에 학생들이 가지고 있는 사전경험이나 지식과 연관성 속에서 다룰 수 있는 장점이 있다. 따라서 이 장은 본격적인 미디어리터러시와 비판적 사고를 다루기 전에 실생활의 맥락 속에서 기존의 지식과 경험을 활성화하기 위한 장이라고 할 수 있다.

2부는 미디어리터러시에 대한 개념과 함께 비판적 사고가 어떤 연관성이 있으며 구체적으로 어떤 교육과정을 통해 구현할 수 있는지를 다루었다. 또 비판적 사고를 적용한 미디어리터러시 교육이 왜 필요하고 2015년 개정 교육과정에 이를 어떻게 구현할 수 있는지를 설명했다.

3부는 비판적 사고를 적용한 미디어리터러시 수업을 구체적으로 어떻게 실행할 것인지에 대한 방법들과 사례들을 체계적으로 제시하고 있다.

먼저 미디어리터러시 교육에서 강조하는 다섯 가지 핵심개념들이 나온 배경과 함께 이를 적용한 세계 각국의 수업모형들을 개괄적으로 제시했다. 이어서 다양한 수업모형들의 장점들을 취합한 통합 모형을 통해 다섯 가지의 핵심개념들과 질문들에 기초한 수업방법론을 자세하게 다루었다. 또 다섯 가지 핵심개념과 핵심질문들을 소비자 측면(분석)과 생산자 측면(제작)으로 나누고 각각의 개념에 대해 구체적인 수업방법과 사례들을 체계적으로 제시했다.

통합모형에 이어 국어, 과학과 테크놀로지, 역사수업, 사회교과 등의 개별 교과와 미디어리터러시 수업을 연계한 방법들을 자세하게 제시했다. 즉 개별 교과에 미디어리터러시의 핵심 개념과 지식을 적용할 수 있도록 한 것이다.

4부는 비판적 사고를 적용한 미디어리터러시 수업의 응용 영역으로 페이크뉴스와 광고리터러시, 그리고 자유학기(년)제에 적용할 수 있는 미디어리터러시 교육 프로그램들을 수록했다.

2016년 미국 대선과정에서 불거진 페이크뉴스가 이슈화되면서 그 대안으로 흔히 미디어리터러시 교육을 주장하고 있으나 이 문제는 그렇게 단순하지가 않다. 페이크뉴스에 대처하기 위해서는 비교적 장기간에 걸쳐 축적된 교수학습 과정이 필요하고 그 외에 페이크뉴스 주제에 대한 사전 지식과 기술적 대응능력까지 필요하기 때문이다. 이를 고려하여 다섯 가지 핵심개념을 기초로 페이크뉴스에 대처할 수 있는 수업방법을 제시했다.

광고는 기본적으로 상품을 알리고 자연스럽게 제품을 소비하도록 이끄는 마케팅의 한 요소이지만 광고의 역할은 그에 그치지 않는다. 광고는 더 나아가 일상의 모습으로 사람들의 욕망을 부추기고 시대를 살아가는 사람들의 의식과 행동을 반영하며 새로운 문화를 그려내기도 한다. 이런 이유로 광고는 학교 수업에서도 다양한 형태로 활용되고 있으나 비판적 사고를 적용한 미디어리터러시 광고수업은 매우 드물다. 따라서 비판적 사고를 바탕으로 광고를 읽고 활용할 수 있는 수업방법과 사례들을 제시했다.

마지막으로 자유학기제에 적용할 수 있는 미디어리터러시 프로그램들을 제시했다. 현재 미디어리터러시를 적용한 자유학기제 프로그램들이 운용되고 있으나 주로 제작 체험이나 미디어 분야의 진로활동에 국한되어 있다. 이런 배경에서 미디어리터러시 프로그램들을 더 폭넓게 활용할 수 있도록 자유학기제의 원조격인 아일랜드에서 전환학년제와 미디어리터러시를 접목한 프로그램들을 자세히 소개했다.

각 장의 마지막 부분에는 장별로 배운 내용을 정리하고 응용해 보도록 하기 위해 다양하고 풍부한 연습문제를 수록했다. 연습문제에 대한 답과 간단한 설명은 필자의 블로그를 통해 확인할 수 있다.

비판적 사고를 적용한 미디어리터러시 수업을 할 때 몇 가지 고려해야 할 점이 있다. 첫 번째는 미디어와 관련된 비판적 사고의 범위이다. 비판적 사고력을 강조한 미디어리터러시 교육은 주제 자체가 '비판'의 의미를 담고 있기 때문에 자칫 미디어 존재 자체에 대한 부정이나 맹목적 비난으로 이어질 수 있다. 그러나 미디어리터러시 교육에서 다루는 범위는 미디어 메시지와 그 메시지를 생산하는 메커니즘이다. 따라서 미디어 존재 자체에 대해 부정적 시각 대신, 긍정적 시각을 유지하는 것이 필요하다.

둘째, 미디어리터러시 수업에서 비판적 사고는 미디어 메시지의 주장이나 정보에 대한 비판적 사고뿐만 아니라 자기 자신의 사고성향에 대한 비판적 인식을 포함한다. 즉 사회화 과정을 통해 형성된 고정관념이나 편견에서 벗어나기 위한 사고상의 노력이 필요하며 이를 위해서는 스스로의 시각과 지식을 넓히고 사고과정에서 열린 자세를 가져야 한다.

끝으로 언제나 내 곁을 지켜준 아내에게 먼저 무한한 고마움을 전하고 싶다. 사실 '미디어리터러시'라는 주제는 쉽게 이야기할 수 있는 소재가 아니다. 집필을 생각하면서 나름 '의미 있는' 일을 한답시고 한두 마디 꺼내면 갖은 핑계를 대고 자리를 뜨던 아내였다. 그러나 집필을 시작한 후에는 첫 번째 독자이자 세심한 부분까지 짚어주는 비평가로서 역할을 마다하지 않았다. 바쁜 와중에도 토론 상대자가 되어 다양한 의견과 아이디어를 준 두 딸, 도연과 수빈이의 관심과 지지는 무엇보다 큰 힘이 되었다. 학교 현장에서 만났던 선생님들의 말씀들도 좋은 밑거름이 되었다. 그리운 마음을 담아 감사 인사를 전하고 싶다. 30년 가까이 나를 품어주었던 한국언론진흥재단은 연구와 집필을 할 수 있도록 끊임없이 자극과 격려를 준 곳이다. 이 기회를 빌어 재단의 모든 분들에게 감사의 말을 전한다.

차례

1부
비판적 사고의 기초 다지기

1. 비판적 사고의 지적 기원과 개념

비판(criticism)이란 단어는 그리스어인 'kriticos'와 'kriterion'에서 유래했다.[4] 전자는 '판단할 수 있는', '판단에 능한'을 의미하는 형용사이고 후자는 '구분하다, 선택하다, 판결하다'를 뜻하는 동사 'krinein'에서 온 말이다. 따라서 비판은 어원적으로 '일정한 기준에 근거해서 내리는 분별 있는 판단이나 능력'을 의미한다.

비판적 사고의 지적 기원은 약 2,500년 전인 소크라테스로 거슬러 올라간다. 소크라테스는 궤변이 횡행하던 시기에 소피스트들이 확신을 가지고 주장한 지식들에 대해 지속적인 의문을 제기했다. 즉 매끄럽지만 공허한 수사적 표현 이면에는 의미의 혼동, 부적합한 증거, 자기모순적 믿음들이 잠복해 있는 경우가 많았다는 것이다.[5] 소크라테스는 소피스트뿐만 아니라 높은 지위를 가진 사람들도 비이성적일 수 있기 때문에 그들로부터 건전한 지식과 통찰을 얻을 수 없다고 보고 믿을 만한 지식이라고 결론을 내리기 전에 질문하기가 필요하다고 주장했다. 이것이 바로 소크라테스 문답법의 핵심이자 비판적 사고의 출발점이다.*

---

* 소크라테스는 자기 스스로 이제 새로운 지혜를 낳을 수 있는 능력은 없으나 다른 사람들이 새로운 지혜를 낳을 수 있도록 돕고 또 그 지혜의 진위(眞僞)를 스스로 식별할 수 있도록 도울 수는 있다고 하면서, 자신의 활동을 산파에 비유하여 스스로 산파술이라고 불렀다.(김영정, 2005)

소크라테스의 문답법은 '사물의 진실이 무엇인가'를 탐구하기 위한 학문적 방법으로 사람들이 대화 속에서 인간에게 가장 중요한 것이 무엇인지를 질문함으로써 근원적인 무지를 폭로해 나가는 것이었다. 이런 문답법에 기초해서 소크라테스는 추론과 가정을 면밀히 검토하고, 기초개념을 분석하며, 말해진 것뿐만 아니라 행해진 것의 함의까지도 찾아냄으로써 증거를 찾는 일의 중요성을 강조했다.[6] 이는 합리적이고 논리적인 믿음과 적합한 증거나 이성적 토대를 결여한 믿음을 주의 깊게 구별함으로써 일상적 믿음과 설명에 대해 반성적으로 의문을 제기하는 비판적 사고의 핵심개념과 일치한다.

많은 사람들에게 회자되고 있는 소크라테스의 '체로 세 번 걸러라' 이야기는 미디어리터러시 교육에서 강조하는 비판적 사고의 핵심 개념을 잘 드러내 주고 있다.[7]

누군가 소크라테스를 찾아와 다급하게 소리쳤다.

"여보게 소크라테스, 이럴 수가 있나? 방금 내가 밖에서 무슨 말을 들었는지 아나? 아마 자네도 이 이야기를 들으면 깜짝 놀랄 거야. 그게 말이지…"

이때 소크라테스가 말했다.

"아직 말하지 말고 잠깐만 기다리게. 자네가 지금 급하게 전해

주려는 소식을 체로 세 번 걸렀는가?"

그는 소크라테스의 말을 이해하지 못해 머리를 갸우뚱거렸다.

"체로 세 번 걸렀냐니? 무슨 체를 말하는 건가?"

"첫 번째 체는 진실이네. 지금 말하는 내용이 사실이라고 확신할 수 있나?"

"아니, 그냥 거리에서 주워들었네."

"두 번째 체로 걸러야겠군. 그럼 자네가 말하는 내용이 사실이 아니더라도 최소한 선의에서 나온 말인가?"

그러나 그 사람은 우물쭈물하며 아니라고 답했다.

"그럼 세 번째 체로 걸러야겠군. 자네를 그렇게 흥분하게 만든 소식이 아주 중요한 내용인가?"

"글쎄…."

"자네가 나에게 전해 주려는 소식이 사실도 아니고, 게다가 선의에서 비롯된 마음으로 전해주려는 것도 아니고, 더구나 중요한 내용도 아니라면 나에게 말할 필요가 없네. 이런 말은 우리의 마음만 어지럽힐 뿐이네."

소크라테스의 문답법은 플라톤, 아리스토텔레스, 그리고 고대 그리스 회의론자들에게 계승되었다. 이들은 사물이나 현상은 보여진 것과 전혀 다를 수 있다고 보고 체계적으로 훈련된 사고작용만이 사물들이 우리에게 수면 위로 보이는 방식(기만적 현상들)을 통

해 수면 아래에 실제로 있는 방식(인생의 더 깊은 현실들)을 볼 수 있다고 주장했다.[8)]

15, 6세기 르네상스시대에는 유럽의 많은 학자들이 종교, 예술, 사회, 인간 본성, 법, 자유 등 대부분의 인간 삶의 영역에 대해 분석과 비판의 필요성을 주장했다. 영국의 철학자 프랜시스 베이컨은 인간 정신이 어떻게 해서 정상적인 상태에서 무지, 편견, 자기기만, 기득권의 함정에 빠지는지를 깊이 있게 분석했다. 이를 기초로 베이컨은 사람들을 제멋대로 놓아둘 경우 믿을 가치가 없는 것을 믿는 쪽으로 이끄는 나쁜 사고습관(우상)들을 발전시켜 나간다는 4대우상론을 제시했다. 이런 의미에서 리처드 폴(Richard Paul)과 린다 엘더(Linda Elder)는 『학문의 진보(The Advancement of Learning)』를 비롯한 베이컨의 책들이 최초의 비판적 사고 교재였다고 주장했다.[9)]

종족의 우상:

자연이나 세상을 인간의 입장에서만 봄으로써 오는 오류와 편견이다. 즉 인간이 가진 생물학적 특징이나 사회적 정서 및 편견을 가지고 사물을 바라보고 이해하거나 해석하는 태도로서, 인간 자신의 성질을 만물에 투사하여 그것을 규정하려는 것을 말한다. 이러한 종족의 우상에 사로잡히면 인간은 보고 싶은 것만 보고 믿고 싶은 것만 믿으려는 경향을 보이기도 한다. 최근 SNS를 통한 정보의 공유가 늘어나면서 자신의 생각이나 의견과 유사한 정보만 믿고 나눔으로써 자신의 믿음을 더욱 강화시켜 가는 에코 체임(echo chamber) 현상은 종족의 우상을 잘 보여주는 사례다.

동굴의 우상:

자기의 경험에 비추어 세상을 판단하려는 오류와 편견으르 이는 플라톤의 동굴의 비유에서 비롯된 것이다. 평생을 동굴에서 살던 사람이 동굴 밖 세상에 나왔을 때에도, 자신의 주관이나 선입견 및 편견을 가지고 보게 됨으로써 넓은 세계를 제대로 파악하지 못하게 되는 사고습관을 말한다. '우물 안 개구리'나 '장님 코끼리 만지기'와 같은 속담과 일맥상통하는 말이다. 베이컨은 여러 사람들과 협동이나 상호비판은 이러한 오류를 극복할 수 있게 해준다고 보았다.

시장의 우상:

직접적인 관찰이나 경험이 없이 다른 사람들의 말만 듣고서 그럴 것이라고 착각하는 오류와 편견이다. 사람들이 서로 교역하며 관계를 맺어가는 시장에서 사물들에 적합지 못한 단어나 이름을 붙여 사용함으로써 생기는 우상을 말한다. 특히 잘못된 언어를 사용함으로써 사물의 이해를 방해하는 것을 말한다. 따라서 베이컨은 실제 물체와 현상에 접근하기 위해서는 언어나 말 대신에, 실험이나 사물 자체의 관찰을 통해서 이러한 오류를 극복할 것을 주장했다.

극장의 우상:

자신의 소신은 전혀 없이, 권위나 전통을 비판 없이 받아들이고 맹신하는 데에서 생기게 되는 오류와 편견이다. 우리가 극장에 가서 영화를 볼 때 그것이 만들어진 것이라는 것을 알면서도 마치 사실인 것처럼 착각하는 것과 같은 이치다. 권위나 전통을 지닌 어떤 사람의 학설이나 학문적 패러다임의 지배적 주장을 무비판적으로 그대로 받아들이는 것도 극장의 우상을 잘 보여주는 사례다.

베이컨에 이어 데카르트는 1637년에 출간한 〈방법서설〉에서 "내가 아는 모든 것들은 일단 의심하고 회의하는 것, 그래서 도무지 의심할 수 없는 것에 도달하는 것이 모든 학문의 시작이어야 한다"라고 주장하고 그 후에 출간한 『정신지도를 위한 규칙(Rules for the Direction of the Mind)』에서 체계적 의심의 원리에 기초를 둔 비판적 사고방법론을 제시했다.[10]

16, 7세기 영국에서는 홉스와 로크가 비판적 사고의 정신을 이어갔다. 로크는 일상적 삶과 사고에 대한 상식적 분석을 강조하면서 비판적 사고의 이론적 토대를 마련했다. 만유인력의 법칙을 발견한 뉴턴 역시 코페르니쿠스, 갈릴레이, 케플러 등의 비판적 사고

를 확장하여 전통적으로 공인되던 세계관을 비판하는 사고의 틀을 발전시켰다.

2. 비판적 사고의 개념과 특성

비판적 사고의 근대적 개념화는 존 듀이의 반성적 사고에 그 뿌리를 두고 있다. 듀이는 반성적 사고를 "어떤 신념이나 지식이라고 가정되는 것에 대해 근거와 결론을 조명하여 능동적이고, 지속적이고, 주의 깊게 고찰하는 것"이라고 정의했다.[11] 듀이의 반성적 사고 개념에 따르면 비판적 사고는 다른 사람들로부터 정보를 받는 수동적 과정이 아니라 스스로 생각하고, 스스로 문제를 제기하며, 스스로 관련된 정보를 발견하는 능동적 과정이라고 할 수 있다.

존 듀이에 이어 비판적 사고를 체계적으로 개념화한 학자는 로버트 에니스(Robert H. Ennis)이다. 그는 자신의 저서 〈비판적 사고의 개념(A concept of Critical Thinking)〉에서 비판적 사고를 '진술에 대한 올바른 평가'로 규정하고 이를 논리적 차원, 표준적 차원, 실용적 차원 등 세 가지로 범주화했다.[12] 논리적 차원은 용어, 진술, 그리고 진술들 사이에 어떤 관계가 있는가를 다루는 것이며, 표준적 차원은 진술을 다루기 위한 표준과 주제의 기준에 관한 지식을 다룬다. 그리고 실용적 차원은 진술의 목적과 실제적 결과에 비추어 충분한 증거를 가지는가와 관련이 있다.

에니스는 비판적 사고의 핵심을 잘 제시했지만, 그 범주를 '진술에 대한 평가'로 한정했다. 즉 평가의 대상을 언어적 자료에 한정함으로써 언어 이외의 사건, 현상, 인간의 신념과 행위, 정책, 제도 등은 비판적 평가 대상에서 제외했다는 것이다.[13)]

존 맥펙(John E. McPeck)은 에니스의 개념을 보완하여 비판적 사고를 '반성적 회의를 가지고 어떤 활동에 관여하는 성향과 기능'으로 개념화했다.[14)] 이 개념은 비판적 사고의 영역을 진술에 대한 평가에 한정하지 않고 인간의 정신적 노력을 필요로 하는 문제와 활동으로 확대했고, 비판적 사고를 사고기능과 사고성향의 결합체로 규정했다는 데 의의가 있다. 하지만 맥펙 역시 기존의 다른 학자들과 마찬가지로 비판적 사고의 대상을 타인의 진술과 활동으로 한정했고, 자신의 문제와 활동에 대한 반성과 평가를 간과했다.[15)]

한편 배리 베이어(Barry K. Beyer, 1985)는 기존의 다양한 논의를 종합한 후에 "많은 학자들이 비판적 사고를 고차적인 단계의 사고로 인식하거나 탐구력 또는 문제해결력으로 인식했다"라고 지적하면서, 비판적 사고를 '진술, 논증, 경험에 대해 평가하고 오류를 찾아내는 사고'로 정의했다.[16)] 베이어에 따르면 비판적 사고의 고유한 특징은 주의 깊고 정확하며, 객관적으로 분석하고, 타당성을 판단하는 것이다. 베이어는 나아가 "인간이 어떤 진술, 논증, 경험 등에 대해 비판적으로 사고할 때, 그것들을 분석하고 평가하는 사고 과정은 복합적으로 이루어진다"라고 주장하면서 특히 평가의 중요성을 강조했다. 즉 평가의 목적이 필연적으로 부정적이고 흠을 잡는 것이 아니라 더 객관적이며 편견으로부터 자유로울 수 있게 하는 건전한 회의주의를 반영하는 것이라고 보았다.[17)]

베이어는 이런 관점에 근거해서 아래와 같이 열 가지의 비판적 사고 기능을 제시했다.

- 입증할 수 있는 사실과 가치 주장을 구별하기
- 적합한 정보, 주장, 근거와 그렇지 못한 것을 구별하기
- 진술의 사실적 정확성 여부 결정하기
- 출처의 신뢰성 여부 결정하기
- 애매한 주장이나 논증을 식별하기
- 숨겨진 가정을 식별하기
- 편견을 탐지하기
- 논리적 오류 식별하기
- 추론 과정의 논리적 모순과 일관성 여부 점검하기
- 논증이나 주장의 강도 결정하기

베이어는 에니스보다 비판적 사고의 영역을 더 확대시켰지만, 여전히 분석과 평가의 대상을 진술이나 논증 같은 언어적 자료에

한정함으로써 인간의 다양한 사고와 활동 및 그 산물들을 배제시켰다. 또한 베이어는 비판적 사고가 분석능력과 평가능력의 결합체라는 점을 밝혔지만 여전히 비판적 사고를 사고기능의 한 측면에서 규정했다.

한편 미국철학협회는 철학자, 교육학자, 사회과학자, 자연과학자 등으로 구성된 46명의 관련 전문가들에게 '비판적 사고'에 대한 공식적 정의, 또는 적어도 합의된 정의를 도출하도록 위촉하고 2년여의 연구 끝에 델파이 보고서(Delphi Report)를 발간했다.[18] 미국철학협회는 이 보고서를 토대로 비판적 사고를 '해석, 분석, 평가, 추론을 산출하는 의도적이고 자기 규제적인 판단인 동시에 그 판단에 대한 근거가 제대로 돼 있는지 또한 개념적, 방법론적 또는 맥락적 측면들을 제대로 고려하고 있는지에 대한 설명을 산출하는 의도적이고 자기 규제적인 판단'으로 개념화했다.[19]

미국철학협회의 비판적 사고에 대한 개념은 반성적 사고 외에 사고의 과정성을 강조한다. 이론적으로 볼 때 비판적 사고는 의도적이고 자기 규제적인 판단이라는 점에서 훌륭한 사고라고 할 수 있지만 실제로 둘 사이에 괴리가 있는 경우도 많았다. 훌륭한 사고란 이미 완결된 사고를 의미하는 데 반해 비판적 사고는 계속 개선해나가는, 즉 좀 더 나은 방향으로 나아가는 '과정적인 사고'라는 점에서 차이가 있을 수 있기 때문이다.

그렇다면 비판적 사고기능을 충실히 학습했을 때 진정한 의미의 비판적 사고를 할 수 있는가? 이에 대해 글레이저(Edward Glaser)는 비판적 사고기능 외에 비판적 사고성향까지 갖추어야만 진정한 의미의 비판적 사고를 할 수 있다고 보았다.[20]

빈센트 라이언 루기에로(Vincent Ryan Ruggiero) 역시 인지적인 측면에서의 비판적 사고능력이나 비판적 사고기능뿐만 아니라 비판적 사고성향도 갖추어야 진정한 의미의 비판적 사고능력을 가진 것이라고 주장했다.[21] 또한 사고의 성향은 사고의 동기와 방식으로서 사고의 과정과 사고의 결과에 결정적인 역할을 한다고 보았다.

예를 들면 어떤 사람이 자동차의 구조와 기능에 대해 잘 알고, 운전기술을 익혔다고 해서 훌륭한 운전자가 된다는 보장은 없다. 왜냐하면 바람직한 운전의 또 다른 중요한 구성요소는 운전에 대한 동기와 태도 등 그가 어떤 식으로 운전할 것인가를 결정하는 마음가짐이기 때문이다. 이렇게 볼 때 비판적 사고성향에 대한 교육이 없이 비판적 사고기능만을 교육한다는 것은 불완전한 비판적 사고력 교육이 된다.

한편 노린 파시온(Noreen C. Facione)과 피터 산체스(Peter A. Sanchez)는 기존의 논의를 종합한 후에 비판적 사고성향의 하위 요인으로 '진실 추구', '개방성', '분석성', '체계성', '비판적 사고에 대한 자신감', '호기심', '성숙성'의 7개 요인을 설정했다.[22]*

---

* 파시온이 제안한 비판적 사고성향 요인들은 각 요인들의 개념적 차별화 등에서 문제를 안고 있지만 미국에서 비판적 사고성향을 측정하는 도구로 널리 활용되고 있다.

김명숙은 비판적 사고성향을 '질 높은 비판적 사고를 가능케 하는 데 필요한 동기, 가치, 태도, 마음의 습관 등의 정의적 경향성'으로 개념화하고 다음과 같이 8개의 하위 요인들을 제시했다.[23)]

- 진실에 대한 가치 지향 : 다른 어떤 것보다 더 진실 추구의 가치를 인정하는 마음
- 사고의 신중성 : 판단에 앞서 신중하게 생각하는 마음
- 비판적 사고에 대한 동기 : 복잡하거나 어려운 사고라도 기꺼이 사고하고자 하는 자세
- 근거 확인 및 합리적 정확성 추구 : 어떤 주장의 근거, 이유, 증거를 확인하고자 하는 자세
- 사고의 개방성 : 자기 자신이 편견을 가지고 있을 가능성을 민감하게 고려하면서, 다양한 견해에 대해 알고자 하는 관대한 마음
- 사고의 공정성 혹은 독립성 : 권위, 친분, 대중의 힘 등에 의해 영향을 받지 않고 판단하려는 자세
- 지적 호기심 : 다양한 문제에 대한 호기심
- 사고의 자기 규제성 : 자기 자신의 사고과정을 점검하고 관리하는 자세

3. 일상에서 비형식적 오류와 비판적 사고

베이어가 제시한 10개의 비판적 사고 기능은 비판적 사고 수업뿐만 아니라 미디어리터러시와 비판적 사고를 접목한 수업에서도 널리 활용되고 있다. 1989년 세계 최초로 미디어리터러시 과목을 공교육에 도입한 캐나다 온타리오주의 미디어리터러시 수업모델은 그중 6개 기능을 비판적 사고를 위한 체크리스트로 활용하고 있다.[24)]

'사실과 의견 구분하기',

'주장이나 정보원의 신뢰성 평가하기',

'진술의 정확성 평가하기',

'주장이나 진술의 편견 탐지하기',

'논리적 비일관성 평가하기',

'주장의 강도 평가하기'

이러한 비판적 사고 기능들은 미디어리터러시 수업의 소재르서 뿐만 아니라 일상에서 흔히 접할 수 있는 것들이어서 비판적 사고력을 키우는 데 도움을 주는 것들이다.

가. 사실과 의견 구분하기

세상에 존재하는 현상, 상황 혹은 문제에 대한 언어적 진술은 크게 두 가지로 구분할 수 있다. 하나는 사실적 진술이고 다른 하나는 주관적인 가치판단이 들어간 의견적 주장, 즉 신념, 가치, 사실 자체에 대한 해석들이다.

사실과 의견은 모두 사람들이 주변의 세계를 이해하는 데 도움을 주는 정보들이다. 사실은 기초이며 의견은 우리가 그 사실이 우리가 연결되어있는 사람들과 사회에 어떻게 영향을 미치는지를 결정하는 데 도움을 준다.

사람들은 일상에서 자신과의 이해관계나 무지에 의해 객관적인 사실과 주관적 가치 판단이 포함된 주장을 혼동하는 경향이 있다. 따라서 사실 진술과 의견을 구분하고, 그 이유와 근거를 제시하며, 또한 자신의 주변에서 혼동한 사례를 찾아보고, 왜 그러한 혼동이 일어났는지를 따져보는 것은 비판적 사고의 출발점이 된다. 사실과 의견을 구분하는 것은 또 자신이 갖고 있는 신념체계가 사실에 의해 뒷받침되지 않을 수도 있다는 것을 알게 해 준다. 이와 같은 사실과 의견의 구분은 학교 현장의 신문활용 교육(NIE)이나 TV 뉴스읽기 교육에서 가장 기본적으로 실시하는 활동이기도 하다.

나. 타당하고 충분한 근거를 들어 의견 진술을 주장 평가하기

비판적 사고의 두 번째 기능은 올바른 근거를 사용하고 있는지 확인하는 과정이다. 올바른 근거를 사용한다는 것은 입증하고자 하는 주장의 본질에 비추어 그 근거가 적합한 것인지(적합성)를 확인하고, 근거 자체가 참인지 거짓인지(신뢰성)를 확인하며 나아가 근거가 주장을 뒷받침할 만큼 충분한가(충분성)를 확인하고, 보충되어야 할 근거를 확인하는 일이다.

그러나 우리는 일상에서 다양한 형식적 오류(formal fallacy)와 비형식적 오류(informal fallacy)로 인해 올바른 근거를 확인하지 못함으로써 오류를 범하는 경우가 많다.

형식적 오류는 내용에는 관계없이 우리의 사고가 반드시 따라야 할 논리적 규칙들을 준수하지 않는 데서 생기는 오류이고 비형식적 오류는 논리적 규칙은 준수했지만 논증을 전개해 가는 과정에서 발생하는 오류이다. 예를 들어 전제가 결론을 제대로 지지하지 못하거나 참으로 증명되지 않는 전제를 참이라고 가정할 때 흔히 발생한다. 비형식적 오류들의 예를 들어보면 다음과 같다.

먼저 전제가 결론을 제대로 지지하지 않는 데서 발생하는 오류로 힘에의 호소(ad baculum)를 들 수 있다. 힘에의 호소는 외적인 권위나 힘에 의존해서 자신의 주장을 받아들이게 하는 비형식적 오류의 일종이다. 예를 들면 어느 기업의 직장 상사가 퇴근 시간이 지난 후에 직원들에게 이렇게 말을 했다고 가정해 보자.[25)]

"여러분 지금 퇴근 시간이라는 걸 잘 알고 있습니다. 그렇기는 하지만 지금 제시간에 나갔다가는 재미없을 줄 알아요."

부하 직원들이 자기의 의견을 받아들이지 않을 경우 정당한 근거가 아니라 자신의 권력으로 뭔가 불이익을 줄 것이라고 위협하고 있는 사례다.

인간에의 논증(ad hominem)은 자기 자신을 과신하거나 자신의 잘못을 정당화하려는 데서 오는 오류로 이는 다시 인신공격의 오류, 정황 논증의 오류, 피장파장의 오류 등으로 나누어볼 수 있다.

인신공격의 오류는 상대방의 말이나 주장 그 자체에 대해 평가하는 것이 아니라 특정 개인의 특성을 비하하거나 인격을 손상시키면서 자신을 정당화하려는 오류이다. 예를 들면 "저 사람의 말은 믿을 만한 게 못 돼. 저 사람은 전과자거든"이라고 말했을 때 그 사람의 말 자체가 아니라 과거에 전과자였다는 점에 근거해서 그 사람을 평가하는 오류를 범하고 있는 경우다.

정황 논증의 오류는 특정 정황에 대해 주관적인 판단을 함으로써 나타나는 오류이다. 예를 들어 기간제 교사의 정규직화를 반대하는 중등 예비교사들의 시위를 보던 어느 학부모가 “중등교사를 준비하는 예비교사들이라면 당연히 기간제 교사의 정규직화를 반대하기 마련 아닌가? 누가 자기 밥그릇 뺏길라고 하겠어.”라고 말할 때 나타나는 오류이다.

피장파장의 오류(tu quogue)는 다른 사람이 저지른 비슷한 잘못을 지적함으로써 자신의 잘못을 정당화하려는 데서 발생하는 오류이다. 예를 들어 버스에서 어르신에게 자리를 양보하지 않아 핀잔을 들은 학생이, “왜 나만 갖고 그래요? (앞의 학생을 가리키며) 얘도 앉아 있잖아요?”라고 말하는 경우, 피장파장의 오류를 범하고 있는 셈이다.

은폐된 증거의 오류는 결론의 참, 거짓에 영향을 미칠 수 있는 전제를 무시할 때 나타날 수 있는 오류이다. 이 오류 역시 전제와 결론 사이에 관련이 있지만 전제가 결론을 지지하는 정도가 약하기 때문에 발생한다.[26] 예를 들면 한창 골프장 사업이 번창할 때 이런 류의 주장들이 많았다.

> (골프장 건설이 생태계에 미칠 심각한 문제점은 덮어둔 채) “이 지역에 골프장을 건설하면 관광산업이 활성화되어 우리 고장의 수입이 훨씬 더 증가할 것입니다. 우리는 이 지역에 골프장을 적극적으로 유치해야 합니다.”

골프장이 생태계에 심각한 문제를 유발한다는 것은 이미 잘 알려진 사실이다. 그럼에도 이 주장은 부정적인 영향을 생략한 채 골프장 유치로 인해 얻을 수 있는 경제적 이점만을 강조하고 있다. 즉 전제로 고려해야 할 중요한 관련 증거를 무시하거나 의도적으로 은폐한 경우라 할 수 있다.

권위에의 호소(ad verecundium)는 논지와 직접 관련이 없는 권위 있는 사람의 말이나 기록을 의심하지 않고 그대로 받아들임으로써 생기는 오류이다. 올림픽이나 월드컵 같은 대규모 스포츠 행사에서 흔히 사용하는 '공식적'이라는 표현은 권위에의 호소를 이용한 마케팅의 대표적 사례이다. 이를테면 1996년 애틀랜타 올림픽에서 나이키는 '올림픽 공식 스포츠화'라는 슬로건을 내세웠다. 이 같은 표현은 나이키가 다른 브랜드보다 우월하거나 아니면 올림픽 출전 선수들이 나이키를 선호한다는 것을 은연중에 암시한다. 그러나 실제로 나이키는 공식이라는 이름을 사용하는 특권을 위해 돈을 지불했다는 것 외에 아무런 의미가 없다.

허수아비(straw man) 논쟁은 상대방의 행동을 자신에게 유리하도록 왜곡하여 공격하는 형태의 오류이다. 이러한 허수아비 논쟁은 비방광고와 인신공격적 네거티브 선거 캠페인에서 자주 나타난다. 예를 들면 2006년 미국 대선 캠페인에서 공화당 후보인 매케인의 선거 캠프는 경합지역에서 TV광고를 내보냈는데, 이 광고는 버락 오바마 당시 민주당 후보가 유치원생들을 위해 공약으로 내놓은 '포괄적 성교육 실시' 정책을 비난한 후 "읽기를 배우기 전에 섹스를 배워야 하나요?"라는 도발적인 질문을 던지고 있다.[27] 이러한 공격성 발언은 오바마 후보가 지지한, 학교에서의 '나이와 발달단계에 적합한' 성교육의 필요성을 의도적으로 왜곡한 사례다.

성급한 일반화(hasty generalization) 오류는 관련이 있기는 하지만 불충분한 증거를 가지고 결론을 도출할 때 발생하는 오류다. 예를 들면 2008년 대통령 예비선거에서 힐러리 클린턴 후보는 대중 앞에서 매우 절제된 모습을 보여 왔지만 선거 유세의 고충이 어느 정도이냐는 사적인 질문을 받고 울음을 터트렸다.[28] 이를 놓고 한 블로거는 "예비선거에서 평범한 질문에 울음을 터트릴 정도로 나약한데 대통령이 된다면 수많은 압력을 어떻게 견디며 업무를 수행하겠는가?"라고 문제를 제기했다. 이러한 논평에 함의된 결론은 부분적으로 성차별적인 의미를 담고 있으면서 힐러리 클린턴 후보가 대통령으로서 업무를 수행하면서 금방 무너질 것이라는 성급한 결론의 오류를 범하고 있다.

미끄러운 언덕길(slippery slope) 오류는 계속된 연쇄반응에 의해 최악의 상태로까지 이르게 될 것이라고 단정하는 데서 나타나는 오류이다. 예를 들어 2008년 미국산 쇠고기 수입문제를 둘러싸고 정부의 섣부른 결정에 반대하는 시민들이 재협상 등을 요구하며 대대적인 촛불시위에 돌입했다. 만약 이 상황에서 누군가가 담당 부처의 장관에게 "이번에 시민들의 의견을 수용하여 물러서시면 절대 안 됩니다. 만약 이번에 약한 모습을 보이시면 사람들은 정부를 무시하고 이민이나 가버릴 것입니다. 나아가 정부의 권위가 약해져서 결국은 법과 질서가 붕괴해 우리나라는 망하고 말 것입니다."라고 말했다면 이는 미끄러운 언덕길의 오류를 범한 것이라 할 수 있다.

이슈 회피 오류는 이슈가 되는 물음 자체를 회피하는 데서 오는 오류이다. 이 방법은 정치인들이 자주 악용하는 사례로 질문을 한 사람이 이슈가 회피되었다는 사실을 알아차리지 못하면 성공한다.

예를 들어 어떤 정치인이 노숙자, 정부부채 등과 같은 복잡한 문제에 대해 기자들의 질문을 받았을 때 직접적인 답변을 하는 대신, 그것을 해결해야 할 절박한 필요성을 장황하게 언급함으로써 이슈를 비켜나가는 경우다.[29] 또 어려운 문제에 대해 질문을 받으면 "그것은 복잡한 문제입니다"와 같은 대답으로 일단 그 주제에서 비켜난 다음 자신이 하고 싶은 말을 하거나 다루기 적절한 주제를 끄집어낸다.

양자택일의 오류(false dichotomy)는 'A 아니면 B다'라는 양자 택일의 상황을 설정하고 둘 중 하나는 부적절하기 때문에 어쩔 수 없이 잘못된 대안을 선택하게 만드는 오류이다. 다양한 선택 사항이 존재함에도 불구하고 제3의 선택 가능성을 차단한다는 점에서 흑

백오류라고도 한다.

예를 들면 한 환경운동가가 지역 모 기업의 CEO에게 다음과 같이 요구할 때 나타날 수 있는 오류이다. "지구 온난화가 심각합니다. 지구를 구하는 결단의 순간이 다가왔습니다. 우리 환경단체에 기부하시겠습니까? 아니면 환경파괴에 일조하시겠습니까?"

애매어 사용의 오류(equivocation)는 다양한 의미를 내포하고 있는 용어나 표현을 애매하게 사용하여 부당한 논증을 제시하는 오류이다. 이런 오류는 특히 식품광고에 많이 등장한다. 소비자들은 일반적으로 식품에 관한 정보를 신문이나 TV 광고에서 얻는 경우가 많다.

예를 들면 식품 생산업체들은 자사 제품이 콜레스테롤 함량이 낮거나 전혀 없다는 이유로 건강에 좋다고 광고를 한다. 그러나 광고된 식품들도 상당량의 지방을 함유하고 있고 몸 안에서 콜레스테롤로 변한다. 이런 식품광고는 콜레스테롤이라는 용어를 애매하게 사용한다. 즉 식품에 들어 있는 콜레스테롤이 적기 때문에 혈액에 쌓이는 콜레스테롤의 양도 적은 것처럼 광고한다.

다. 다양한 정보원의 신뢰성을 비교 분석하기

어떤 대상에 대한 비판적 사고가 바르게 이루어지려면 관련된 정보가 신뢰할 수 있고 타당해야 한다. 따라서 다양한 정보원의 신뢰성을 비교 분석하고, 보다 신뢰로운 정보를 활용할 수 있는 능력은 비판적 사고의 기본적 요소이면서도 중요한 기능이다.

정보원(source)은 정보가 흘러나온 근원 혹은 출처로서 언론에서는 기자에게 정보를 제공하거나 인터뷰를 한 사람을 뜻하기도 한다. 정보원의 신뢰도는 다양한 차원으로 구성될 수 있는데 널리 활용되는 정보원의 신뢰도는 전문성과 신뢰도이다. 로버트 가스(Robert H. Gass)와 존 사이터(John C. Seiter)는 공신력에 대한 일차적 차원을 전문성, 신뢰성으로 구분했다.[30)]

전문성은 정보원이 자신의 분야에 대해 잘 알고 있으며 정확한 지식을 가지고 있을 것으로 인식되는 속성이다. 예를 들면 신문에 경제칼럼을 연재하는 칼럼니스트가 경제학과 교수이며 그가 출간한 책이 베스트셀러에 올랐다면 그의 전문성은 높다고 볼 수 있다.

신뢰성은 얼마나 믿을 수 있느냐와 관련된 속성이다. 따라서 동기가 순수하고 사심이 없다고 인식할 경우 신뢰성은 높아진다. 그러나 정보원의 신뢰성은 고정된 개념이 아니라 해당 정보의 성격이나 상황 혹은 문제의 성격에 따라 달라질 수 있다. 예를 들어 농업 전반에 관한 지식이나 이론에 관해서는 농학박사의 의견을 더 신뢰할 수 있겠지만 특정한 농산물의 상세한 생태적 특성에 대해서는 농학박사보다 그 작물을 직접 재배하고 있는 농부의 의견을 더 신뢰할 수 있기 때문이다.

라. 한 문제를 다양한 관점으로 조망하기

하나의 사건이나 현상에 대해 문제의 본질과 성격을 올바르게 파악하기 위해서는 자신의 이해관계를 떠나 중립적인 입장을 유지하면서 여러 관점에서 살펴볼 수 있어야 한다. 어떤 문제이든 여러 관점에서 따져 보아야 진정한 가치를 제대로 평가할 수 있기 때문이다. 그 구체적 기능은 문제에 대한 집단의 관련 정도나 이해관계를 분석하고, 각 입장들을 비교 대조해 보는 것 등을 들 수 있다.

2013년 6월부터 진보를 대표하는 한겨레와 보수를 대표하는 중앙일보가 시도한 한겨레와 중앙일보의 〈사설 속으로〉는 어느 한 쪽의 입장이나 시각에 경도되지 않고 다양한 관점에 사건이나 현상을 볼 수 있게 하자는 취지로 시작되었다. 이 프로그램이 성공적인 사례로 자리 잡은 것은 양 신문에서 추천한 교육 전문가가 두 사설을 비교 분석하고 다양한 관점에서 각 신문의 논거를 정리해 제공해 주고 있기 때문이다.

마. 주장이나 진술에 개재된 편견 탐지하기

편견은 개인이나 집단에 대한 감정적인 판단의 결과로서 객관적 증거나 사실에 의해 뒷받침될 수 없는 옳지 못한 믿음이다. 일상에서 우리는 개인이나 집단이 가진 사회적 · 인종적 · 종교적 · 지역적 또는 그 밖의 특정한 성격에 의존하여 판단을 내리는, 일종의 불합리하고 비논리적인 왜곡을 자주 접하게 된다. 이러한 사고 때문에 발생하는 사회적 혼란, 갈등, 불공정, 억압, 부당한 대우 등의 경우를 역사와 현실 속에서 얼마든지 찾아볼 수 있다. 비판적 사고 능력을 길러준다는 것은 결국 편견의 정체를 파악하고, 그것을 적극적으로 소멸시키고, 공정하고 중립적인 판단 능력을 길러주는 것을 의미한다.

사회에서 사람에 대한 편견 문제의 심각성을 사고 교육을 통해 시정하기 위해서는 편견 자체의 중요성을 부각시킬 필요가 있다. 따라서 고정 관념의 하위 요소인 편견 자체의 개념을 우선적으로 이해하고, 그 종류를 구분하며, 특정 편견의 이유와 그 결과의 영향을 생각해 보도록 해야 한다.

영국의 극작가이자 소설가인 조지 버나드 쇼(George Bernard Shaw)는 영국 사회를 관찰하다가 잘못된 사회의 일면을 보게 되었다. 그것은 미켈란젤로 마니아들은 로댕을 무조건 싫어한다는 점이었다. 버나드 쇼는 그 편견을 깨려고 파티를 열고 미켈란젤로 마니아들을 초청했다.

만찬을 마칠 때쯤 버나드 쇼가 마이크를 잡고 말했다.
“여러분! 제가 귀한 작품을 보여드리겠습니다.”
그리고 작품 하나를 내걸고 말했다.

"여러분, 멋있지요? 이것은 로댕의 작품입니다."

곧 객석에서는 혹독한 비평이 쏟아졌다.

"색깔이 왜 저 모양이냐!"
"구도가 왜 저래?"
"저것도 작품인가?"

"여러분! 제 실수로 그만 작품을 잘못 갖고 나왔습니다."
"이것은 로댕의 작품이 아니라 미켈란젤로의 작품입니다."

장내가 갑자기 조용해졌다.

미켈란젤로의 마니아라면 조금만 살펴봐도 전시된 조각작품이 미켈란젤로의 것인지 아닌지 구분할 수 있는데도 최소한의 고려도 없이 로댕이라는 말에 편견이 먼저 작용한 사례라고 할 수 있다.

바. 주장이나 진술에 숨겨진 의미와 가정을 확인하기

어떤 글이나 일상적인 대화 속에서 흔히 가정이나 결론이 생략되는 수가 있다. 이것은 맥락상 충분히 추론이 가능하다고 브여 생략하기 때문일 수도 있고 혹은 특정 목적의 달성을 위해 의도적으로 감추었기 때문일 수 있다. 또한 어떤 주장이 표명된 의미와 다른 속뜻을 가지고 있는 경우도 있다.

미디어 뉴스에서는 제한된 지면과 방송시간 때문에 내용에서 중요한 가정이나 결론이 생략되는 경우가 많다. 이것은 맥락상 충분히 추론이 가능하다고 보여 생략했을 수도 있고 혹은 특정의 목적을 달성하기 위해 의도적으로 감추었을 수도 있다. 또 이와 관련하여 어떤 주장이 표명된 의미와는 다른 속뜻을 가지고 있고 그것이 더 중요할 수도 있다. 어떤 진술 혹은 주장에 대해 올바른 평가를 내리기 위해서는 이러한 숨겨진 의미와 가정을 예리하게 포착해낼 수 있는 능력이 필요하다.

일반적으로 화자가 이어서 발언할 내용을 진정시키는 듯한 어구를 사용한다면 사실이 아닐 가능성이 높다. 따라서 이런 류의 말들은 더 주의 깊게 들어보고 판단할 필요가 있다. 미국 일간지인 월스트리트저널은 다음과 같은 말들을 그 사례로 제시하고 있다.[32)]

제가 말하고 싶은 것은…
살짝 언급해 본 것뿐…
돌리지 않고 정직하게 말해서…
들어두는 편이 좋다고 생각해서.

사실을 밝히자면…

이상한 의미로 받아들이지 않았으면 하는데…

까놓고 얘기해서…

내가 아는 한…

좀 생각해 봤는데…

틀림없이…

사. 문제의 본질에 적합한 평가준거 사용하기

어떤 문제를 합리적으로 결정하거나 해결하려면 목표에 비추어 타당성과 실행 가능성 등 적절한 기준에 의한 평가 과정을 거친다. 그러므로 비판적 사고 능력을 가진 사람은 자신의 삶에서 브딪치게 되는 제반 문제나 갈등을 합리적으로 해결하기 위해 그 문제의 본질과 핵심에 적합한 평가 기준을 활용한다. 이러한 능력은 문제의 의미와 본질을 이해하고, 평가 준거를 제시하며, 그 자체의 타당성을 따져 보고, 서열화하는 경험을 통해서 습득할 수 있다.

4. 우리나라의 비판적 사고 문화

외국의 경우 오래전부터 비판적 사고력 교육의 중요성을 인식하고 이를 공교육 과정에 도입하려는 노력을 계속해 왔다. 브리태니커 백과사전 편찬위원장을 역임하고 미국 철학연구소 소장을 지낸 모티머 애들러(Mortimer J. Adeler) 교수는 "교육의 궁극적 목적은 사려 깊은 시민, 즉 자신이 하는 모든 일에서 '비판적으로 사고할 수 있는 개인'을 길러내는 것이다"라고 주장하고 이를 실천하기 위한 파이데이아 계획안(The Paideia Proposal)을 제안했다.[33] 그 후 미국사회에서는 학생들의 비판적 사고력을 신장시키는 것이 교육의 기본 목적이라는 인식이 폭넓게 자리 잡았다. 학생들이 비판적으로 사고하도록 가르칠 수 없다면, 교육의 의미가 희석될 뿐 아니라 다른 교육목표도 달성하기 어렵다는 의미다. 이를 반영하듯 미 클린턴 정부는 대통령 자문위원회 보고서인 〈창조적 미국(Creative America)〉을 통해 "창의성과 비판적 사고를 독려하는 것 그리고 기본적 기량(basic skills)을 키워주고 학습에 대한 사랑을 심어주는 것이야말로 미국 교육의 최대 목표임"을 천명했다.[34]

그런가 하면 세계 최고 수준의 교육강국으로 손꼽히는 핀란드는 2020년까지 전통적인 수업과정을 4C, 즉 비판적 사고, 커뮤니케이션, 창의성, 협업을 강조하는 교육시스템으로 대체할 것이라고 밝혔다.[35] 또 호주 빅토리아주는 세계 최초로 '비판 · 창의적 사고(Critical and Creative Thinking)'를 정식 교과과목으로 설정하고, 2017년부터 유치원생을 포함한 전 학년이 이수하도록 결정했다.[36]

테크놀로지의 급속한 발달에 따라 디지털 미디어를 매개로 한 정보 유통과 정보 의존도가 증가하는 가운데 비판적 사고의 중요성은 나날이 커지고 있지만 우리나라의 교육 환경에서 비판적 사고에 대한 관심은 매우 낮았던 것이 현실이다. 교육 현장에서 비판적 사고력을 도외시했던 환경은 비판적 사고 개념에 대한 부정적 인식, 그리고 그것을 둘러싼 한국의 사회문화적 환경과 불가분의 관계가 있다.

먼저 위계질서를 강조하는 유교문화와 권위적 대화문화의 고착을 들 수 있다. 전통적으로 유교 가치관에 젖어 왔던 우리나라는 나이가 많거나 지위가 높은 사람의 의견에 반론을 제기할 수 있는 문화가 조성되지 못했다. 복종과 순종이 미덕으로 간주되어 지금도 권위관계를 넘어서는 비판에 익숙지 못한 상황이 지속되고 있다. 이런 배경 때문에 우리나라 사람들은 아직도 개성이나 독창성에 대해 관용적이지 못하고 다수의 의견과 일치하지 않은 새로운 주장에 대해 호기심을 나타내기보다는 적대감을 나타내는 경우가 많다.

또 역사적 차원에서 오랜 군부독재에 따른 군사문화 영향도 크게 작용했다.[37] 즉 군부독재 시절을 겪으면서 위계에 의한 상하명령 체계가 조직문화에 반영되어 윗사람의 말에 대해 왈가왈부하는 것은 권위에 대한 도전이자 눈엣가시 같은 존재로 인식되기 쉬웠다.

2017년 5월 6일 토요일 **경향신문**

시론

황치성 언론학 박사

'직언'을 귀히 여기는 대통령감 없나요?

죄형법정주의란 말이 있다. 범죄와 형벌은 률로 정해져야 한다는 근대 형법상의 기본 칙이다. 쉽게 말해 아무리 사회적으로 비 받을 행위를 했을지라도 법률이 범죄로 규 하지 않는 한 처벌할 수 없다는 의미다.

그런데 법전에는 없지만 그 어떤 죄보다도 서운 형벌이 우리 사회에 깊숙이 자리 잡고 다. 바로 '괘씸죄'다. 사전적 의미로는 '아 사람이 윗사람이나 권력자의 의도에 거슬 거나 눈 밖에 나는 행동을 하여 받는 미움' 다.

물론 다른 의미도 있다. 피의자가 검찰에 보여 저지른 범죄에 비해 과도한 수사나 형 을 받았을 경우 '괘씸죄에 걸렸다'고 한다. 밖에 우리의 일상에서 윗사람의 비위를 건 려 감내해야 하는 괘씸죄도 허다하다.

괘씸죄 중에서도 가장 무서운 것은 최고권 자에게 직언을 했다가 받는 벌이다. 최고 력자에게 찍힌 죄이기 때문에 한번 당하면 한민국 하늘 아래 몸 둘 곳이 없게 된다. 최 실 국정농단 사건의 와중에서 박근혜 전 대 령으로부터 '참 나쁜 사람'으로 지목받고 년 넘게 일했던 문화체육관광부에서 쫓겨 노태강 전 국장이 대표적 사례다. 승마협 회의 시상 문제를 조사하는 과정에서 최순실의 딸 정유라의 편을 들지 않고 사실관계를 충실히 보고한 것이 괘씸죄의 이유였다.

2008년 제2롯데월드 건립 과정에서 성남 비행장의 군사적 중요성과 안전 문제를 이유로 허용이 곤란하다는 보고를 올린 김은기 전 공군참모총장의 경우도 그렇다. 당시 이명박 정부에서 부인하고 있지만 김 전 총장의 경질이 성남비행장 버티기로 인한 괘씸죄 성격의 문책인사였다는 것은 군 전반에서 공공연히 회자되는 비밀 아닌 비밀이다.

동서고금을 통해 최고권력자에게 이런 유의 괘씸죄를 저지른 사람은 수없이 많다. 그리고 그러한 괘씸'죄인'의 용기와 희생은 인간의 삶과 인류 문명을 풍요롭게 하는 원동력이 되었다. 중세시대의 암흑기에 서슬 시퍼런 종교재판관들 앞에서 "그래도 지구는 돈다"는 지동설을 주장해 교황청에서 유죄 선고를 받은 갈릴레이도 전형적인 괘씸죄인이었다. 중국의 역대 왕조에서 최고의 전성기를 구가한 정관지치의 당 태종과 위징의 사례는 더 드라마틱하다.

수 왕조를 멸하고 당나라를 건립한 당태종 이세민은 제위에 오르기 위해 현무문의 변을 일으켜 친형이자 태자였던 건성과 동생을 살해했다. 그 과정에서 태자의 막료였던 위징은 "태자의 자리를 지키기 위해서는 강력한 세력과 야욕을 가진 동생 이세민을 주살해야 한다"고 말한 사람이다. 이후 권력을 장악한 이세민이 위징에게 형제 사이를 이간시킨 역적이라고 추궁하자, 위징은 "태자 건성이 저의 말을 들었다면 오늘과 같은 이런 재앙은 없었을 것"이라고 태연히 답했다.

이에 이세민은 위징이 보통 인물이 아니라는 점을 간파하고 자신의 간의대부로 중용했다. 이후 위징은 끊임없이 직언과 간언을 지속했다. 태종은 위징의 간언을 받아들였을 뿐 아니라 "고대의 유명한 신하 가운데 위징을 뛰어넘는 자는 없다"고까지 할 정도로 공개적인 칭찬을 아끼지 않았다. 이는 위징을 통해 모든 신하들에게 '바른말을 해 달라'고 촉구한 고도의 통치행위였다. 당 태종이 당시 치세의 으뜸이었던 부국강병을 이루고 중국의 역대 왕 중에서 가장 성공한 군주로 오늘날까지 칭송받을 수 있었던 이유는 바로 직언하는 괘씸죄인을 중용한 덕이다.

우리 사회에서 직언으로 인한 괘씸죄는 비단 최고권력자와 공직자에게만 한정되지 않는다. 정부부처와 공공기관은 물론 기업에서도 횡행하면서 우리나라 조직문화의 특징을 이루고 있다. 이런 탓에 사회 초년병들에게 '윗사람의 비위를 건드리지 말아라' '말해도 소용없으니까 괜히 나대지 말아라' 하는 말이 겸손의 미덕으로 포장되기도 한다.

최고권력자에게 직언하는 공직자들은 여러 유형이 있을 수 있다. 또 직언을 표출하는 방법이나 과정에서 부분적으로 문제가 있을 수도 있다. 그러나 그들의 공통점은 불이익이 뒤따를 수 있다는 것을 알면서도 그런 직언을 서슴지 않는다는 점이다. 나라와 국민에 대한 충성, 공직자로서의 소신과 용기 외에는 달리 설명할 길이 없다.

비판이나 쓴소리가 귀에 거슬리지 않는 사람은 없을 것이다. 그러나 문제를 드러나게 하고 공동의 해결책을 찾는 데 비판만큼 좋은 약도 없다. 4차 산업혁명 시대의 성패를 가름하는 핵심 역량의 하나로 비판적 사고가 강조되는 것도 바로 이런 이유에서다. 괘씸죄가 살아 위력을 떨치는 사회에서는 결코 미래를 기대할 수 없다. 그래서 묻고 싶은 것이다. '직언하는 괘씸죄인을 귀히 여길 줄 아는 그런 대통령감 없나요'라고.

둘째, 언어적 측면에서 비판과 비난을 혼동하는 현상이다. 국립국어원 표준국어대사전에 따르면 비판(criticism)은 '사물의 옳고 그름을 가리어 판단하거나 밝히는 것'이고 비난(condemnation)은 '남의 잘못이나 결점을 책잡아서 나쁘게 말하는 것'이다. 두 단어의 의미가 명백히 다르지만 비판을 비난으로 오인하여 비판하면 곧 부정이나 불만으로 치부되어 왔다. 이런 배경 때문에 비판적 사고를 하는 이들에 대해서 조직의 발전을 저해하는 사람 혹은 피도 눈물도 없는 냉혈한으로 낙인찍는 경우도 많았다. 그러나 비판적 사고는 비난이나 부정과는 엄연히 다르다. 비판적 사고력을 가진 사람은 자신의 주장만 감정적으로 앞세우지 않는다. 다른 의견의 장점도 받아들이는 폭넓고 열린 시야를 가지고 있는 사람들이다.

셋째, 교육정책 차원에서 비판적 사고의 중요성을 간과했다. 교육 선진국들의 경우 일찍부터 토론식 교육이 자리를 잡아왔고 토론과정에서 학생들이 자신의 생각과 다른 부분에 대해 질문하고, 서로의 의견을 교류하면서 더 나은 해결방안을 찾는 학습활동을 내면화해 왔다.[38] 그에 비해 우리나라 교육방식은 일방적으로 지식을 전달하는 주입식 일색으로 이루어졌으며 학생들에게 절대적 지식을 습득하게 할 뿐, 의견에 대한 비판이나 토론을 요구하지는 않았다. 이러한 교육 체제하에서 10년이 넘게 훈련받아온 한국의 학생들은 비판의 의미와 기능을 제대로 이해하지 못하고 있고 더구나 그것을 내면화하기는 더더욱 어려웠다.

물론 개별 교사 차원에서 비판적 사고력의 개념을 수업에 반영하려는 노력들은 끊이지 않았다. 그러나 우리의 교실에서의 읽기 상황은 여전히 개별적 인지의 과정으로서 의미 파악에 한정되어 왔다.[39] 또 실제 비판적 읽기는 사고의 과정이 매우 다층적이어서 상대적으로 많은 학습시간이 필요한데도 불구하고 단편적인 학습이나 간단한 전략으로 다뤄지는 경우가 많았다. 결과적으로 비판적 읽기를 위한 학교에서의 토론장은 자유로운 생각이나 신념에 대한 공유가 제한될 수밖에 없었다.

답은 https://blog.naver.com/csnhwang/221202057081 참조

연습문제 1 : 베이컨의 4대 우상론에 근거해서 자신이 오류나 편견에 빠졌던 경험을 생각해 보고 그 이유를 서술해 본다.

연습문제 2 : 다음 글에서 어떤 비형식적 오류가 있는지를 밝히고 우리나라의 역사에서 또 다른 사례가 있는지 찾아본다.[40]

백제의 의자왕은 즉위 4년째인 660년 나당연합군의 침공 소식을 듣고 좌평 의직, 달솔 상영 등의 신하들과 전략회의를 열었지만 결론을 짓지 못했다. 의자왕은 뒤늦게 자신과 백제를 위해 직언을 마다 않던 충신 흥수의 귀양지 고마미지현에 사람을 보내 의견을 물었다.

"당나라 군사는 수가 많아 넓은 들판에 진을 치고 싸울 수 없습니다. 당의 수군은 백강에 들어오지 못하게 하고, 신라군은 탄현을 넘지 못하게 해야 하옵니다. 대왕께서는 사비성(지금의 부여)을 지키면서 적의 양식이 떨어지고 적군이 지칠 때를 기다려 공격한다면 능히 나라를 보전할 수 있을 것이옵니다."

흥수는 비록 자신을 버린 왕이었지만 가장 친한 친구였던 성충의 전략에 동조하여 백제를 위한 마지막 충언을 아끼지 않았다. 하지만 대신들은 성충의 간언을 듣지 않았듯이 흥수의 마지막 충언마저 저버리고

말았다.

"홍수는 오래 유배되어 대왕을 원망하고 있을 것이니 어찌 저자의 말을 믿을 수 있을 것입니까. 당나라 수군은 백강으로 유도하여 배를 정렬할 수 없게 하고 신라군은 탄현의 좁은 길에 몰아넣어 공격하면 새장 속에 있는 닭을 죽이고 그물에 걸린 고기를 잡듯이 쉬울 것입니다."

그러나 때는 늦어 이미 당군이 백강을 지났고 신라군은 탄현을 넘어 버리고 말았다. 의자왕은 계백에게 5천 명의 결사대를 주어 황산벌을 막게 했지만 중과부적으로 신라 5만 대군에게 패하고 말았다.

연습문제 3 : 아래의 글은 바다여행을 하는 사람들이 풍랑으로 인해 무인도에 표류하고 있는 과정에서 임시지도자를 선출하는 이야기를 담고 있다.[41] 글을 읽고 물음에 답하라.

어느 휴일 사람들은 유람선을 타고 바다 여행을 하였다. 그런데 갑자기 어마어마한 파도가 덮쳐 배가 기울어졌다. 사람들은 동시에 배 밑바닥으로 내동댕이쳐졌다.

"들어가시오! 여기 있으면 파도에 휩쓸려 다 바다로 떨어지게 됩니다. 어서 안으로 들어가세요!"

배는 여전히 파도에 몹시 요동을 쳤다.

"앗, 육지다! 육지가 보인다!"

멀리 육지가 보였다. 그러나 암초 때문에 가까이 갈 엄두도 내지 못하였다. 사람들은 추위와 공포 때문에 떨고 있었다. 이때, 높은 파도가 밀려와 배를 순식간에 모래밭으로 밀어붙였다.

간신히 육지에 내린 사람들은 안도의 한숨을 내쉬었다. 이제 사람들을 구할 수 있는 길은 다른 배가 오는 것뿐이었다.

"우리가 무사히 고향에 도착할 때까지 우리를 이끌어 줄 지도자를 뽑는 것이 어떻겠습니까?"

"그거 좋습니다. 그럼 누구를 지도자로 하면 되겠습니까?"

사람들은 한 명의 지도자를 뽑기로 했는데, 세 명의 후보자가 나서게 되었다. 사람들은 서로의 이야기를 듣고 난 다음 지도자로 뽑기로 했다.

〈박 신사〉: "난 여기 있는 사람들 중에서 가장 나이가 많습니다. 그리고 남들이 침착하고 이해심이 많다고 합니다. 여러분이 아시다시피 지금까지 여러분을 자상하게 돌봐드렸습니다. 내가 지도자가 되면 우리가 고향으로 돌아갈 때까지 모든 분들을 편안하게 해 드릴 수 있을 것입니다. 특히 나이가 어린 아이들이 무서워하지 않도록 잘 돌봐 주겠습니다."

〈성 청년〉: "저는 공부를 많이 하지 않아서 별로 아는 것이 없습니다. 그러나 지금까지 살아오면서 여러 번 어려움을 겪었습니다. 그때마다 모든 힘을 다해 어려움을 이겨냈습니다. 제가 다른 것은 못해도 모든 사람이 남은 식량과 물건을 공평하게 나누어 쓸 수 있게 하고 서로 협력하여 우리 모두가 고향으로 돌아갈 수 있게 하겠습니다. 내가 지도자가 되면 혼자만의 이익을 챙기는 사람은 절대 돌보지 않겠습니다."

〈강 의사〉: "저는 대학교 교수입니다. 그래서 바다의 이치와 날씨, 그리고 배에 대해서도 잘 알고 있습니다. 우리가 살아남으려면 우선 우리들이 처한 위험에 대해 잘 알아야 합니다. 가끔 친구들이 실속을 잘 차리는 나를 따돌리긴 했지만 지금 같은 처지에서 내가 지도자가 되면 내가 아는 모든 지식을 이용하여 우리가 고향으로 돌아갈 수 있는 방법을 찾아내겠습니다."

1) 여러분이 이 여행자들 중의 한 사람이라면 어떤 지도자를 뽑겠는가?

☞ 뽑고 싶은 지도자 :

☞ 그 이유와 근거 :

2) 새학기가 되면 대부분의 학급에서는 학급 대표를 선출한다. 아래 표는 지도자가 갖추어야 할 자질이라고 생각되는 것을 적어 놓은 것이다. 지도자의 자질로서 중요하다고 생각하는 순서대로 순서를 매기고 그 중에서 가장 높은 순위 두 가지에 대해 그렇게 생각한 이유를 서술하라.

2부
미디어리터러시와 2015 개정 교육과정

1. 미디어리터러시란?

리터러시(literacy)의 전통적 개념은 인간으로서 살아가기 위해 갖추어야 할 가장 기본적인 능력인 3R, 즉 읽기(reading), 쓰기(writing), 셈하기(arithmatic)를 의미했다. 이후 문자화된 기록물을 통해 지식과 정보를 획득하고 이해할 수 있는 능력으로 확장되었다. 책과 신문 등 인쇄미디어가 꽃을 피우기 시작한 19세기까지만 해도 일반 대중이 아닌 특권 계층에서만 리터러시 능력을 취득할 수 있었으나 오늘날에는 언어를 읽고 쓰는 능력에서 더 나아가 변화하는 사회에 적응하고 대처하는 능력으로 그 개념이 확대되었다.[42)]

미디어의 범주에는 신문과 잡지, 책과 같은 인쇄미디어도 포함되지만 영화, TV 등의 영상미디어가 출현하면서 그에 대한 교육의 필요성이 대두되었다. 영화에 이어 텔레비전 보급이 확대되고 그 부정적 영향이 심각한 사회문제화되면서 특히 어린이 · 청소년들에게 교육을 통해 그 폐해를 방지하자는 차원에서 '미디어교육(media education)'과 '미디어리터러시(media literac)'란 용어*가 등장했다.[43)] 이후 영화, TV에 이어 인터넷을 기반으로 한 다양한 미디어

* 문헌상 미디어리터러시라는 용어가 처음 사용된 곳은 1953년에 창립된 미국의 미디어교육 논문 단체 더나은방송협의회(American Council for Better Broadcasts; ACBB)가 1955년 발행한 뉴스레터였다. 이 단체가 텔레비전 소비자들이 프로그램의 질을 이해하고 판별할 수 있도록 사회 운동을 전개하고 있었던 점을 고려하면 당시의 미디어리터러시는 텔레비전 프로그램의 질을 이해하고 판별할 수 있는 능력으로 사용되었다고 할 수 있다.

가 등장하면서 미디어의 장르 간, 영역 간의 구별이 모호해지자 미디어교육 개념이 분화되는 현상을 보였고 이에 따라 개념상의 혼란이 일기도 했다.[44]

새로운 미디어나 테크놀로지가 출현할 때마다 새로운 개념의 리터러시가 등장하는 상황에서 이를 정리할 필요성은 다양한 학자들에 의해 제기되어 왔다.[45] 1982년 유네스코 주도하에 독일 그룬발트에서 열린 미디어교육 국제 심포지엄에서부터 미디어교육 개념 정립의 필요성이 지속적으로 제기되어 왔지만 오늘에 이르기까지 그에 대한 명확한 개념화는 아직 이루어지지 않았다.[46] 데이비드 버킹엄(David Buckingham)은 미디어 교육의 개념과 그 속에 포함되어야 할 내용을 다음과 같이 정리하고 있다.[47]

> "미디어 교육은 미디어에 대해 가르치고 배우는 과정이고, 미디어 리터러시는 미디어 교육의 결과물로서 학습자들이 획득하는 지식과 역량을 의미한다. 미디어리터러시는 미디어를 읽는 것(reading)과 쓰는 것(writing)을 필수적으로 포함한다. 미디어교육은 따라서 비판적인 이해와 능동적인 참여 둘 다를 개발하는 것을 목표로 한다. 미디어교육은 젊은 사람들이 미디어 소비자로서 이해하고 합리적인 판단을 할 수 있도록 도와준다. 미디어교육은 또한 젊은 사람들이 그들 자신의 관점에서 미디어 생산자가 될 수 있도록 도와준다. 미디어교육은 젊은 사람들의 비판적, 창의적 활동을 개발하는 것이다.
>
> 미디어교육은 그러므로 미디어에 '대해(about)' 가르치고 배우는 것과 관련이 있다. 이것이 미디어를 '통해서(through)' 혹은 미디어와 '함

께(with)' 가르치는 것과 혼동되어서는 안 된다. 예를 들면 텔레비전이나 컴퓨터를 과학이나 역사를 가르치는 수단으로 사용하는 것은 미디어교육이 아닌 셈이다. 물론 이러한 교육적 미디어 또한 세상에 대한 생각의 틀과 재현을 제공해 주기도 한다. 그리고 그런 이유 때문에 미디어교육자들은 '가르치는 도구'로서 미디어의 도구적 사용을 중요한 과제로 삼기도 한다. 이러한 강조사항은 오늘날 뉴테크놀로지의 교육적 활용에 대한 관심과 관련해서 아주 중요한 의미를 가진다. 그러나 이러한 견해는 교육 영역에서 많은 논란의 여지를 남겨 놓고 있다. 결과적으로 미디어교육은 교육적 테크놀로지나 교육적 미디어와 혼동되어서는 안 된다…."

제임스 포터(James Potter)는 해석 차원을 강조하여 미디어리터러시를 '미디어 텍스트로부터 의미를 해석하는 하나의 관점이자 활동'으로 정의했다. 이를 바탕으로 미디어리터러시의 영역을 슬픔, 기쁨, 분노 등의 정서적 영역, 옳은 것과 그른 것을 구분하는 도덕적 영역, 아름다움을 볼 수 있는 심미적 영역, 미디어 메시지를 이해하고 분석할 수 있는 인지적 영역으로 구분했다.[48]

포터는 이후 "융합 현상이 심화됨에 따라 미디어리터러시 개념이 기술 능력, 지식, 행위, 정치적 · 사회적 · 문화적 관행 등으로까지 확대되는 다차원적 개념이 되고 있지만 가장 중요한 능력은 '비판적 사고'"라고 주장했다.[49] 포터의 이러한 관점은 비판적인 사고의 중요성을 강조하고 미디어리터러시의 개념을 확장시켰지만 다른 한편으로는 미디어를 다루는 기술적 측면 등 실질적인 행위를

과소평가했다.[50)]

소냐 리빙스턴(Sonia Livingstone) 역시 "미디어리터러시라는 개념이 다양한 맥락에서 사용됨으로써 개념의 혼동이 야기되었다"라고 지적하고 미디어리터러시를 '다양한 형태의 메시지에 접근해서 분석 평가하며, 다양한 형태의 메시지를 만들어낼 수 있는 능력'으로 정의했다.[51)] 이와 함께 리빙스턴은 "시청각 미디어가 지배적이었던 시기에는 미디어리터러시가 '이용자의 수용성(audience reception)'과 '해석능력'에 초점을 맞추었지만, 누구나 콘텐츠를 생산하고 확산시킬 수 있는 현재의 미디어 이용 환경에서는 참여적, 비판적 능력이 반영된 미디어리터러시 개념이 요구된다"고 주장했다.

르니 홉스(Renee Hobbs)는 미디어가 편재되어 있고 풍부한 정보가 제공되는 현재의 미디어 이용 환경에서 사회적 참여를 위한 필수적인 일련의 생활 능력으로서 '디지털 미디어리터러시(digital and media literacy)'라는 개념을 제시했다.[52)] 홉스가 제시한 디지털 미디어리터러시는 리빙스턴이 제시한 미디어리터러시의 구성 요소에 '성찰'과 '행동'이 추가되었으며, 구성요소에 대한 설명도 다소 차이를 보였다.

우선 접근은 '미디어와 관련 서비스를 능숙하게 찾아 사용하고 다른 사람들과 관련 정보를 공유할 수 있는 능력'을 의미한다. 분석 및 평가는 '메시지를 이해하고 메시지가 가져올 수 있는 잠재적 효과나 결과를 고려하면서 메시지의 품질, 신뢰성, 관점을 분석할 수 있는 비판적 사고'를 의미한다. 창조는 '목적, 수용자 등을 인식해서 자기표현에 대한 자신감을 가지고 창의적으로 콘텐츠를 구성하거나 생성할 수 있는 능력'을 말한다. 성찰은 '자신의 커뮤니케이션 행위에 사회적 책임감과 윤리성을 적용하는 것'을 말하고, 행동은 '지식을 공유하거나 문제를 해결하기 위해 개인적 또는 다른 사람들과 함께 일하고 공동체의 일원으로 참여하는 것'을 의미한다.

한편 미국 미디어리터러시센터(Center for Media Literacy)는 미디어리터러시를 인쇄미디어에서 비디오 그리고 인터넷까지에 이르는 다양한 미디어의 메시지에 접근하고 분석, 평가하며 이를 바탕으로 제작하고 참여하는 능력으로 정의했다.[53] 이와 함께 미디어리터러시와 미디어리터러시가 아닌 것을 다음과 같이 명확하게 구분했다.

첫째, 미디어리터러시가 미디어에 대한 비판을 포함하고 있지만 미디어에 대한 맹목적 비난은 미디어리터러시 교육이 아니다. 즉 미디어리터러시 교육의 대상을 미디어 메시지나 콘텐츠 그리고 그 메시지가 생산되는 메커니즘에 초점을 맞춰야 한다는 의미다.

둘째, 미디어리터러시가 미디어 제작과 상호작용 활동 그리고 미디어 프로젝트를 포함하긴 하지만 단순히 제작활동만 하는 것은 미디어리터러시 교육이 아니다.

셋째, 비디오, 인터넷 등을 포함 미디어 콘텐츠를 단순히 교실로 가져오는 것은 미디어리터러시 교육이 아니다. 미디어리터러시 교육은 우리 문화 속에서 미디어 및 미디어 메시지의 속성과 미디어가 미친 영향을 탐구해야만 하기 때문이다.

넷째, 단순히 정치적 어젠다, 스테레오타입 등과 같은 오류를 찾는 것은 미디어리터러 교육이가 아니다. 미디어 메시지들을 비정상적으로 만드는 시스템에 대한 탐구가 전제되어야 하기 때문이다.

다섯째, 미디어 메시지나 경험을 한 가지 관점에서만 탐구하는 것은 미디어리터러시 교육이 아니다. 미디어 메시지는 복합적인 관점에서 조사되어야 하기 때문이다.

한편 프랑크푸르트 학파의 학문적 전통을 이어받은 독일의 디터 바아케(Dieter Baacke)는 하버마스가 제시한 커뮤니케이션 능력을 원용하여 미디어 능력 개념을 제안했다. 하버마스는 사람은 언어적 능력의 습득을 통해 자신의 현실세계를 적극적으로 구성할 수 있는 능력이 있다고 보고 '주어진 상황과 표현해야 할 내용에 적합한 커뮤니케이션을 수용하고 만들어낼 수 있는 인간의 잠재적 능력'으로서 커뮤니케이션 능력 개념을 제시했다.[54]

이에 대해 바아케는 "하버마스의 커뮤니케이션 능력 개념은 비언어적 커뮤니케이션인 표현, 태도, 제스처, 표정 등을 포함하고 있지 않다"라고 지적하고 "언어적, 비언어적 측면뿐만 아니라 능동적인 미디어 이용과 창의적인 미디어 제작 행위까지 포함시켜야 한다"라고 주장했다.[55] 나아가 바아케는 미디어교육의 목적은 실제 교육과정에서 수행되어야 할 행위지향적 미디어교육 방법을 제시하는 데 있다고 보고 미디어 능력을 '미디어를 비판적으로 이해하고, 능동적으로 이용하며, 혁신적이고 창의적으로 구성, 제작할 수 있는 능력'으로 개념화했다.[56]

바아케의 미디어 능력 개념은 비판적이고 성찰적인 미디어의 이용방법을 꾀하는 교육방법과 효율적인 미디어교육의 실현을 위한 미디어 교수법을 포괄하고 있다. 하지만 이를 실증적으로 보여줄 수 있는 기준이 무엇인지, 그리고 교수법과 방법론상에서 어떻게 미디어 능력이 조직화될 수 있는지 그리고 어떻게 미디어 능력을 중재할 수 있는지에 대해 적절한 설명을 하지 못했다.[57] 그러나 이러한 논란에도 불구하고 바아케의 미디어 능력 개념은 정보사회의 미디어교육 실행에 필요한 핵심적 단초를 제공한다. 그 이유는 커뮤니케이션능력 개념이 일상적인 언어적 커뮤니케이션 상황을 전제로 하는 반면, 미디어능력은 정보기술과 뉴미디어의 발전에 따른 커뮤니케이션 구조의 변화와 미디어 활용 교육을 강조했기 때문이다.

그 밖에 미디어리터러시와 유사한 개념으로 정보리터러시와 디지털리터러시가 있다. 정보리터러시(information literacy)는 도서관학회가 도서관에서의 정보 검색 장려 활동을 추진하던 1990년대 중반

이후 대두된 것으로 특히 인터넷을 통한 정보 검색이 더 늘어나면서 관심이 확대되었다.[58] 이런 배경에 의해 정보리터러시는 도서관학과 정보학에 뿌리를 둔 개념으로서 도서관에서 정보를 찾는 데 필요로 하는 능력으로 정의되어 왔고 정보소스도 인터넷에 한정되었다.[59]

미디어리터러시와 정보리터러시는 둘 다 미디어 메시지의 중요성을 강조하지만 메시지의 처리과정에 대한 인식에서 차이가 있다. 미디어리터러시는 주로 미디어 메시지가 어떻게 구축되고 해석되는가에 초점을 맞춘다. 그러나 정보리터러시는 그것이 접근되고 평가되는 방식 혹은 그 과정에 관심을 둔다.[60] 따라서 정보리터러시는 문제의 인식, 정보가 발견될 수 있는 위치, 그리고 발견된 정보에 대한 평가, 문제 해결을 위한 정보의 사용으로 한정된다.

최근 정보가 더욱 풍부해지면서 정보리터러시에서 비판적 사고를 강조하는 등 미디어리터러시와의 연계성이 더 커지고 있지만 정보리터러시는 미디어리터러시보다 더 행위지향적, 상황지향적 개념이라고 할 수 있다.[61] 즉 정보리터러시는 사람들이 도서관에서 검색한 정보 혹은 인터넷에서 검색한 정보에 초점을 맞추기 때문에 SNS와 같은 미디어를 통해 행해질 수 있는 다른 상황에는 관심을 두지 않는다. 따라서 다른 사람들과의 상호작용이나 커뮤니케이션, 새로운 작품 혹은 결과물의 제작, 온라인 자료 집행 등과의 관련성이 적다고 할 수 있다.

디지털리터러시를 학문적으로 처음 개념화한 폴 길스터(Paul Gilster)는 1997년에 발간한 저서 〈Digital Literacy〉에서 디지털리터러시를 '온라인을 통해 찾은 정보를 합리적으로 판단할 수 있는 능력'으로 규정했다.[62] 이러한 개념 정의는 '인터넷은 그 속성상 인터넷의 내용을 결정하는 중심적인 조직이 없기 때문에 인터넷상의 어떤 정보도 신뢰할 수 없다'라는 전제에 근거한 것이다. 길스터는 후에 디지털리터러시의 개념에 '네트워크화된 테크놀로지들을 통해 검색할 수 있는 능력'과 '미디어 메시지의 의미 해석 능력'을 포함시켰다.[63] 길스터가 제시한 디지털리터러시의 개념이 정교하지는 못했지만 모든 종류의 미디어에 적용될 수 있는 광범위한 디지털리터러시의 개념을 제시했다는 평가를 받는다.

캐나다의 비영리 미디어리터러시 교육단체인 미디어스마트는 디지털리터러시를 시민으로서의 참여까지 포함한 포괄적 개념으로 정의했다.[64] 구체적으로 디지털 기반의 커뮤니케이션 도구들에 접근하고 다룰 수 있는 능력, 디지털 미디어를 이해하고 맥락화하며 비판적으로 평가해서 온라인상에서 합리적인 판단을 내릴 수 있는 능력 그리고 다양한 디지털 미디어 도구들을 활용해서 효율적으로 커뮤니케이션할 수 있는 능력, 나아가 디지털 기반의 사회에 능동적으로 참여할 수 있는 능력들을 포함하고 있다. 디지털 테크놀로지가 우리의 일상에 깊이 자리하는 상황에서 디지털을 통한 사회적 참여와 디지털 시민성을 강조한 것이 기존의 미디어리터러시 개념과 차이가 있지만 이 역시 비판적 사고를 강조하고 있다.

2. 미디어리터러시가 왜 필요한가?

비판적 사고를 근간으로 한 미디어리터러시 교육의 필요성은 다음과 같이 다섯 가지로 정리할 수 있다.

첫째, 미디어가 삶의 중요한 수단이자 생활문화로 자리 잡은 상황에서 필수적인 문화역량으로서 미디어리터러시 교육이 필요하다.

한국언론진흥재단의 조사에 따르면 20세 이상 일반 국민의 하루 평균 미디어 이용시간은 5시간 40분에 달한다.[65] 그 대상을 초중고생 등 10대에 한정하면 하루 평균 미디어 이용시간은 7시간을 웃돌 정도로 늘어난다.[66] 잠자는 시간 외에 직장이나 학교에서 보내는 시간에 버금가는 시간을 미디어에 할애하고 있는 셈이다. 이 같은 결과는 미디어가 중요한 삶의 수단이자 자연스러운 환경으로 자리 잡고 있다는 사실을 잘 보여 준다.

이렇듯 미디어가 중요한 생활양식이 되었지만 미디어를 올바로 이해하고 선용하는 능력은 선천적으로 타고나는 것도 아니고 삶의 발달 단계에 따라 자연스럽게 형성되는 것도 아니다. 따라서 읽기, 쓰기, 말하기 교육과 같이 미디어는 아동기에서부터 하나의 필수적인 문화기술로서 그에 대한 교육의 필요성이 크다고 할 수 있다.[67)]

둘째, 미디어를 통해 매개되는 현실과 정보를 제대로 읽어내고 자기주도적이고 올바른 판단을 위해 미디어리터러시 교육이 필요하다.

미디어는 사회 구성원들 간의 다양한 의사소통 행위를 통해 생성되는 그 나름의 정치, 경제, 사회, 문화적 담론을 반영하고 있다. 따라서 사회 구성원들이 자신들이 속해 있는 사회 체계 내에서 생성되는 이러한 여러 담론들을 인식하고 성찰적인 삶을 사는 데 미디어는 중요한 역할을 수행한다. 그러나 사회체계 내에서 수행되는 객관적 현실(objective reality)들인 이런 담론들의 본질은 의도했든 그렇지 않든 뉴스 미디어에 투영되는 과정에서 상징적 현실로 재구성된다. 그러나 이러한 상징화 작업을 통해 뉴스 미디어 수용자들에게 전달되는 담론들은 객관적 현실과는 상이하게 표상(representation)되는 경우가 많다.

객관적 현실에 대한 표상성은 뉴스 콘텐츠 뿐만 아니라 드라마와 같은 장르에서 극중인물들을 묘사하는 방식이나 그들이 주고받는 대사 속에서도 자주 나타난다. 하지만 미디어 속에 표상되는 이런 가치, 문화, 규범은 왜곡된 형태로 표현되기도 한다. 특히 드라마나 오락 프로그램에 나타나는 여러 형태의 굴절된 방송언어(은어, 저속어 등)나 주제들은 청소년에게 부정적 영향을 미칠 가능성이 크다. 이렇게 볼 때 미디어는 사회적 판단의 준거이자 공적 교육기제(public pedagogy)의 역할을 하는 셈이다.[68]

이런 맥락에서 비판적 사고는 미디어의 구성된 현실을 제대로 읽어냄으로써 자기주도적인 판단능력을 키워주고 더 나아가 개인 차원이든 사회적 차원이든 의사 결정과정에서 중요한 기준이 된다.

개인의 올바른 판단능력은 시민사회 구성원으로서 서로 참여하고 협력하는 삶, 즉 시민성 함양을 위해서도 매우 중요하다고 할 수 있다. 특히 소셜네트워크 서비스는 공중의제 및 여론 형성과정에서 정보를 공유하고, 의견을 확산시키며, 개개인이 자신의 의견을 적극적으로 표현하는 채널로서의 역할이 커지고 있다. 따라서 소셜미디어를 얼마나 잘 이용하는지의 여부가 개인의 의견이 사회적 의제로 발전할 가능성과 밀접한 관계가 있다.

셋째, 정보의 바다를 안전하게 항해하기 위해 미디어리터러시 교육이 필요하다.

흔히 오늘날을 정보 홍수의 시대라 부른다. 구글의 에릭 슈미트 회장이 언급했듯이 인류가 동굴벽화 시대부터 2003년까지 창출한 모든 정보의 양보다 많은 정보를 이제 이틀이면 생산해 낼 수 있는 시대가 되었다.[69] 이렇듯 풍요로워진 정보 덕분에 어떻게 보면 참으로 편리한 삶을 구가하기도 한다.

그러나 정보의 풍요가 늘 긍정적인 것만은 아니다. 인터넷이나 스마트폰을 통해 정보를 클릭하는 순간 중대한 문제가 발생하는 경우도 많다. 선정적인 제목으로 미디어 소비자를 유혹하는 온라인 뉴스미디어의 낚시성 제목, SNS를 타고 순식간에 확산되는 거짓 정보들, 나아가 시도 때도 없이 날아드는 보이스피싱에 이르기까지 온갖 왜곡되고 거짓되며 편견이 가득 찬 정보도 횡행하고 있다, 그리고 이것은 상업적 목적뿐만 아니라 정치적 목적으로 유통될 수도 있다. 결과적으로 온라인상의 정보의 진위를 가릴 줄 아는 기본지식을 배우지 않은 상태에서 이 정보들의 진위를 가려야 한다면 그것만큼 무서운 것은 없다. 누구한테 책임을 물을 수도 없다. 결국 정확하고 신뢰할 만한 정보를 가려내는 일은 결국 이용자 본인의 몫으로 귀결될 수밖에 없다.

교육학자이면서 미디어생태론*을 처음 제기한 닐 포스트만(Neil Postman)은 테크노폴리의 폐해를 극복할 수 있는 대안이 바로 미디어교육이라고 주장했다.[70] 그는 학교에서 비판적 사고방식이나 판단력을 교육하기보다 문제에 대한 기계적 해결만을 강요함으로써

---

* 미디어생태론(media ecology)은 미디어 자체의 표현양식이나 개인의 지각현상을 강조하는 기존의 다른 미디어 이론들과 달리 미디어의 발전과 사회 변동과의 관계를 어떻게 설명할 것인가에 초점을 둔 이론이다.

학생들이 기술에 대한 맹목적 믿음을 가지게 되었다고 보았다. 이런 배경에서 미디어 환경이 가져다주는 효율성과 편리함의 이면에 있는 폐해와 손실을 이해하고 적극적으로 대응할 수 있는 비판적 사고력 교육이 필요하다고 주장했다.

넷째, 디지털 격차 해소 및 사회적 포용성 차원에서 미디어리터러시 교육이 필요하다.

지식정보사회에서 미디어리터러시, 특히 디지털리터러시는 단순히 기술 사용능력에 따른 문제를 넘어 경제, 사회 등 다양한 영역에서 불평등의 문제를 야기한다. 정보의 불평등 이용과 지식 격차 문제는 이미 오래전부터 제기되어 왔지만 특히 최근 들어 스마트폰과 SNS가 급속히 확산되면서 디지털 격차의 심각성은 더욱 커지고 있다.

흔히 디지털 네이티브로 불리는 오늘날의 어린이 · 청소년들은 태어나면서부터 디지털에 익숙해 있기 때문에 별도의 교육이나 주변의 스캐폴딩 없이 그들 스스로가 디지털 미디어 역량을 습득할 수 있다고 주장한다.[71] 특히 디지털 세대로서 디지털 네이티브들은 교사나 자신의 부모보다 새로운 미디어 환경에 더 잘 적응하고 있기 때문에 별도의 교육이 필요하지 않다는 자유방임적 견해도 제기되고 있다.

그러나 이러한 주장은 뉴미디어 테크놀로지에 대한 접근과 이용능력 면에서의 본질적인 불평등, 즉 접근과 참여의 격차(participation gap)가 존재한다는 사실을 간과한 것이다.[72] 현재 디지털 기기의 보급이 확산되고 있지만 여전히 컴퓨터나 소셜미디어에 접근할 수 없는 사람들도 존재한다. 현 시대에서 컴퓨터에 접근할 수 없으면 학교 친구들과 알고 지내는 것도 어렵고 대학에 지원할 여건도 안 되는 경우가 있다.

이 문제는 단순히 컴퓨터를 나눠주는 것만으로 해결되는 것이 아니다. 그 도구들을 효율적으로 쓰는 방법까지 제공되어야 한다. 카스텔스(Castells)는 "컴퓨터 관련 경험에서의 배제는 웹상에서 정보를 찾는 데 문외한이 된다는 것이고 이는 곧 사회적 배제로 이어진다"라고 주장한 바 있다.[73] 결국 이러한 참여 기회의 제한은 일상의 생활, 직업생활 등 모든 영역에서 다양한 격차와 불평등을 우발할 수 있기 때문에 미디어리터러시에 대한 교육이 필요하다.

다섯째, 윤리적 생산자로서 미디어리터러시 교육이 필요하다.

정보의 생산자와 소비자의 경계가 흐려지고 있는 상황에서 청소년들이 스스로 메시지를 제작하고 배포할 수 있게 되었고 도달 범위 또한 과거와 비교할 수 없을 정도로 넓어졌다. 새로운 디지털 테크놀로지들의 확산과 인터넷을 통한 정보 접근성의 증가는 학생들이 다양한 상황에서 의미를 획득하고 창출하며 연결하고 커뮤니케이션하는 방식을 변화시키고 있다.

오늘날의 청소년들은 블로그, 위키스, 페이스북과 같은 수단을 통해 연결하고 커뮤니케이션을 한다. 즉각적인 메시지 송출과 유통도 수시로 이루어진다. 학생들은 또 미디어를 통해 단순히 정보를 획득하는 것뿐만 아니라 팟캐스트와 웨비나*를 들을 수 있으며 배포와 이미지 공유 사이트인 플리커와, 동영상 공유 사이트인 유튜브 같은 웹사이트들을 제한 없이 방문할 수 있다. 특히 청소년의 경우 성인들이 이해하기 어려운 그들만의 글쓰기 방식을 가지고 새로운 표현 양식을 창출하기도 한다. 그러나 그들의 글은 체계적인 지도를 받거나 검증받을 기회를 갖지 못한다는 데 문제가 있다.

필자가 2014년 서울 소재 중고등학교에 다니는 학생 600명을 대상으로 디지털 미디어를 이용하는 기술수준과 이용윤리 간의 상관관계를 조사한 결과 디지털미디어를 능숙하게 다룰수록 윤리점수는 더 낮게 나타났다.[74] 이를테면 블로그나 팟캐스트를 능숙하게 다루지만 포스팅해야 할 글과 포스팅하지 않아야 할 글을 잘 구분하지 못했다. 앞으로 디지털 미디어 이용이 더 확산될 것을 고려할 때, 이 같은 결과는 미디어 이용윤리가 심각한 수준에 이를 수 있음을 시사하는 것이다.

온라인상에 다양한 커뮤니티들이 존재하고 있지만 각각의 커뮤

---

* 웹(web)과 세미나(seminar)의 합성어로서 인터넷상에서 열리는 회의를 말한다. 오프라인상에서 열리는 회의 대신에 음성이나 문서, 인터넷을 활용한 회의가 점차 활성화되고 있음을 감안할 때 웨비나는 새로운 정보교환장소로 떠오르고 있다.

니티들은 '그룹 내에서 정보가 어떻게 유지 관리되어야 하는가 그리고 어떻게 더 광범위하게 전파될 수 있는가'에 관한 그들 자신의 규범을 가지고 있다. 하지만 많은 젊은 사람들은 산재한 커뮤니티에 도달하기 위해 거짓말도 기꺼이 할 수 있는 상황이 발생하고 있다. 따라서 미디어리터러시 교육을 통해 윤리적인 생산자가 되도록 독려할 필요가 있다.

3. 미디어리터러시 프로세스

미국 미디어리터러시센터는 미디어리터러시를 '다양한 미디어에 접근해서 메시지를 분석, 평가하고 이를 바탕으로 제작하며 참여하는 기능'으로 정의했다.[75] 각각의 기능을 간단히 소개하면 다음과 같다.

접근

접근은 미디어리터러시를 실행하는 데 첫 번째 단계로 커뮤니케이션을 위한 도구에 접촉하거나 선택하는 활동이다. 사람들이 메시지에 접근할 때 자신들의 필요에 부합하고 유용한 정보를 선택하고 그 정보의 의미를 효율적으로 이해할 수 있어야 한다. 아래 사례는 접근 차원에서 커뮤니케이션 도구 선택의 중요성을 잘 보여 준다.[76)]

영국 콘월 지방의 살티시 고등학교의 과학교사인 댄 로버트는 수업시간에 학생들에게 엔지미 이론*을 설명하는 데 늘 어려움을 느꼈다. 학생들이 쉽게 이해하지 못했기 때문이다. 그래서 로버트 교사는 과거와 다른 방법인 비주얼화를 생각했다. 즉 학생들이 엔지미 이론을 만화로 그려볼 수 있다면 재미도, 동기부여도 높일 수 있을 것으로 생각했다. 이런 궁리 끝에 로버트 교사는 트위터를 통해 다른 선생님들에게 쉽고 자유롭게 사용할 수 있는 애니메이션 제작툴을 가진 곳이 있는지에 대해 도움을 요청했다. 텍스트를 추가함으로써 짧은 이야기식 묘사를 만들고 그것을 애니메이션으로 변용시키는 공유사이트 도인크(Doink)**를 아는 데 그다지 오랜 시간이 걸리지 않았다.

로버트 교사는 곧바로 학생들에게 이 도구를 사용해서 제작을 해 보도록 했고 학생들은 재미있게 애니메이션을 만들고 그 결과를 웹사이트에 공유했다. 이러한 시도는 학생들에게 학습효과를 높였을 뿐 아니라 다른 주제에 관한 수업에서 다양하게 활용되었다.

---

* 엔지미 이론(enzymy theory)은 하나의 유전자는 하나의 효소생성에 관여하고 생산된 효소의 특이성을 지배한다고 하는 가설 또는 학설

** www.doink.com

분석

사람들이 메시지를 분석할 때 메시지의 형식, 구조 및 순서를 체계적으로 조사하고 그 메시지가 발생하는 상황(맥락)을 이해하는 가운데 예술, 리터러시, 사회, 정치 및 경제적 개념들을 사용할 수 있어야 한다. 이를 효과적으로 수행하기 위한 방법의 하나는 기존에 가지고 있는 사전 지식과 경험을 충분히 활용해서 메시지를 분석하는 것이다. 또 메시지의 목적, 오디언스, 관점, 포맷, 장르, 캐릭터, 플롯, 주제, 무드, 세팅, 맥락 등의 개념을 사용하여 메시지를 해석하고 사안에 따라 비교와 대조, 사실과 의견의 구분, 원인과 결과의 해석 등 다양한 전략을 사용할 필요가 있다.

오늘날의 미디어 콘텐츠는 쉼 없이 빠른 속도와 순환을 요구한다. 그러나 미디어 이용자로서 우리는 미디어 콘텐츠의 이런 빠른 속도에 동화될 필요가 없다. 대신에 한 템포 늦추고 미디어 메시지가 어떻게 결합되는지 그리고 어떻게 해석할 것인지에 대해 면밀히 검토하는 정밀분석법(close analysis)이 필요하다. 이러한 정밀분석은 미디어리터러시의 기본적인 조건이지만 지속적인 훈련을 통해 이를 내면화할 필요가 있다.

정밀분석은 모든 미디어 메시지에 적용할 수 있지만 특히 광고는 짧고 강력한 단어와 이미지, 음악 및 소리 등으로 구성되어 있기 때문에 정밀분석을 연습하는 데 안성맞춤이다. 연습을 위한 TV 광고는 재미있는 비주얼과 사운드 트랙, 기억에 남는 단어나 슬로건을 포함하고 더 많은 사고를 요구하는 복합적인 메시지가 담겨 있는 것이 좋다. 그 후 다음의 단계에 따라 분석을 시도한다.

시각적 요소 분석 : 먼저 TV 광고를 시청한 후에 시각적 측면에서 기억할 수 있는 것들을 기록한다. 즉 조명이 어떻고, 카메라 앵글이 어떻게 설정되어 있는지, 또 다양한 이미지들이 어떻게 함께 편집되어 있는지 등을 간단하게 노트에 적는다. TV 광고에 등장한 인물들이 어떤 모습을 하고 있고 또 무엇을 하고 있는가 등을 기록한다. 또 가장 뚜렷하게 기억하는 장면이나 이미지들을 간단히 메모해 보기도 한다. 이 단계에서는 화면에서 봤던 것에 대한 해석이 아니라 실제로 봤던 것에만 초점을 맞춘다. 한번에 다 기억할 수 없으면 녹화된 것을 재생해서 이 과정을 되풀이하고 시각적 요소나 이미지들의 목록을 적어 나간다.

60초짜리 TV 광고물을 대상으로 시각적 분석의 예를 들어보면 다음과 같다.[77]

매력적인 중년 여성이 어두컴컴하고 적막한 길을 운전하고 가는데 갑자기 차의 엔진이 멈춰버린다. 그녀는 안간힘을 다해 다시 시동을 걸어보지만, 몇 번을 시도해도 시동이 걸리지 않는다. 옆 차선에서 트럭이 지나가지만 멈추지 않고 그냥 지나쳐버린다.(나중에 휴대전화 광고인 것이 밝혀진다)

교사 : 너는 이 텍스트에서 무엇을 알아냈니? 네가 그 화면에서 실제로 처음 본 것은 무엇이니?

그룹 응답 : 인적이 드문 길에서 운전하는 것, 밤 · 어두움, 홀로 있는 여성, 고장 난 차, 두려움에 떠는 여성.

교사 : 오 그래! 그럼 너에게 그런 결론을 내리게 한 어떤 것을 실제로 보았니? '두려움'을 언급했는데, 너는 어떻게 두려움을 보았니? 두려움은 추상적인 개념인데… 그렇다면 그 증거를 제시할 수 있겠니?*

그룹 응답 : 시동을 걸기 위해 여러 번 자동차 키를 돌려보지만 시동이 걸리지 않는 여성의 모습 클로즈업, 페달을 밟고 있는 발의 클로즈업, 엔진 빛의 클로즈즈

---

* 이에 대한 학생들의 대답과 관련하여 나중에 외연(명시적 의미)와 내포(함축된 의미)에 대해 설명해 주면 더 유익할 것이다.

업, 자동차 핸들을 두들기는 그녀의 손가락 모습 클로즈업, 주변에 누군가 없는지 창문을 통해 두리번거리는 모습 클로즈업, 사운드 트랙마저 없는 상황에서 자동차 키가 헛도는 소리만 들린다. 그래서 으스스한.

교사 : 좋아요.

그녀를 어둡고 적막한 시골길에 둔 장면을 설정한 후에 거기에 자동차 시동을 걸어보려고 애쓰는 모습에 관한 네 번의 컷이 지나갔다. 거기에 섬뜩한 음악을 삽입하면 우리 시청자들은 그녀가 두려워한다는 결론에 이르게 된다.

추가 조사를 통해 TV 광고영상의 각 장면이 한 여성이 위험에 빠져 있고 두려워하는 사례를 보여주기 위해 신중하게 구성되어 있다는 것을 파악한다. 만일 우리가 다른 시청자들과 마찬가지로 그 광고를 보고 두려움을 느꼈다면 휴대전화를 사든 그렇지 않든 TV광고의 전반적인 분위기에 푹 빠져 있게 된다. 이것이 시각적 언어의 힘이며 왜 학생들이 그것을 읽는 것을 배우도록 도와야 하는지 잘 말해 준다.

음향 분석 : 영상을 다시 리플레이하고 사운드 트랙을 들어 본다. 그리고 그 사운드 속에 나오는 모든 단어들을 적어본다. 이어

서 어떤 종류의 음악이 사용되고 있는가? 그 음악 외에 다른 사운드가 있는가? 있다면 그 사운드의 목적은 무엇인가? TV광고가 주요 대상으로 하고 있는 오디언스는 누구인가? 등을 스스로 질문하고 그에 대한 답을 찾아본다.

핵심질문들을 적용한 메시지를 분석 : TV 광고 영상을 다시 재생하고 '저자', '포맷', '오디언스', '콘텐츠', '목적' 등과 관련된 5개의 핵심질문들을 던져 본다. 이 단계에서 저자를 구분하고 구체적인 구성방법(포맷)들이 광고가 말하고자 하는 것-표현된 가치와 표현되지 않은 가치, 강조되고 있는 라이프스타일과 배제된 라이프스타일, 추정된 관점 등-에 어떤 영향을 미쳤는지 구분해 본다. 또 메시지에 빠져 있는 것 그리고 각기 다른 사람들이 그것에 대해 어떻게 다르게 반응하는지를 탐구한다. 메시지가 팔고 있는 것은 무엇인가? 그것은 광고되는 상품과 같은 것인가? 등과 같은 질문을 제시해 본다.

통찰력 적용 : 텍스트가 어떻게 구성되어 있고, 텍스트에 내재된 다양한 구성요소들이 어떻게 우리 자신의 독특한 반응을 유도하는지 요약해 본다. 물론 여기에는 다양한 반응이 나타날 수 있다. TV광고 외에 방송뉴스, 영화의 주요 장면, 인쇄광고물, 웹사이트 등 다른 유형의 메시지에도 이 훈련을 시도해 볼 수 있다.

정밀분석을 모둠 단위로 수행하면 더 빠르고 강력한 통찰력을 이끌어낼 수 있다. TV 광고물을 보여준 후에 간단한 질문으로 모둠 단위 분석을 시작한다. 너희들이 알아낸 것은 무엇이니? 같은 모둠원이라 할지라도 기억한 것이 각기 다를 수 있기 때문에 이 점을 고려하고 다시 질문을 던진다. 그 밖에 알아낸 것은 무엇이니?

만약 모둠원들이 이러한 질문에 대답하는 데 어려움을 겪는다면 영상물을 다시 보여주고 눈에 가장 띄는 것 또는 인상적인 장면을 찾아보도록 한다. '무엇을 알아냈니?'와 같은 질문에 대해 최소한 15개에서 20개의 답변을 얻을 때까지 이 과정을 되풀이한다. 이때 지나치게 빨리 분석하거나 해석하지 않도록 주의할 필요가 있다. 이 단계에서는 다시 한번 화면에서 실제로 있었던 것, 사운드트랙에서 들었던 것만 구분해 내는 데 초점을 둔다. 이 훈련에서 성공의 관건은 교사가 계속해서 질문을 하되 답변을 가능한 한 적게 하는 것이다. 이런 훈련을 모든 미디어 메시지에 적용하는 데는 시간적 한계가 있지만 메시지에 대한 통찰력을 키우기 위해서는 2~3회의 반복된 훈련이 필요하다.

평가

사람들은 메시지를 평가할 때 자신들이 가지고 있는 기존의 지식과 경험을 떠올려 메시지의 정확성, 품질 및 적절성 등을 판단한다. 평가는 다음과 같은 능력들을 익힐 수 있다.

* 다양한 장르와 형식의 미디어 메시지를 구분할 줄 알고 이를 해석할 수 있다.
* 메시지의 내용과 형식에 기초해서 메시지의 품질을 평가할 수 있다.
* 자신의 윤리적, 종교적 또는 민주적 원칙에 기초해서 메시지의 가치를 판단할 수 있다.
* 다양하고 복잡한 메시지와 그 내용에 대해 구두로, 인쇄 또는 전자적으로 응답할 수 있다.

제작

사람들은 메시지를 만들거나 커뮤니케이션할 때, 다양한 목적을 위해 단어, 사운드, 이미지를 효과적으로 사용해 그들의 아이디어를 완성해 나간다. 그리고 완성된 메시지를 효율적으로 전달하기 위해 다양한 형태의 커뮤니케이션 테크놀로지를 사용한다. 따라서 제작활동은 다음과 같은 능력들을 익히게 해 준다.

* 언어 사용 규칙을 숙지하면서 효과적으로 글을 쓰고 말로 표현할 수 있다.
* 다양한 목표를 달성하기 위해 이미지를 효과적으로 만들고 사용할 수 있다.
* 메시지의 특성에 맞는 커뮤니케이션 테크놀로지들을 사용할 수 있다.

참여

사람들이 메시지 작성에 참여할 때, 그들은 메시지 기획에서 작성, 수정 그리고 배포에 이르기까지 지속적인 관여와 상호작용 과정이 포함된 협업활동을 하게 된다. 협업활동은 다음과 같은 능력들을 익히게 해 준다.

* 메시지의 생산과 소비가 동시에 일어날 수도 있는 환경 때문에 미디어 이용자들과 그 이용 사이에 상호작용이 순식간에 이뤄질 수 있다는 점들을 이해할 수 있다.
* 새로운 형식과 표현들을 창출하기 위해 다른 사람들의 작품을 사용하고 리믹스*, 매시업** 등과 같은 방법을 적용할 수 있다.

4. 2015 개정 교육과정과 미디어리터러시

미디어리터러시 교육, 특히 비판적 사고를 적용한 미디어리터러

---

* 리믹싱(remixing)은 원래의 노래를 새로운 형식으로 다시 만든다는 음악 용어이지만 최근에는 음악을 포함, 기존에 나온 콘텐츠를 재구성해서 새롭게 만드는 방법으로 확장되었다.

** 매시업(Mashup)은 서로 다른 곡을 조합하여 새로운 곡을 만들어 내는 것을 의미하는 음악용어이지만 IT 분야에서는 웹상에서 웹서비스 업체들이 제공하는 다양한 정보(콘텐츠)와 서비스를 혼합하여 새로운 서비스를 개발하는 것을 의미한다. 즉 서로 다른 웹사이트의 콘텐츠를 조합하여 새로운 차원의 콘텐츠와 서비스를 창출하는 것을 말한다.

시 교육은 일정한 교육기간과 체계적인 교수학습과정을 요구하기 때문에 이를 실행하기 위해서는 교육과정상의 근거가 필요하다. 과거 2009 개정 교육과정에서는 '미디어 교육'이 범교과학습 주제에 포함되어 있었기 때문에, 이것이 미디어리터러시 교육의 교육과정적 근거가 될 수 있었다. 그러나 핵심역량을 강조한 2015 개정 교육과정에서는 범교과적 주제 학습에서 미디어 교육이 제외되고 그 대신에 정보처리 역량과 의사소통 역량이 그 근거로 등장했다.

2015 개정 교육과정은 국가수준 교육과정에서 핵심역량을 처음으로 공식화한 교육과정으로 아래와 같이 6개의 핵심역량요소를 제시했다.

〈2015 개정 교육과정의 6개의 핵심역량요소〉

1. 자기관리역량 : 자아정체성과 자신감을 가지고 자신의 삶과 진로에 필요한 기초 능력과 자질을 갖추어 자기주도적으로 살아갈 수 있는 능력
   하위요소–자기정체성 확립, 자기통제(절제), 여가선용, 건강관리, 기초학습능력, 자기주도학습 능력, 합리적 경제생활, 기본 생활습관, 진로개발 능력 등
2. 지식정보처리역량 : 문제를 합리적으로 해결하기 위하여 다양한 영역의 지식을 축적하고, 처리하여 활용할 수 있는 능력
   하위요소–논리적, 비판적 사고를 통한 문제 인식 · 정보수집,

활동 등을 통한 문제 해결방안의 탐색 · 해결 방안의 실행, 평가 · 매체활용 능력 등

3. 창의적 사고역량 : 폭넓은 기초지식을 바탕으로 다양한 전문 분야의 지식, 기술, 경험을 융합적으로 활용하여 새로운 것을 창출하는 능력

   하위요소-창의적 사고 기능 : 유창성, 융통성, 독창성, 정교성, 유추성

   창의적 사고성향 : 민감성, 개방성, 독립성, 과제집착력, 자발성 등

4. 심미적 감성역량 : 인간에 대한 이해와 문화적 감수성을 바탕으로 삶의 의미와 가치를 발견하고 향유할 수 있는 능력

   하위요소-문화적 감수성, 다원적 가치 존중, 공감, 상상력 등

5. 의사소통역량 : 다양한 상황에서 자신의 생각과 감정을 효과적으로 표현하고 다른 사람의 의견을 경청하며 존중하는 능력

   하위요소-말하기, 듣기(경청), 쓰기, 읽기, 텍스트 이해, 타인 이해 및 존중 배려 등

6. 공동체 역량 : 지역, 국가, 세계 공동체의 구성원에게 요구되는 가치와 태도를 가지고 공동체 발전에 적극적으로 참여하는 능력

   하위요소-시민의식, 준법정신, 환경의식, 주인의식, 봉사정신, 규범 및 질서의식, 협동, 갈등관리, 리더십 등

2015 개정 교육과정은 교육과정의 통합과 함께 이해 중심 교육을 강조한다.[78] 이해 중심의 교육과정은 학생들이 주요 개념을 바탕으로 지속가능한 이해를 구성하고 이를 실생활의 맥락 속에서 드러내는 방식의 학습을 강조하고 학습자의 사고력 증진을 위한 방법의 하나로 핵심 질문을 중요시한다. 여기에서 핵심질문이란 단일한 답이나 최종적인 답을 요구하기보다는 학습자의 수준 높은 사고를 유발하고 추가 질문을 끌어낼 수 있으며 시간이 지나도 영속되는 것으로 교과 학습에서 강조하는 전이 가능한 아이디어로 이어지는 질문이다.

정현선 등은 2015 개정 교육과정에 근거해서 미디어리터러시를 교육과정에 구현할 수 있는 구체적인 실천 방법으로 교과병렬형 통합교과와 통합교과 구성, 그리고 교과연계적 구성 등 세 가지 방식을 제안했다.[79]

교과병렬형 통합은 다학문적 교육과정 통합 방식에 의한 것으로 공통의 주제를 다양한 교과가 병렬적으로 다루는 방식이다. 이 방식은 하나의 주제 또는 미디어리터러시의 핵심 개념에 대해 다양한 교과에서 각기 병렬적으로 자유롭게 교육 내용을 구성한다. 이는 가장 느슨한 형태의 통합 교육과정 구성 방식으로, 각각의 교과에서 주제와 관련된 사항을 다루므로 교과에 따른 특색과 차별성을 부각할 수 있다는 장점이 있다. 또한 교과별로 독립적인 교과서가 편찬되고 수업이 이루어지는 현재의 학교 현실에 부합한다는 장점도 존재한다.

반면 미디어리터러시에 관한 종합적인 관점 또는 내용 체계가 갖추어지지 않은 현실적 여건을 고려할 때, 이 방식은 주제에 따른 편차가 지나치게 클 수 있다는 한계가 있다. 주제의 성격에 따라 교과별로 활용할 수 있는 방법이나 내용의 범위가 크게 좌우되기 때문이다. 예를 들어 주제가 '인권'으로 설정되는 경우 도덕과, 사회과와는 달리 국어과와 미술과에서는 소재 차원에서만 활용이 가능하다. 반대로 '광고' 등 미디어리터러시와 관련이 깊은 주제가 선정될 경우 국어과와 미술과는 직접적인 활동이 가능하지만 사회과와 도덕과의 경우 본격적으로 광고 주제를 다루는 데 한계가 있을 수 있다. 따라서 종합적인 미디어리터러시 향상을 위한 교과서 개발 원리로 제시하기에는 부적합하다.

통합교과 구성 방식은 주제를 중심으로 여러 교과의 성취기준이 동시에 적용되어 통합적인 활동으로 적용되는 방식이다. 이러한 결합 방식은 초등학교나 자유학기제 수업 등 정규 교과가 아닌 여건에서는 유용하게 활용할 수 있으나, 현재 교과 중심적으로 편성되어 있는 우리나라 교육현실에는 적용하는 데 한계가 있다.

교과통합적 구성 방식은 각 교과의 특징을 살리기보다는 주제에 대한 종합적 활동을 강조하는 방식이다. 이는 우리의 언어생활이 학문적 구분에 관계없이 통합적으로 이루어진다는 점에서 교육적 가치가 있다. 교과통합적 구성 방식을 구현하기 위해서는 프로젝트 학습 등 통합적인 활동 중심의 교육 여건이 조성될 필요가 있다. 미디어리터러시를 위한 별도의 교과가 설정되는 경우 교육적 효과를 극대화할 수 있다. 그러나 미디어리터러시를 위한 별도의 교과가 구성되지 않은 현실적 여건을 고려하면 이러한 구성방식은 정규 교과가 아니라 창의적 체험 활동이나 자유학기제의 주제선택 활동 등을 통해 구현이 가능한 반면 여러 교과를 연계하여 교육 내용을 구성하는 데에는 적합하지 않다.

교과연계적 구성 방식은 미디어리터러시의 핵심 지식, 기능, 주제 등을 중심으로 각 교과의 성취기준을 통합적으로 연계하는 것이다. 각 교과의 성취기준을 바탕으로 주제를 다루고 있으므로 교과별 특징을 잃지 않으면서도 각각의 활동이 연계됨으로써 보다 효율적으로 주제에 대한 학습을 강조할 수 있다.

미디어리터러시의 핵심 지식이나 기능(예: '뉴스의 정보는 편집된 것이다.'라는 지식)에 대한 이해를 중심으로 하여, 다양한 교과의 성취 기준을 연계할 수 있다. 이 때 인권, 윤리, 다문화 사회 등 미디어에 대해 비판적으로 따져 보아야 할 주제를 함께 다루는 것이 중요하다. 예를 들어 인권문제를 다루는 뉴스 단원을 설계한다고 할 때 각 교과와 관련된 성취기준을 제시하면 다음과 같다.

국어과에서는 미디어에 나타난 다양한 표현방법과 의도를 평가하며 읽는다. 사회과에서는 일상생활에서 언론보도에 의해 인권이 침해되는 사례를 조사하고 법에 의해 구제받을 수 있는 방법들을 조사한다. 미술과에서는 시각문화 속에서 이미지의 다양한 전달방법을 이해하고 활용할 수 있다.

교과연계적 구성 방식은 내용 측면에서의 주제를 심도 있게 다룰 수 있는 동시에, 미디어리터러시의 교육을 위해 필요한 기술적, 윤리적 측면 등도 균형 있게 교육할 수 있다는 장점이 있다. 또한 주제 중심으로 연결되는 다양한 교과의 활동을 통해 학습자의 지식과 경험을 유효하게 확장할 수 있다는 장점도 있다. 그런데 이것이 미디어리터러시 교육으로서의 정체성을 확보하기 위해서는 교과 통합의 핵심이 미디어리터러시의 핵심 지식, 기능이 될 필요가 있다. 다양한 성취 기준 가운데 주 성취 기준과 부 성취 기준, 주제로 느슨하게 연계된 성취 기준의 세 가지가 구분되어야 한다. 이렇게 구성된 내용은 주 성취 기준의 교과의 단원으로 구성할 수 있다.

개별 교과에 흩어져 있는 미디어리터러시 관련 성취기준을 연계하여 통합 교육과정의 방식으로 교과서 단원을 개발할 경우, 실제 교과 수업에서 사용하는 데에 어려움이 있을 수 있다. 그러나 적어도 초등학교의 경우에는 담임교사에 의해 대부분의 수업이 이루어지고 있어 통합 교육과정 운영이 중학교나 고등학교에 비해 상대적으로 용이하고, 이미 학교 교육과정의 편성 · 운영에서 통합 교육과정이 적용되는 경우가 많다. 따라서 통합 교육과정의 방식의 미디어리터러시 단원 개발은 현장 교사의 학교 교육과정 재구성에 대한 부담을 줄여주는 긍정적인 효과도 기대할 수 있다.

중학교의 경우에도 최근 자유학기 등에서 교과통합 수업이 강조되고 있고, 자유학기제의 주제선택활동이나 창의적 체험 활동에서 미디어리터러시 교육이 가능하므로, 통합교육 과정으로 단원이 개발될 경우 이러한 상황에서 활용이 가능하다.*

5. 미디어리터러시의 기본 원리로서 질문하기와 티칭팁

미디어리터러시의 기본 원리로서의 질문하기

2015 개정 교육과정에서 강조하는 이해 중심 교육과정은 학습자의 사고력을 증진하기 위한 방안으로 '핵심 질문'을 강조한다. 비판적 사고를 적용한 미디어리터러시 수업 모형에서 하나같이 강조하는 것이 바로 질문이다.

질문은 우선 연합기억을 활성화시킨다. 비커 마틴(Vicky C. Martin) 등(1991)은 새로운 정보를 습득할 때 '왜'라는 질문이 기존 지식과 새로운 지식을 연결하여 연합기억을 활성화시킨다고 주장한다.[80] 즉 질문은 학습자의 이전 지식과 일치하는 정보에 주의를 기

*구체적인 예시는 정현선 · 김아미 · 박유신 · 장은주 · 길호현(2016). 초 · 중등 고과서의 미디어 리터러시 단원 개발 연구. 교육부. 참조

울이게 함으로써 의미관계를 만들고 저장되어 있던 정보들이 연합되어 있는 기억의 구조에 접근할 수 있도록 도와주는 역할을 하는 셈이다.

학생들은 태어나면서부터 미디어에 대한 다양한 경험을 갖고 있다. 따라서 학생들의 미디어에 대한 직간접적인 경험과 수업에서 다루고자 하는 내용을 연관시킬 경우 연합기억을 활성화시켜서 탐구활동과 비판적 사고를 위한 동기를 부여할 수 있다.

질문은 또 높은 수준의 언어능력과 사고능력을 키워준다. 토마스 세네찰 등(Thomas M. Senechal etc.)은 부모나 교사가 이야기책을 읽어주면서 질문을 하면 아동의 능동적 반응이 증가한다는 것을 밝혔다.[81] 그리고 이러한 능동적 반응은 '이게 뭐지' 식의 낮은 수준의 사고가 아니라 '왜 그럴까', '네 생각은 어때'와 같이 원인-결과 간의 관계를 묻는 높은 수준의 질문과 열린 답을 유도하면서 결과적으로 언어 능력 발달을 가져온다고 보았다. 이런 맥락에서 비판적 사고를 적용한 미디어리터러시 수업에서는 소리 내어 읽기 전략을 자주 사용한다.

질문은 또 문제 해결능력을 키워 준다. 문제를 해결하는 과정은 일반적으로 문제를 확인하고, 대안을 찾으며, 찾은 대안 중에서 최선의 대안을 선택하고, 이를 실행하고, 점검 및 조정을 하여 최종 선택한 해결책에 대해 평가를 내리는 과정이다. 이 모든 과정에서 질문은 단계적으로 상황이나 사실을 확인하고 분석하며 판단하고 종합하는 일에 관여한다. 안젤로 시아디엘로(Angelo V. Ciardiello)는 인지적, 상위 인지적 능력을 활성화할 수 있는 질문의 전략을 언급하면서 "문제해결에 있어서 적절한 질문은 문제 해결의 과정에서 겪는 어려움에 대처할 수 있는 길잡이 역할을 한다"라고 주장했다.[82]

이와 함께 특히 학습자가 스스로 만들어 낸 질문은 손쉽게 학습자의 동기를 유발할 수 있을 뿐 아니라 자신이 스스로 답을 찾아내기 위해 지속적으로 관여하게 함으로써 과제나 문제를 해결하기 위한 긍정적인 정서적 효과를 불러온다. 앨리슨 킹(Alison King)은 부모나 교사처럼 학습자보다 능력이 나은 사람의 안내를 받는 질문도 효과를 발휘하지만 스스로 만들어 내는 질문이 지속적인 문제해결의 태도를 형성한다고 보았다.[83] 교육을 '받는' 것이 아니라 '스스로 깨우쳐가는 과정'으로 본다면 학생들이 스스로 질문을 만드는 과정을 거칠 필요가 있으며 주어진 상황에서 스스로 질문을 만들고 스스로 그것에 대답해 보는 훈련을 해 보는 것이 중요하다.

질문은 또한 관계 차원에서 상대의 마음을 여는 효과가 있다.[84] 질문은 관심 받고 있다는 증거이며, 질문의 대답에 대한 피드백을 통해서 이와 같은 관계성은 더욱 긴밀해질 수 있다. 예를 들어, 질문은 학습 문제 제시를 통해 동기 유발에 관여하지만, 수업 중 교사가 제공한 피드백을 통해서도 학생의 학습동기를 지속적으로 유발할 수 있다. 학생이 어떤 질문에 좋은 대답을 했다면 교사의 칭

찬이 이어지고 이와 같은 경험은 학습자들에게 강화로 인식될 수 있기 때문이다.

그러나 질문에 익숙하지 않은 우리나라 학생들의 경우 질문에 대한 답변을 표현하는 데 어려움을 겪는다. 그들은 때때로 "나는 그것을 좋아한다" 또는 "나는 그것을 좋아하지 않는다"라는 단답형 틀에 얽매여 '그것은 대단하기 때문에'라든지 아니면 '싫어하기 때문에'와 같은 단선적인 순환 논리로 자신의 견해를 정당화하려고 한다. 이것은 개인적 차원은 물론 비판적 사고력 차원에서 적절한 답변이 아니다. 따라서 체계적인 답변을 유도할 수 있어야 한다.

예를 들어 수업 중에 교사가 "너는 어떤 프로그램을 좋아하니?"라고 질문했을 때 좋은 대답으로 다음과 같은 답변을 예상해 볼 수 있다.

"나는 TV 액션시리즈물인 NYPD(뉴욕경찰국) 블루를 좋아한다. NYPD 블루는 카메라 작업이 다른 유사 프로그램과 아주 다르기 때문이다. 뉴욕 거리에서 빠르게 움직이는 촬영기법이나 한 장면에서 다른 장면으로 재빠르게 전환되는 편집컷 등이 그야말로 예술이다.

다른 TV 시리즈들은 대부분의 장거리, 중형 및 근접 촬영으로 평범한 카메라 작업을 한다. 지금까지 일반적인 유형의 카메라 작업과 편집을 너무나 많이 봐서 이제는 지루하다 생각했고 그래서 다이내믹한 NYPD 블루 스타일을 선호한다."

2015 개정 교육과정에서 이해 중심의 교육을 위해 핵심 질문을 강조하고 있지만 여전히 강의 중심인 현재의 교실환경에서 활발하고 의미 있는 질문과 대화를 이어가는 것은 쉽지 않다. 예를 들면 교사가 강의를 하면서 질문을 하지만 대부분 즉각적인 답을 요구하는 경우가 많다. 일반적인 교수학습 이론에서 학습자에게 생각할 시간을 주기 위해 7초를 기다리라고 하지만 한정된 시간 내에 나올 수 있는 답은 이미 알고 있는 내용이거나 단순한 경우가 많다.

이런 한계를 극복할 수 있는 방법 중의 하나가 하브루타(Havruta) 수업방법이다. 하브루타는 함께 공부하는 짝을 말하는 것으로 두 학습자가 같이 텍스트를 읽고 해석하며 대화하면서 질문하고 토론하는 학습방법이다.[85] 처음에는 2명이 하는 짝 대화에서 4명이 하는 모둠대화로 이어지고 나아가 학급 전체가 하는 전체 대화로 확장된다.

처음에 짝과 함께 질문과 대답을 수행하기 때문에 편안한 마음으로 대화에 참여하게 되고 의문이 드는 부분은 추가 질문을 통해 의미를 더 명확하게 이해하게 된다. 또 단계적으로 교실에 있는 학습자 전원이 질문에 대해 대화를 하며 적극적으로 생각에 참여할 수 있기 때문에 학습자 전원이 발표할 기회도 갖는 이점이 있다.

한편 정혜승 등은 좋은 질문의 요건과 관련하여 현행 교과서에 제시된 질문의 문제점을 분석하고 창의적 사고력의 계발을 위해 필요한 교과서 질문의 개선 방안을 제시했다.[86] 교과서 단원 개발에 대한 시사점과 관련하여 그 핵심적인 내용을 간추리면 텍스트를 다양한 관점에서 바라보게 하는 단원 집필자의 관점이 필요하고 교과서의 질문은 학습이 끝나고 난 후에도 학생의 마음속에 남아 지속적으로 의문을 갖고 생각하도록 하는 탐구의 계기가 되어야 한다는 점을 강조했다. 또 미디어 텍스트를 다루는 경우 기호, 미디어, 장르, 언어의 특성을 고려한 질문이 이루어져야 한다는 점도 덧붙였다.

효율적 티칭을 위한 몇 가지 팁

• 학생들의 사전 지식과 경험을 활성화해서 미디어 콘텐츠와 연관시킬 수 있도록 독려한다

새로운 미디어 작품은 과거의 것들과 동떨어진 것이 아니라 이전 작품들, 이전 관객들 그리고 과거의 중요한 반응들의 연장선 상에서 나타난다. 따라서 기존의 작품들을 조사하여 현재의 미디어 작품이 나타난 맥락과 연결시킬 수 있도록 독려한다. 그리고 나서 기존의 텍스트가 새롭게 나타난 미디어 작품과 어떤 연관이 있는지, 즉 서로 어떻게 상호작용하고 있는지 파악하게 한다.

• 질문을 잘 할 수 있도록 유도한다

오디언스 위치에 있는 학생들에게 미디어 작품에 대해 어떻게 느끼고 있는지, 혹은 미디어 작품에 어떻게 반응하는지를 학생들 스스로가 명확하게 조사하도록 한다. 오디언스의 반응을 살펴보는 것은 미디어리터러시 교육에서 매우 중요한 부분이다. 그러고 나서 학생들에게 그들의 반응, 평가를 독려하고 그것을 확장하는 비판단적 질문(판단을 요하는 질문이 아니라 사실 관계를 확인하는 그런 질문)을 계속하게 한다. 여기에서 필요한 방법은 관찰에서 조사로 그리고 이해로 단계적으로 나가는 것이다.

• 토론이 끝나기 전까지는 교사의 판단이나 의견을 유보한다

교사도 의견을 제시할 순 있지만 그 의견 역시 여러 가지 타당한 응답 중의 하나이다. 교실 상황에서 교사의 의견은 공식적인 기준으로 작용하기가 쉽다. 교사가 특정의 미디어 작품을 지지한다 혹은 지지하지 않는다 식으로 입장을 밝혀 버리면, 그것은 학생들이 자신의 의견을 표현하게 하는 데 장애가 될 수 있다.

이와 함께 학생들이 그들 자신의 직접적인 문화적 상황과 관련된 가치나 취향을 탐구하도록 독려하는 것도 중요하다. 여기에서의 가치교육은 교사가 은연중에 엘리트 계층의 가치를 강조하거나 부각시키는 것을 주의해야 한다는 의미를 담고 있다. 또 미디어리터러시를 비판적 사고를 위한 토론용으로 활용하고자 할 때는 학

생들이 그들 자신의 경험을 바탕으로 의미를 발견하도록 독려하는 것이 필요하다.

• 토론을 풍부하게 하기 위한 방법의 하나로 학생들에게 명료하고 구체적인 질문 및 답변을 할 수 있도록 독려한다

의견을 방어하는 일은 성찰과 고차원 수준의 사고를 촉발시킨다. 학생들은 더러 왜 그런가에 대한 이유를 알지 못한 채 의견을 내기가 쉽다. 학생들에게 그들 자신의 생각과 반응을 추적하도록 독려하는 것은 그들에게 미디어와 미디어 산업, 나아가 그들과 미디어의 관계를 이해하는 데 큰 도움을 준다.

• 불일치를 인정한다

교사와 학생들은 모든 반응을 존중해야 한다. 여러 가지 이슈들에 대해 합의를 이루지 못하는 경우도 많지만 학습의 요점은 하나의 의견에 동의를 하는 것이 아니라 다양한 관점과 해석을 탐구하는 것이라는 점을 유의할 필요가 있다. 사실, 어떤 사안에 대해 이견이 존재한다는 것은 각기 다른 오디언스들이 각기 다르게 해석하고 가치를 부여한다는 점을 보여준다는 점에서 매우 의미 있는 것이다.

• 늘 목적을 확인하고 조사한다

많은 미디어 작품들의 목적은 분명하지만 때로는 그 목적을 식별하기가 어려운 경우도 많다. 다음과 같은 질문을 하게 하는 것은 목적을 명확히 하는 데 도움이 될 수 있다. 누가 텍스트를 만들었는가? 그 텍스트가 나타나는 것은 어떤 상황인가? 타깃 오디언스는 누구인가?

• 가능한 많은 오디언스들로부터 해석들을 이끌어낸다

사람들은 이해할 수 있는 한 가지 관점에서 사건이나 사물을 보는 경향이 있다. 학생들에게 미디어 작품의 사회적 의미를 충분히 이해할 수 있도록 다른 사람들의 관점을 추측해보게 하거나 역할놀이를 하도록 장려하는 것이 좋다. 이런 의미에서 수업에 참석하지 못했던 학생들과 학부모 등 가능한 한 많은 사람들의 관점을 접할 필요가 있다.

• 사적인 비공개 반응을 기꺼이 수용한다

청소년 동료들 그룹에서 소수 의견은 공개적으로 표출되기 어려울 수도 있다. 중요한 것은 학생들이 소수 의견이라 할지라도 분명히 말할 수 있는 기회를 갖는 것이다. 학습 기록일지를 사용하는 것은 동료들의 압력에 대한 두려움 없이 학생들이 자신의 생각을 기록할 수 있게 해 준다. 그룹 토론과 해석은 개인의 성찰과 반응을 위한 좋은 기회가 될 수 있다.

• 그룹 활동을 권장한다

싱크-페어-셰어(think-pair-share, 협동학습 전략)*를 응용해서 학생들이 다양한 파트너들과 토론 중심의 협력학습을 하도록 유도한다. 즉 선생님이 준 문제나 질문에 대해 개인적으로 생각한 후 파트너와 자신의 의견을 나누고 이어서 반 전체와 의견을 나누도록 한다. 학생들은 서로 간에 학습 조력자가 될 수 있다. 경험과 분석을 공유하는 것은 더 많은 통찰력을 가져다준다.

결론적으로, 완벽한 미디어 교사가 되는 것을 기대할 필요는 없다. 그보다는 성찰하는 실천가가 되어 교사 자신의 교수일지에 미디어 작품들, 교수전략, 학생들의 활동이 언제 성공적이었는지를 기록해 두는 것이 좋다. 수업이 잘 풀리지 않더라도 너무 자책할 필요는 없다. 오히려 그것들을 통해 배울 필요가 있다. 그리고 대중문화 현상에 관한 다양한 샘플 사례들을 모으고 10대 지향의 TV쇼나 뮤직 비디오를 시청하고 인기 있는 라디오 방송을 듣거나 블록버스터 영화를 관람하는 것도 수업을 진행하는 데 큰 도움이 된다.

---

* 짝과 함께하는 협동학습 방법의 하나로 각 학습자들이 학습주제에 대해 일정한 시간 동안 생각을 하고 자신의 생각을 짝과 이야기하고 토론하며 공유한 다음, 학습자 전체 앞에서 발표를 하는 방식이다.

답은 https://blog.naver.com/csnhwang/221202057892 참조

미디어리터러시 퀴즈[87] : 당신의 미디어리터러시 능력은 어느 정도인가?

연습문제 1 : 아래 보기 중에서 미디어인 것은?

가. TV, 영화, 잡지, 신문, 비디오, 게임, 음악, 라디오, 광고

나. SNS, 사진과 동영상을 공유하는 웹사이트, 온라인 콘텐츠

다. '가'와 '나'

연습문제 2 : 광고의 주목적은 무엇인가?

가. 사람들에게 새로운 상품 및 서비스에 대해 알려주기 위한 것

나. 상품의 이점과 그 상품을 어디에서 사야 하는지를 알려주기 위한 것

다. 기업에 이익을 남기기 위한 것

연습문제 3 : 완벽하게 날씬한 여성과 근육질의 남자 모델 사진에 자주 노출되면 어떤 결과가 나타나는가?

가. 이상섭식을 유발할 수 있다.

나. 신체 이미지와 자존감에 영향을 미칠 수 있다.

다. 특별한 결과가 나타나지 않는다.

연습문제 4 : 만약 미디어에서 무언가 불쾌한 것을 봤을 경우 어떻게 하는 것이 좋은가?

가. 그것은 당신을 귀찮게 하는 정도일 뿐이기 때문에 무시해 버린다.

나. 그것에 대해 뭔가 할 수 있는 뾰족한 방법이 없기 때문에 그냥 수용하고 만다.

다. 그 메시지를 만드는 데 책임이 있는 사람들에게 당신이 어떻게 느끼고 있는지를 적극적으로 알려 준다.

연습문제 5 : 당신도 광고에서 본 여자나 남자모델처럼 멋있게 보일 수 있는가?

가. 그들의 모습은 현실과 전혀 다르기 때문에 당신은 결코 그러한 모습에 도달할 수 없다.

나. 건전한 다이어트와 운동을 하면 그렇게 될 수 있다.

다. 그들이 광고하고 있는 그 상품들을 이용하면 그렇게 될 수 있다.

연습문제 6 : 미디어가 제시하는 비현실적인 신체의 기준들을 접했을 때 어떻게 하는 것이 바람직한가?

가. 광고 속의 이미지들을 만드는 데 사용되는 기법들을 분석해 본다.

나. 광고에서 제시하는 메시지의 이면에 있는 의미를 비판적으로 생각해 본다.

다. '가'와 '나'

연습문제 7 : 패션잡지가 만드는 신체 이미지에 쉽게 영향을 받는 사람들은 어떤 사람들인가?

가. 낮은 자존감을 가진 사람

나. 자신을 광고모델이나 유명 인사들과 비교하는 사람

다. '가'와 '나'

연습문제 8 : 미디어 메시지를 만드는 사람은 누구인가?

가. 미디어를 소유한 대규모 기업들을 위해 일하는 사람들

나. 미디어를 이용해서 온라인상에 정보를 트위트하고 포스트하고 공유하는 사람들

다. '가'와 '나'

연습문제 9 : 미디어가 만드는 신체 이미지의 영향에 취약한 사람은 누구인가?

가. 독자나 시청자

나. 타깃 오디언스

다. 오피니언 리더

연습문제 10 : 당신이 온라인에 포스트하는 비디오와 사진들이 당신이 보여주고 싶어 하는 사람들에게만 보일 것인지 어떻게 확신할 수 있는가?

가. 나의 패스워드는 문자와 숫자들의 복잡한 조합이어서 해킹당할 위험이 없다.

나. 나의 계정을 '비공개'로 설정해서 오직 친구들만 당신의 프로필을 볼 수 있게 한다.

다. 당신이 온라인에 포스트하는 것이 비공개로 머물러 있다는 것을 확인할 길이 없다.

3부
비판적 사고를 적용한 미디어리터러시 수업의 실제

1. 비판적 사고를 적용한 미디어리터러시 수업모델의 특성

다섯 개의 핵심개념들

오늘날 미디어리터러시, 특히 비판적 사고를 적용한 미디어리터러시 수업은 '저자', '미디어 포맷', '오디언스', '콘텐츠', '목적'이라는 다섯 개의 핵심개념의 기초로 이루어진다. 이들 다섯 개의 핵심개념에는 다양한 학문적 입장들이 반영되어 있지만 특히 중요한 영향을 미친 것은 마셜 매클루언(Marshall McLuhn)의 커뮤니케이션 이론이다.

매클루언은 커뮤니케이션 테크놀로지가 우리의 삶과 사회, 그리고 미래에 중대한 영향을 미친다고 보았다.[88] 매클루언에 따르면 각각의 매체는 고유의 기술적 문법을 가지며 독특한 방식으로 메시지를 창출하는 편향성을 가진다. 예를 들어 동일한 사건을 보도한다 할지라도 매체 고유의 속성에 따라 각기 다른 인상과 메시지를 만들어낸다는 것이다. '미디어는 메시지다'라는 매클루언의 경구는 바로 여기에서 비롯된 것이다. 매클루언의 이론은 해롤드 이니스(Harold Innis), 닐 포스트먼 등에 의해 계승되면서 미디어생태론으로 발전했다.

영국의 미디어교육자인 렌 마스터먼(Len Masterman)은 미디어의 편향성 개념에 기초해서 미디어리터러시 교육의 기본 원칙을 제시했다.[89] 이 기본 원칙은 실제를 특정한 방식으로 묘사하는 '재현(representation)'의 원리에서 출발한다. 즉 미디어는 중재를 하는 매개체로 실제의 세계를 그대로 갖다 놓는 것이 아니라 실제의 세계를 재구성한다고 보았다. 미디어 텍스트는 뭔가 해독이 필요한 상징적 기호체계라는 의미다.[90]

마스터먼은 "만약 우리가 텔레비전을 재현 시스템으로 본다면 '누가 이러한 재현을 만드는가'라는 당연한 질문이 제기되어야 한다"라고 보았다.[91] 질문은 계속된다. 보고 있는 것은 과연 중립적인 것인가? 재현되는 세상의 속성은 무엇인가? 그 속에 내재해 있는 가치와 전제는 무엇인가? TV가 진짜처럼 보이게 하기 위해 사용한 기법들은 무엇인가? TV가 재현한 것들은 시청자들에 의해 어떻게 읽히고 어떻게 이해되는가? 등등.

마스터먼은 이러한 질문을 더 체계화했다. 그는 자신의 저서 〈미디어 교수법(Teaching Media)〉에서 모든 미디어는 상징적 기호체계에 의해 작동하며 체계적인 프레임워크를 발전시켜 나간다고 보았다.[92] 여기에서 제시된 것이 미디어의 구성된 속성, 관심을 끌기 위해 사용한 기법, 목적, 저자, 편향성, 가치, 라이프스타일, 관점, 생략, 파워 등과 같은 개념들이다.

이를 기초로 마스터먼은 미디어교육은 미디어의 기술적 특성에 상관없이 미디어 텍스트에 대한 비판적 수용과 미디어를 통한 능동적인 생산을 포함해야 한다고 주장했다.

한편 캐나다 미디어리터러시협회(Association for Media Literacy; AML) 창립자인인 배리 덩컨(Barry Duncan)과 그의 연구 동료들은 마스터먼의 기본 원칙을 기초로 8개의 미디어리터러시 기본 원리들을 추출했다.[93]

모든 미디어는 구성물이다.
미디어는 실재를 구성한다.
오디언스는 미디어의 의미를 협상한다.
미디어는 상업적 속성을 가진다.
미디어는 이데올로기 및 가치가 내재된 메시지들을 포함한다.
미디어는 사회적, 정치적 속성을 가진다
형태와 내용은 미디어와 밀접한 관련이 있다.
각각의 미디어는 독특한 심미적 형식을 가진다.

덩컨 등이 제시한 이러한 원리들은 캐나다에 미디어리터러시 교육을 확산시키는 계기가 되었다. 1989년 온타리오주 교육부는 이에 근거해 세계 최초로 미디어리터러시를 주 교육과정에 공식적으로 포함시켰다.

미국에서 1989년 미디어리터러시 센터를 창립한 엘리자베스 토먼(Elizabeth Thoman)은 마스터먼과 덩컨이 제시한 기본 원칙들을 바탕으로 질문의 원리를 포함한 다섯 가지 핵심 개념들을 완성했다.[94)]

모든 미디어 메시지들은 '구성'된다.

미디어 메시지들은 매체 자체의 규칙을 가진 창의적인 언어를 사용해서 구성된다.

동일한 메시지라도 사람들은 그것을 다르게 경험한다.

미디어는 내재된 가치와 관점을 가진다.

미디어는 기본적으로 이익 추구 동기에 의해 작동한다.

그 후 2008년에 미국 미디어리터러시 센터는 이러한 다섯 가지 핵심개념을 기초로 미디어의 소비자 측면과 생산자 측면으로 구분한 새로운 미디어리터러시 수업 모형을 제시했다.[95)]

비판적 사고를 적용한 미디어리터러시 수업모형은 세계 각국의 공교육 과정에서 널리 활용되고 있다. 각각의 수업모형이 나름의 특성을 가지고 있지만 대체로 미국 미디어리터러시협회에서 개발한 다섯 가지 핵심개념을 기초로 하면서 수업목적이나 학생들의 수준에 따라 별도의 과정을 추가하거나 보완한 형태를 띠고 있다. 비판적 사고를 적용한 미디어리터러시 수업 모형 중에서 대표적인 것들을 몇 가지 소개해 보면 다음과 같다.

워싱턴 대학의 미디어리터러시 수업지도 매뉴얼

워싱턴 대학의 미디어리터러시 수업지도 매뉴얼은 학생들이 미디어 콘텐츠를 분석할 때 비판적으로 사고하는 능력을 키우는 데 목적을 둔 교수학습 지침서이다. 크리스 워스놉(Chris M. Worsnop)이 개발한 이 수업지도 매뉴얼은 총 다섯 단계로 구성되어 있으며 체계적인 평가기준을 제시하고 있는 점이 특징적이다.[96] 본래 미디어리터러시 역량 개발에 주목적을 둔 통합교과형 수업 모형으로 만들어졌지만 개별 교과와 연계한 수업모형으로도 얼마든지 적용 가능하다. 이 매뉴얼은 단순히 학교 내에서의 학습 성취에서 끝나는 것이 아니라 모든 주제에 대해 그리고 그들의 모든 직업 활동과 일상의 생활에 적용할 수 있도록 되어 있다.

워싱턴 대학의 수업지도 매뉴얼은 전통적인 주제 영역의 내용을 통합한 미디어리터러시 수업에 초점을 맞추고 있지만 개별 교과나 전통적인 주제 영역에 새로운 관점을 반영한 수업 지도안으로도 활용할 수 있다. 또한 수준이나 내용을 조절하여 초중고등학교 수업 모두에 적용가능 하도록 되어 있다. 비판적 사고를 적용한 미디어리터러시 수업은 크게 다섯 단계로 구성된다.[97]

첫 번째 단계는 텍스트 이중분석(Taking a Second Look)이다. 이중분석이란 미디어 텍스트에서 가시적으로 보이는 것 이상의 의미를 파악하는 단계로 이 과정을 통해 학생들은 텍스트들은 단일 차원 이상의 의미를 가진다는 것을 배울 수 있다.

두 번째 단계는 '미디어 텍스트는 특정의 목적과 타깃 오디언스를 가진다'는 전제하에 미디어 텍스트의 목적을 '설득', '오락 제공', '정보 제공', '뭔가에 대한 설명', '이익 추구' 등으로 구분하고 다양한 사례에 근거해 메시지의 목적을 구분하는 학습활동이다. 이와 함께 특정의 목적을 설정하고 그에 적합한 메시지를 제작하는 활동을 병행한다.

세 번째 단계는 비판적 사고를 통한 미디어리터러시 수업의 5개 핵심개념들에 대한 탐구이다. 5개 핵심개념은 '모든 미디어는 신중하게 포장된 상품이다', '미디어는 현실을 재구성한다', '미디어는 개인의 시각을 통해서 해석된다', '미디어는 돈에 관한 것이다', '미디어는 어젠다를 촉발시킨다'이다. 이 단계에는 다양한 샘플텍스트 분석과 수행평가 활동, 그리고 그 결과들에 대한 평가가 포함된다.

네 번째 단계는 다양한 미디어 텍스트를 종합적으로 분석, 평가하는 학습과정이다. 미디어 텍스트들을 찾아내고 미디어가 의도하는 목표, 그 텍스트가 목표로 하는 오디언스, 그리고 다섯 가지 기본 개념을 응용해 보는 과정인데, 이는 학생들이 파이널 프로젝트를 수행하는 기초 자원으로 활용된다.

마지막 단계는 파이널 프로젝트를 완성하고 평가를 하는 단계이다. 이 단계에서 학생들은 텍스트나 비주얼 혹은 동영상 형태의 결과물을 만들어 제출하고 발표를 하게 되는데 기본적으로 핵심 개념, 목적 및 기법이 텍스트에 어떻게 적용되는지를 주로 평가한다.

워싱턴 대학의 수업지도 매뉴얼의 주요 특징 중의 하나는 비판적 사고를 적용한 미디어리터러시 수업에 대한 가이드라인과 함께 체계적인 성취기준을 마련해 놓고 있다는 점이다. 핵심적인 평가요소는 첫째, '워싱턴주 교육청이 설정한 커뮤니케이션 분야의 핵심학습 기준(Essential Academic Learning Requirements in Communication)을 이해하고 있는가'와 둘째, '커뮤니케이션 기준에서 규정한 질적 작업들의 특성을 잘 인식하고 있는가'이다.

이러한 평가지침에 따른 기준들은 '페이퍼워크', '교재 및 시험지 등에 제시된 루브릭', '전략에 대한 일반적 체크리스트', '관찰평가', '구두 커뮤니케이션을 위한 포괄적인 기준들' 등이다. 교사들은 또한 이 모델을 사용해서 핵심학습 성취와 관련된 고급수준의 평가틀을 만들 수 있고 학생들에게 제공되는 교수용 프로그램들을 만드는 근거로 삼을 수 있다. 핵심 학습기준은 네 가지 수준으로 되어 있는데 기준 1은 1~4학년, 2는 5~7학년, 3은 8~10학년, 그리고 4는 11~12학년에 적용된다. 세부적인 학습 기준을 번역한 자료는 필자의 블로그*에 수록되어 있다.

---

* https://blog.naver.com/csnhwang/221202062858

미국 미디어리터러시센터의 수업 가이드북

미국 미디어리터러시센터에서 개발한 수업 가이드북은 2003년에 처음 개발해 계속 업그레이드한 것으로 크게 두 가지 특징을 갖고 있다.[98]

첫 번째는 미디어리터러시 영역에서 비판적 사고력을 향상시키기 위한 핵심요소로 질문의 원리를 강조하고 있다는 점이다. 미디어 메시지에서 다양한 차원의 의미를 읽어내는 것 그리고 아주 초보적인 질문에 대해서도 다양한 답변을 주고받는 것은 학생들에게 동기부여와 함께 참여를 북돋는 데 중요한 역할을 한다고 본 것이다.

두 번째는 디지털 기술의 발전에 힘입어 일반인들이 미디어 소비자이자 생산자가 되는 프러슈머 시대를 고려하여 미디어 텍스트를 생산하는 과정에서도 비판적 사고가 필요하다고 보고 그에 따른 핵심개념과 질문의 원리를 적용하고 있다는 점이다. 미디어리터러시센터의 창설자이자 이 가이드북의 공동 저자의 한 사람인 토먼은 "미디어 메시지 분석이 창의적인 커뮤니케이션과 결합할 때 이론과 응용이 연결되며 결과적으로 학생들은 다양한 층위로 연결되어 있는 미디어의 소비 및 생산 과정에 비판적 사고력을 적용한 학습능력을 갖추게 된다"라고 주장한다.[99] 특히 분석과 제작 역량의 상호결합은 커뮤니케이션 테크놀로지가 일상에서 널리 활용되고 메시지의 소비와 제작 사이에서 아주 빠른 메시지 처리과정을 요하는 오늘날의 상황에 비추어 볼 때 매우 중요한 의미를 가진다고 할 수 있다.

이에 따라 미디어리터러시 센터의 가이드북은 '저자', '포맷', '오디언스', '콘텐츠', '목적' 등 다섯 가지 핵심개념을 중심으로 미디어 소비자로서 분석하는 방법과 생산자로서 제작하는 방법, 그리고 각각의 개념에 따라 세부적인 질문을 제시한다. 이 가이드북은 분석, 제작에 이어 참여의 중요성을 강조하는데 각각의 활동이 가져다주는 이점을 상세하게 소개하고 있다.[100]

먼저 미디어 메시지를 분석하는 활동은

* 관찰과 해석을 강화시킨다.
* 이해와 인식을 심화시켜 준다.
* 선입견, 고정관념과 같은 스테레오타이핑을 극복하게 해준다.
* 편견과 관점을 밝혀내 준다.
* 문제 해결을 위한 동기를 부여한다.
* 불명료한 상태의 함축적 메시지들을 명확하게 드러내 준다.
* 미디어 제작자에게 관점과 의미를 제공한다.
* 메시지의 효과 및 함축성에 관한 것을 일깨워준다.

커뮤니케이터로서 미디어 메시지를 제작해 보는 활동은
* 여러 가지 다중지능을 응용할 기회를 부여한다.*
* 적극적인 자기주도적 학습능력을 키워 준다.
* 동기 부여와 학습의 즐거움을 증가시킨다.
* 기존의 것을 대체한 새로운 표현방법을 발현시킨다.
* 교실을 넘어 외부세계와의 커뮤니케이션을 하게 하고 다른 사람들과 상호작용할 수 있는 기회를 제공한다.
* 자부심과 자기 표현을 강화시켜 준다.
* 이론적 개념을 현실세계에 적용하는 경험을 제공한다.

분석과 제작능력을 습득하고 온오프라인 커뮤니티에 다양한 형태로 참여하는 활동은
* 문제 해결이나 학습을 위한 협업역량을 길러준다.
* 블로깅, 비디오 공유, 팟캐스팅과 같은 새로운 기술 도구를 사용하여 새로운 형태의 커뮤니케이션 경험을 제공한다.
* 지역사회에 대한 관심과 유대 등 공동체 정신을 길러 주고 평소에 몰랐던 사람들을 연결시켜 줌으로써 학생들이 선택한 주

---

* 영상 제작교육은 하워드 가드너가 제시한 다중지능이론을 적용하는데 최적화된 활동이다. 예를 들면 작품의 시나리오를 작성하는 과정은 언어지능과 연관되며, 편집 단계에서 고려해야 할 숏의 길이 계산을 위해서는 논리수학지능이 필수적이다. 또한 음악의 자유로운 사용에서 음악 지능 촬영할 때의 미장센을 고려한다는 점에서는 공간 지능을, 연기 및 카메라워킹의 신체적 활동은 신체운동지능과 연관이 있다. 또한 영상미디어 제작은 기본적으로 협동을 전제로 한다는 점에서 인간친화지능과도 연관이 있다.

제에 대한 이해의 폭을 넓혀준다.

* 활동공간을 확장시켜서 과거에는 결코 이용하지 못했던 자원과 정보들에 쉽게 접근할 수 있게 해 준다.
* 개인적, 사회적 및 공적인 자아를 형성하게 하고 자신의 정체성에 대한 이해를 심화시켜 준다.
* 미디어 세계에서 생산자이자 참여자로 역할을 하게 해주기 때문에 전통적인 윤리를 재검토할 기회를 제공한다.

캐나다 중등학교의 10가지 미디어리터러시 수업방법

세계 최초로 미디어리터러시를 정규 교육과정에 도입한 캐나다 온타리오주 교육부는 1989년 덩컨 등이 개발한 미디어리터러시 핵심개념들을 기초로 학교에서 사용할 수 있는 미디어리터러시 수업자료를 개발하고 학교 현장에 적용해 왔다. 이 수업자료는 '미디어는 긍정성과 부정성의 양면을 갖고 있지만 선입견으로 인해 부정적인 인상을 갖고 있는 학생들이 많다'고 전제하고 먼저 미디어에 대한 긍정적인 관점의 필요성을 강조한다.[101]

이 자료는 미디어리터러시 수업 일반에 관한 것이지만 비판적 사고력 교육이 중요한 비중을 차지하고 있으며 열 가지의 수업방법을 제시한다.[102]

첫 번째는 미디어에 대해 문제의식을 갖고 접근하는 질문형 모델(The Inquiry Model)의 적용이다. 질문형 모델은 특히 교실에서 도입부 차원의 미디어리터러시 교수학습활동에 자주 사용된다. 예를 들면 논란이 될만한 사회적 이슈를 다루는 시사프로그램, 도덕적 딜레마와 관련된 이슈에 관한 단편 영화, 다큐멘터리 등을 보여줌으로써 시작할 수 있다. 그러한 이슈들과 학생들의 직간접적인 경험을 연관시켜서 탐구활동과 비판적 사고를 위한 동기를 부여할 수 있다.

두 번째는 비판적 사고를 위한 체크리스트(Critical-Thinking Checklist)를 활용하고 있다. 이 체크리스트는 베이어가 제시한 10개의 비판적 사고 기능을 6개로 축약한 것으로 '사실과 의견 구분하기', '주장이나 정보원의 신뢰성 평가하기', '진술의 정확성 평가하기', '주장이나 진술의 편견 탐지하기', '논리적 비일관성 평가하기', '주장의 강도 평가하기' 등이다.

세 번째는 가치관 교육이다. 매스미디어는 현대사회의 도덕적 딜레마와 그에 대한 논의의 전개과정, 사회적 가치와 규범 등을 자주 다루기 때문에 도덕적 딜레마 이슈를 토론하는 데 유용한 자원이 된다. 미디어는 또 자체 역할과 관련된 딜레마를 가진다. 예를 들면 '매스 미디어의 정기능과 역기능', '미디어에 대한 정부의 통제나 검열', '광고의 긍정적, 부정적 역할' 등 미디어 자체의 역할과 관련된 딜레마도 중요한 학습대상이다. 또 TV의 인기 프로그램이나 영화 속에서 표상되는 도덕적 딜레마들도 같이 다룬다.

네 번째는 사회교과를 포함, 과학과 테크놀로지, 시각예술, 음악, 수학, 신체 및 보건과목 등 여러 교과와 접목한 비판적 사고력 수업을 다루고 있다.

다섯 번째는 미디어 콘텐츠를 실제로 제작하는 방법에 관한 것이다. 우리가 살고 있는 세상의 여러 심볼들을 해독할 수 있는 것과 마찬가지로 학생들은 그러한 심볼들을 부호화, 즉 표현할 수 있어야 한다고 보고 미디어에 대한 분석과 제작을 병행한 활동을 다루고 있다. 제작활동은 간단한 사진 찍기에서 록비디오나 단편 다큐멘터리 제작 등 다양한 활동을 포함한다.

여섯 번째는 기호학(Semiotics)적 분석방법에 대한 교육이다. 기호학은 모든 현상을 기호와 기호들의 관계를 토대로 의미를 분석하는 학문이다. 따라서 미디어리터러시 교육은 기호학적 절차를 이용하여 미디어에 표상된 이미지에 숨겨진 사회적 가치와 이데올로기를 읽어낼 수 있는 방법에 초점을 둔다.[103)]

일곱 번째는 미디어 환경을 이해하는 것이다. 커뮤니케이션 미디어는 그 자체의 편향과 이데올로기를 가진다. 사람들이 미디어를 이용할 때 메시지의 형태뿐만 아니라 미디어의 형식에 의해서도 많은 영향을 받는다. 즉 기업으로서의 미디어의 속성과 지배구조는 뉴스를 포함, 미디어 콘텐츠에 영향을 미치기도 한다. 따라서 미디어 자체의 특성과 그것을 둘러싼 환경에 대해 여러 가지 질문을 던져보는 내용을 포함한다.

여덟 번째, 대안적 관점(Alternative points of view)을 강조한다. 광고 의존도가 높은 매스미디어는 일반적으로 경제 논리를 중요시하며 보수적인 관점을 취하는 경우가 많다. 따라서 주류미디어와 다른 관점을 가진 미디어와 다양한 측면을 비교해 보는 내용을 포함한다.

아홉 번째, 미디어리터러시를 한 학기 동안 정규교과 과정으로 다룰 것을 적극 권장하고 있다. 일반적으로 미디어리터러시는 중등학교의 영어교과나 시각예술(visual arts) 교과의 일부로 다루어지는 경우가 많다. 최근 들어서는 이러한 교과 외에 '대중문화', '이미지의 세계', '텔레비전 제작론' 등의 과목에서 한 학기 과정으로 다루어지기도 한다.

열 번째, 비고츠키가 제시한 비계 원리(Scaffolding Approach)의 적용이다. 사회적 구성주의에 기초해 교수학습이론을 제안한 비고츠키의 비계 원리를 적용한 것으로 학생들의 인지적 발달수준에 부합한 과제를 제시하고 그 과제에 대한 협동학습을 통해 비판적 사고력을 키우는 방법이다. 예를 들면 학생들에게 특정의 시트콤 프로그램의 언어적 특성과 관행을 조사한 후 발표하게 하고 학급친구나 교사의 코멘트를 받게 하는 방식이다. 동료 간 협업을 통한 제작활동도 비계 원리를 적용한 예라고 할 수 있다.

영국 영화연구소와 영어미디어센터의 영상교육 가이드북

영국의 영국영화연구소(BFI)는 2000년과 2003년 영어미디어센터(EMC)와 공동으로 영상미디어 교육의 금자탑이 될만한 두 권의 가이드북을 각각 발간했다. 〈중등학교 교사를 위한 영상이미지 교육 가이드북〉과 〈유아 및 어린이들을 위한 영상교육 가이드북〉이 바로 그것이다.

이 가이드북들은 다양한 교과활동 속에서 영상 언어를 활용해 미디어리터러시를 실현하는 모범적인 교재로 알려져 있다.[104] 특히 각 교과를 가르치는 데 있어서 영화, 비디오, 텔레비전과 같은 영상미디어를 보조도구로서만 활용하는 것이 아니라, 영상미디어에 대한 비판적 이해와 영상제작을 통합한 내용도 포함하고 있다.

영상이미지 교육의 기본 원리를 담고 있는 이 가이드라인은 영상이미지의 부호와 규약(codes and conventions)을 읽어내는 데 필요한 기본적인 방법들을 제시하고 있다. 이 방법들은 전체적으로 영상이미지의 언어를 강조하면서 학생들이 영상이미지 텍스트 요소들을 읽어내고 의미를 파악할 수 있도록 되어 있다. 즉 영상이미지가 어떻게 작용하는가에 대한 비판적 읽기 지도서라 할 수 있다.

〈어린이들을 위한 영상교육 가이드북〉은 아래와 같이 8개의 기본적인 과정으로 이루어진다.[105]

프레임 멈춰보기

사운드와 이미지 읽기

숏 찾아내기

영상물의 배경 읽기

타깃 오디언스 설득전략 읽기

후속내용 예측하기

미디어 텍스트 변환해 보기

영상물 제작하기

이 중에서 프레임 멈춰보기 방법을 구체적으로 보면 다음과 같다.

먼저 영상물을 학생들에게 보여준 후에 중간중간에 화면을 약 60초간 고정시키고 영상이미지 텍스트에 대해 이야기해 보게 한다. 즉 멈춰있는 화면에 보이는 것이 무엇인지, 영상이미지의 텍스트 요소들이 하나의 프레임* 안에 어떻게 위치 지어져 있는지, 그리고 그 장면에서 조명과 색채가 어떻게 기능하는지를 이야기하게 한다.

그 다음에 카메라와 피사체 간의 거리, 카메라 앵글, 하나의 숏이 진행되는 동안 카메라의 움직임에 대해 이야기해 본다. 또 얼마나 많은 숏들이 있는지, 여러 개의 숏들로 이어진 장면들이 정보와

* 영화, 비디오, 애니메이션 등에서 완성된 영상을 구성하는 정지된 이미지의 단위를 말한다

아이디어 혹은 이미지들을 어떻게 구축하고 있는지 이야기해 보게 한다.

프레임 멈춰보기에서는 그 밖에도 여러 가지 활동들이 가능하다. 스토리보드*나 영상 이미지 소프트웨어를 사용하여 장면의 순서를 바꾸거나 몇 가지 숏들을 제거해보게 하고 또 학생들에게 다음과 같은 질문을 할 수도 있다.

* 왜 이렇게 숏이 구성되었는가? 다른 방식으로 구성해 볼 수는 없는가?
* 주요 장면의 카메라 위치를 살펴보고, 카메라 위치를 바꾸어 촬영한다면 어떤 차이가 있을 것인가?
* 숏의 순서를 바꾸거나 몇 가지 숏을 제거한다면 또 어떤 차이가 있을 것인가?

프레임 멈춰보기에서 설정하는 수업목표는 다음과 같다.

* 시각 이미지의 모든 요소는 의미를 담고 있다.
* 시각 이미지들은 다른 텍스트처럼 '읽힐' 수 있다.

---

* 스토리보드는 보는 사람이 스토리의 내용을 쉽게 이해할 수 있도록 주요 장면을 그림으로 정리한 계획표를 말한다. 스토리보드는 시나리오의 내용을 시각화하여 표현하기 위한 도구인 동시에, 제작진 사이의 의사소통을 돕기 위한 중요한 수단이라 할 수 있다.

* 이미지 내 각 요소들의 위치, 사용된 색채와 조명은 이미지를 해석하는 데 영향을 미친다.
* 클로즈업, 롱숏 등과 같은 카메라의 거리, 카메라 앵글과 카메라 움직임은 의미 해석에 영향을 미친다.
* 숏들의 수와 배치순서가 의미 해석에 영향을 미친다.

〈중등학교 교사를 위한 영상이미지 교육 가이드북〉은 각각의 과목별로, 그리고 몇 개 과목을 통합한 영상이미지의 비판적 읽기 지도방법을 제시하고 있는데, 그중에서 영어(모국어) 교과에 적용한 영상이미지 교육의 수업목표는 다음과 같다.[106)]

* 문학텍스트의 영상이미지 버전이 원본과는 매우 다르고, 어떤 영상이미지 텍스트이든 언제, 그리고 어떤 상황에서 만들어지느냐에 따라 각기 다른 의미로 읽힌다는 것을 이해한다.
* 영상이미지 텍스트의 언어와 관습을 읽고 분석할 수 있다.
* 영상이미지 텍스트는 문학 텍스트 원본과 여러 가지 차이가 있지만 서사형식, 비유와 상징을 사용하는 방식 등 몇 가지 특징을 공유한다는 것을 이해할 수 있다.
* 드라마에서 장면의 구조와 구성은 극중 인물의 대화, 행동과 마찬가지로 드라마틱한 효과를 만들어내는 요소라는 것을 알 수 있다.

* TV뉴스, 다큐멘터리, 시사 프로그램 등과 같은 논픽션 영상이미지 텍스트는 현실을 재구성하고 거기에는 제작자들의 의도가 개입되어 있다는 것을 알 수 있다.
* 영상이미지 텍스트에 의해 생성되는 심미성 요소들의 의미를 인식하고 탐구해 볼 수 있다.
* 다양한 개인들과 수용자들은 동일한 텍스트에 대해 다른 방식으로 반응한다는 것을 이해할 수 있다.

구체적인 학습활동은 다음과 같이 이루어진다.

* 문학 텍스트와 그 텍스트의 영상 이미지 버전을 동시에 읽고 그 두 가지 버전이 시각 및 사운드의 관습, 캐스팅, 작품 가치 차원에서 어떻게 달리 해석되는가를 비교하며 각각의 텍스트가 시대별로 어떤 차이가 있는지를 학습한다.
* 영상이미지 텍스트가 이미지와 사운드의 조합을 통해 효과를 만들어내는 방식들을 학습하고 문학 텍스트의 인물행위, 배경, 서사적 목소리 등이 영상이미지 버전과 어떻게 다른가를 대조해 본다.
* 하나의 동일한 서사 구조가 영상 이미지 버전과 문학 텍스트에서 각각 어떻게 구현되고 있는가를 서사와 저자의 관점, 시간과 사건의 순서 및 플롯 구조의 구성을 통해 비교해 본다.

* 영상이미지 텍스트에서 사용하는 사물, 조명, 색채는 그 이미지를 해석하는 데 어떤 영향을 미치는지 학습한다.
* 논픽션 영상이미지 텍스트에 나타난 인물들의 관점과 그 텍스트가 지향하는 전체적인 가치와 관점을 요약해 본다.
* TV뉴스, 다큐멘터리, 시사 프로그램 등과 같은 논픽션 영상물에서 사실과 의견을 구분하고, 제작과정에서 나타날 수 있는 구조적 편견을 조사해 본다. 또 설득, 주장, 설명을 위해 사용된 영상이미지 언어 요소들을 분석해 본다.
* 설문조사, 인터뷰 혹은 포커스 그룹 인터뷰 등의 방법을 통해 특정의 영화에 대한 수용자의 반응을 조사해 본다.
* 영상이미지 텍스트가 수용자의 기대를 충족시키기 위해 어떻게 구성되는지를 조사해 본다.
* 문학 텍스트를 선정해 그것을 영상이미지 텍스트로 전환해보는 학습활동 계획서를 만들어 본다. 이 계획서에는 캐스팅, 감독, 스크립트, 원전에서 제외할 내용과 강조할 내용 등이 포함되어야 한다.
* 간단한 TV뉴스, 편집된 인터뷰, 그리고 다큐멘터리를 실제로 제작해 본다.

2. 핵심개념과 핵심질문에 기초한 통합수업의 실제

미디어리터러시의 다섯 가지 핵심개념, 즉 '저자(authorship)', '형식과 제작기법(format)', '오디언스(audience)', '내용 혹은 메시지(content or message)', '목적(purpose)' 등은 21세기에 깨어있고 참여하는 시민이 되는데 중요한 역할을 하지만 그것만으로 충분하지는 않다. 비판적 사고, 미디어 분석, 미디어 제작 그리고 미디어를 활용한 상호작용의 방법론을 보다 완벽하게 익히기 위해서는 핵심개념과 핵심질문을 결합할 수 있어야 한다.

전통적인 미디어리터러시 영역에서 적용되어 왔던 다섯 가지 핵심질문은 미디어 메시지를 소비하는 차원의 해체나 분석은 물론 메시지 생산 차원의 메시지 구축이나 제작에 모두 적용될 수 있다. 다만 미디어 메시지를 생산하거나 구성할 때 인간 개개인에게는 고유한 특성이 있기 때문에 개인적 경험과 지식이 반영될 수밖에 없다. 따라서 제작 단계에 적용하는 핵심질문은 분석할 때와 달라야 한다.

다음 표는 다섯 개의 핵심개념을 바탕으로 메시지를 분석할 때 적용되는 핵심질문과 메시지를 제작할 때 적용되는 질문을 키워드에 맞춰 정리한 것이다.[107]

분석(소비자 측면) –5개 핵심질문들	5개 핵심개념 (키워드)	제작(생산자 측면) –5개 핵심질문들
누가 이 메시지를 만들었는가	모든 메시지들은 구성된다(저자)	나는 무엇을 저작하고 있는가
이 메시지는 나의 주목을 끌기 위해 어떤 창의적 기법을 사용했는가	미디어 메시지는 그 자체의 규칙 속에서 창의적인 언어를 사용해서 구성된다(포맷)	나의 메시지는 포맷, 창의성, 테크놀로지에 대한 이해를 반영하고 있는가
사람들이 메시지를 어떻게 달리 이해하는가	동일한 메시지라도 사람들은 그것을 다르게 경험한다(오디언스)	나의 메시지는 오디언스들에게 각기 다른 반응을 자아내는가
이 메시지에는 어떤 가치, 라이프스타일, 관점들이 반영되어 있는가 또는 생략되어 있는가	미디어는 내재된 가치 및 관점을 가진다(콘텐츠)	내가 만든 미디어 콘텐츠는 내 자신의 가치, 라이프스타일, 관점을 명확하고 일관성 있게 제시하고 있는가
이 메시지는 왜 보내졌는가	대부분의 미디어 메시지는 이익 혹은 권력을 얻기 위해 만들어진 것이다(목적)	나는 내가 말하고자 하는 것을 효율적으로 커뮤니케이션하고 있는가

다섯 개의 핵심개념과 핵심질문 : 생산자와 소비자

미디어리터러시 핵심개념과 핵심질문들은 세계적인 이벤트를 라이브 뉴스로 보든, 잡지광고를 보든, 아니면 인터넷을 서핑하거나 친구와 영화를 보든 다양한 미디어 경험에 일상적으로 적용할 수 있다. 그러나 미디어 메시지의 소비자인가 혹은 생산자인가에 따라 관점이 달라지며 핵심질문도 달라진다. 예를 들면 미디어 메시지를 분석하는 소비자 측면에서 볼 때 그 관점이나 목소리는 수동적이다. 반면에 메시지를 만드는 생산자 측면의 관점이나 목소리는 능동적이다.

미디어리터러시의 핵심개념을 가르치는 것도 중요하지만 그보다 더 중요한 것은 미디어 메시지에 대해 학생들이 그들의 연령과 능력에 맞는 질문 체크리스트를 일상적으로 사용할 수 있도록 다섯 가지 핵심질문에 초점을 맞추는 것이다. 오늘날의 미디어 문화에 참여하는 데 필요한 비판적 사고과정은 이러한 핵심질문을 통해 발현되기 때문이다. 핵심 개념과 핵심 질문은 같이 결합해서 학생들이 디지털로 연결된 글로벌 미디어 문화에서 시민으로서 삶의 방식을 탐색하고 실천하는 데 하나의 지침서 역할을 한다.

다섯 가지의 핵심개념과 질문들에 관한 수업에서는 핵심개념별 단원을 마친 후에 학습자들이 해당 개념에서 공부했던 내용을 노트나 차트에 기록하게 할 필요가 있다. 예를 들면 핵심개념 1에 대한 수업이 끝나면 핵심개념 1의 내용을 요약해서 정리하고 핵심개념을 예증하는 예제를 제목과 함께 노트에 기록한다. 이어서 그 예제가 왜 핵심개념에 부합한 것인지에 대한 이유와 자신의 생각을 간략하게 적어 두도록 한다. 이렇게 하면 학생들은 1에서 5에 이르는 핵심개념의 의미를 더 정확하게 이해할 수 있게 된다.

미디어 메시지 소비자들을 위한 다섯 개의 핵심개념과 질문들

핵심개념 1. 모든 미디어 메시지들은 구성된다.
핵심질문 1. 누가 이 메시지를 만들었는가?

신문기사, TV 프로그램, 비디오 게임, 만화책 등과 같은 미디어 텍스트는 우연히 혹은 자연스럽게 생성된 것이 아니다. 빌딩이나 고속도로를 건설할 때 특별한 목적을 위해 정밀하게 설계된 도면에 따라 만드는 것처럼 미디어 텍스트 역시 특정의 목적과 계획에 의해 의도적으로 만들어진다. 미디어 텍스트에는 여러 가지 구성요소들이 포함되어 있다. 예를 들면 잡지는 크기와 글꼴이 다른 여러 가지 글이나 단어들을 내포하고 있고 사진, 컬러, 레이아웃 등을 기본 구성요소로 하고 있다. 텔레비전 뉴스나 영화의 경우 카메라 앵글에서 조명, 음악 및 음향 효과에 이르는 수백 가지 구성요소들을 필요로 한다.

제작자의 입장에서 볼 때 미디어 텍스트의 성공 여부는 그것이 얼마나 자연스럽게 보일 수 있는가에 달려 있다. 만약 미디어 텍스트가 가짜인 것처럼 보이면 독자나 시청자는 바로 관심을 끊게 된다. 따라서 사실 혹은 진실인 것처럼 보이는 뉴스조차도 누군가에 의해 만들어진 것이라는 점을 늘 유의해야 한다. '누가 그 메시지를 만들었는가'를 파악하는 것은 미디어 메시지의 정확성, 공정성, 나아가 신뢰성을 파악하는 데 중요한 기준이 된다.

핵심개념 1을 지도할 때는 컬러사진 혹은 흑백사진이 특별히 많은 신문을 포함해서 다양한 신문을 준비해 놓는 것이 유용하다. 그밖에 제호가 다른 여러 신문들의 1면을 복사해서 학생들이 다양한 텍스트를 검토할 수 있도록 하는 것도 필요하다.

교사는 또 인쇄신문을 넘어 다른 유형의 미디어텍스트들, 예를 들면 TV 영상물, 인터넷 콘텐츠 등의 메시지 구성방식 등을 생각해 보게 하고 활동을 확장해 나갈 수 있다. 예를 들면 TV 멜로드라마와 뉴스 프로그램이 구성되는 방식에 대해 코멘트하도록 하고 버라이어티쇼, 서바이벌 프로그램과 같은 프로그램들을 분석해보도록 한다. 나아가 잡지, 라디오, 비디오게임의 텍스트에도 적용해 보도록 한다. 이어서 학생들에게 미디어에서 사용한 다양한 제작기법들과 타깃 오디언스들을 해체해 보도록 한다. 물론 답변은 학생들마다 다양하게 나올 수 있다.

첫 번째 핵심개념인 저자에 대해 다음과 같은 세부적인 질문들을 제기해 볼 수 있다.

* 저자는 믿을만한가? 이 저자가 속한 단체나 기관은 공정한 혹은 중립적인 기관인가?
* 얼마나 많은 사람들이 이 메시지를 만들었는가? 그 사람들의 직업은 무엇인가?

* 그것은 어떤 유형의 텍스트인가? 영화인가, 다큐멘터리인가?
* 미디어 텍스트는 어떤 요소들로 구성되어 있는가?
* 같은 장르에 속한 여러 가지 작품들이 얼마나 비슷한가 또는 차이가 있는가?(예를 들면 같은 영화라 할지라도 멜로물인가 사극인가)
* 동일한 텍스트가 매체에 따라 달라지는가?
* 신문의 1면은 어떤 구성요소들로 되어 있는가?
  – 헤드라인, 사진, 그래픽 등
* 독자들을 다른 페이지로 이끌게 하기 위해 1면에 구성한 요소들은 무엇인가?
  – 색인, 다른 지면에 대한 안내, 점프기사 등
* 어떤 신문은 다른 신문에 비해 1면에 더 많은 사진과 컬러풀한 요소들을 사용하는데, 이유는 무엇인가?
  – 독자들의 눈을 사로잡기 위해서

'누가 이 메시지를 만들었는가'와 관련하여 우선 제기해 볼 수 있는 문제는 '저자가 누구인지 분명하게 알 수 있는가'이다. 신문지면에 자주 보이는 기사형 광고는 이 메시지를 누가 만들었는지가 불분명한 사례다. 일반적으로 신문기사는 기자나 집필자의 이름이 바이라인 형태로 제시되지만 기사형 광고는 바이라인이 드러나지 않는다. 즉 누가 이 메시지를 만들었는지가 드러나지 않은 사례로

핵심질문 1을 고려할 때 신뢰성이 문제가 있는 텍스트이다.[108)]

이른바 가짜뉴스로 알려진 페이크뉴스의 경우 그 진위 여부를 가릴 때 '누가 이 메시지를 만들었는가'가 신뢰성을 판별하는 중요한 기준이 된다. 예를 들면 미국 풍자패러디 인터넷 매체인 디어니언은 2012년 11월 14일자에 '북한의 김정은 국방위원회 제1위원장을 세계에서 가장 섹시한 남성으로 선정했다'고 발표했다.[109)] 이를 발표한 매체의 성격을 볼 때 분명 패러디다. 그런데 중국 최대 일간지인 인민일보가 그 기사를 실어 국제적 망신을 샀다.[110)]

만약 이 상황에서 그 글을 누가 작성했는가나 그 내용을 보도한 매체의 성격이 무엇인가에 관한 질문을 제기했다면 이런 상황에 이르지 않았을 것이다.

〈이것은 과학이 아니다〉의 저자인 마시모 피글리우치(Massimo Pigliucci)는 메시지를 제작한 사람이 누구라 할지라도 그 권위를 쉽게 인정해서는 안 된다고 주장한다.[111)] 그에 따르면 미디어나 정치 역시 과학을 과학적이지 못하게 하는 또 하나의 이유가 된다. UFO에 대한 믿음도 미디어의 위력을 제대로 이용한 사례며 영화나 TV 프로그램은 과학과 비과학을 뒤죽박죽 섞어서 대중들의 관심을 받는다. 그러나 정작 미디어는 대중의 정확한 지식은 뒷전으로 한 채 거액의 수익을 거둬들이고 있다는 것이 피글리우치의 주장이다.

미디어를 통해 비과학이 더욱 활개를 칠 수 있는 것은 권위자의 목소리를 이용하기 때문이다. 그 예로 지난 1998년 미국의 가장 권위 있는 신문 중 하나로 꼽히는 워싱턴 포스트에서 UFO에 관한 기사를 실었을 때, 대중들은 집필자의 이력을 관찰하기보다 워싱턴 포스트라는 매체의 권위를 인정해 이러한 주장들을 쉽게 받아들였다. 때문에 피글리우치는 권위 있어 보이는 어떤 의견이라도 그 권위를 쉽게 인정해서는 안 되며 스스로 비판적으로 사고하고 배경 지식에 관해 조사하는 등의 지적 노력을 행하는 것밖에 다른 지름길은 없다고 강조한다.

동일한 텍스트가 매체에 따라 어떻게 달라지는가를 알아보는 방법은 동일한 사건에 대해 각 매체가 어떻게 달리 보도하는가를 조사하는 것이다. 이를 위해서 교실에 진열대나 별도의 게시판을 만들어놓고 같은 날짜로 발간된 여러 개의 신문들, 그리고 인터넷 신문 기사의 복사물 등을 수집해 전시한다. 학생들은 같은 사건인데도 다른 버전으로 제시되는 텍스트들을 찾아보고 그 결과들(그것들이 어떻게 다른지)을 정리한다. 예를 들면 정치적 사건이나 행사에 대해 각기 다른 관점으로 보도하는 신문들을 수집해 비교해 보는 것도 좋은 사례다.

핵심개념 2. 미디어 메시지는 그 자체의 규칙을 가지고 창의적인 언어를 사용해 구성된다.
핵심질문 2. 나의 주목을 끌기 위해 어떤 창의적 기법들이 사용되었는가?

미디어를 통해 이루어지는 커뮤니케이션은 그것이 신문이든, TV게임쇼이든, 아니면 공포영화든 그 자체의 독특한 언어를 가진다. 무시무시한 음악은 공포감을 주기 위한 것이며 카메라의 클로즈업은 친밀감을 나타내기 위해 그리고 헤드라인은 메시지의 중요한 부분을 압축해서 보여주기 위한 것이다. 미디어 언어, 특히 우리의 정신세계 깊숙한 곳까지 도달할 수 있는 사운드와 시각 언어는 미디어 경험에서의 특별한 감정을 느끼게 하거나 즐거움을 배가시킨다. 그리고 그것은 조작에 대한 의심 가능성을 약화시킨다.

학생들은 물론 보통 사람들은 미디어 텍스트를 사건이나 아이디어의 자연스러운 재현으로 받아들이는 경향이 있다. 그러나 사람들이 미디어 텍스트에서 보는 실재(reality)는 구성된 실재, 즉 미디어 텍스트를 제작하는 사람들에 의해 만들어진 것이다. 따라서 학생들은 실재와 텍스트상에 나타나는 구성된 실재 사이의 차이를 구분하는 능력을 습득할 필요가 있다. 두 번째 핵심개념인 포캣에 대해 다음과 같은 세부적인 질문들을 제기해 볼 수 있다.

* 미디어 메시지의 구성 요소들이 어떻게 결합되어 있는가?
  – 컬러와 모양?

– 음향 효과? 음악? 침묵? 대화 또는 내레이션?

– 옷, 세트, 의상?

– 조명?

* 카메라는 어디에 위치해 있는가? 그 카메라의 관점(앵글)은 무엇인가?

* 미디어 메시지의 어휘들은 이해할 수 있는 것들인가?

* 시각적 상징이나 은유가 들어 있는가?

* 메시지 제작자가 사용한 커뮤니케이션 기법들을 이해하고 있는가?

* 설득력 있는 장치나 기법들을 사용하고 있는가? 정서적 호소를 하고 있는가? 대중적 호소를 하고 있는가?

* 미디어 텍스트를 진짜처럼 보이게 하는 것은 무엇인가?

* 어떤 종류의 음악이 사용되고 있는가? 그 음악을 사용한 특별한 목적이 있는가?

* 토픽에 관한 정보를 제시하는 데 있어 매체별로 차이가 있는가?

미디어가 어떤 포맷을 사용하는가를 알아보는 방법의 하나는 인기 있는 프로 스포츠 경기를 경기장에서 직접 관람하고 자신이 직접 본 것과 미디어가 보도한 내용을 비교해보는 것이다. 먼저 자신이 경기장에서 본 내용을 요약해 보고 그 다음에 신문들이나 텔레비전 방송사들이 그것을 어떻게 보도했는지 비교해 보면 매체별로 어떤 언어로 어떤 포맷을 사용해서 보도했는지를 알 수 있다.

오리지널 문학작품과 그것을 영상화한 영상 이미지 버전을 다양한 각도에서 비교해 보는 것도 한 방법이다. 예를 들면 빅토르 위고가 쓴 원작소설 〈레미제라블〉과 이를 각색한 영화 〈레미제라블〉을 놓고 그 두 가지 버전이 시각 및 사운드의 관습, 캐스팅, 작품 가치 차원에서 어떻게 달리 해석되는가를 비교하며 각각의 텍스트가 시대별로 어떤 차이가 있는지를 학습한다.

드라마나 영화에 나오는 이미지들은 어떻게 보면 분절된 이미지의 연결에 불과할 수 있다. 그럼에도 불구하고 장면 하나하나가 튀거나 어색하지 않고 자연스럽게 보이는 이유는 영상 문법과 편집 기술 전략, 스타 배우의 등장 등을 통해 일관된 이야기의 흐름을 추구하기 때문이다. 다큐멘터리를 제작하면서 긴 인터뷰 중에서 어떤 부분을 잘라야 하고, 어떤 부분을 강조해야 하는지, 어떤 장면을 중간에 삽입해야 더 그럴듯하게 들리는지 등의 고민은 리얼리티와 진실 효과 차원에서 각 구성요소들을 어떻게 배치할 것인가의 문제다. 똑같은 장면에서 음악이 삽입된 것과 아닌 것, 조명이 위에서 내리는 것과 아래서 비추는 것, 태양을 등지고 찍은 것과 환한 조명을 받으며 찍은 것, 같은 장면이라도 천천히 동작을 표현한 것과 빠르게 한 것 등은 다양한 모습을 부여하고 각기 다른 효과를 가진다.

영화나 드라마에서 같은 피사체를 찍는다 해도 카메라 각도에 따라 완전히 다른 이미지가 만들어질 수 있다. 영상언어 중에서 앵글은 피사체와의 관계에서 카메라가 놓인 곳이 높은지 낮은지 아니면 눈높이인지 하는 위치를 말한다.[112] 일반적으로 카메라 위치가 눈높이보다 낮은 로우 앵글은 피사체를 더 강력하게 보여주는 효과가 있다.[113] 예를 들면 자동차 광고에서 로우 앵글로 촬영된 차는 더 크고 역동적으로 보이며 미사일은 더 빠르고 더 파괴적으로 보이게 한다. 이에 반해 하이 앵글은 피사체를 더 작고 열등하게 하고 겁먹거나 심리적으로 위축된 것처럼 보이게 한다. 눈높이 앵글은 오디언스와 피사체를 동일한 위치에 놓는다. 이를테면 텔레비전의 뉴스 캐스터들은 카메라와 눈높이 위치에 있다. 이것은 얼굴을 보면서 얘기하는 것과 마찬가지로 친밀감을 불러일으키며 오디언스의 신뢰감을 높여 준다.[114]

색은 사람들에게 다양한 감정적 반응을 불러일으킨다.[115] 예를 들면 따뜻한 색(빨강, 오렌지, 노랑)은 공격적인 반응을 유발할 수 있다. 또 미디어에 나타난 색이나 조명이 사람들에게 부여하는 의미가 문화와 맥락에 의해 달라질 수 있다.

마찬가지로 조명 구도 역시 관객의 주의를 특별한 피사체로 돌리게 하거나 장면에 대한 특정의 감정적 반응을 이끌어내기도 한다.[116] 이를테면 코미디 프로그램에서 사용된 밝은 조명은 기쁨, 안전, 낙관의 느낌을 만들어내는 데 반해 누아르 영화의 거칠고 어두운 조명은 세상을 어둠으로 감싸서 영웅과 악당의 구별을 어렵게 만듦으로써 주관적 현실이라는 이 장르의 주제를 강화하곤 한다.

다음의 동영상 자료는 컬러, 밝기에 따라 그에 대한 이미지가 어떻게 바뀔 수 있는지를 잘 보여 준다.*

음악 역시 정교한 기획하에 만들어진 구성물이다. 이마트에 가면 늘 클래식 음악이 흐르고 GS슈퍼마켓에 가면 최신 가요가 자주 나온다. 이것은 경영자의 취향 차이가 아니다. 마케팅 전략에 따라 의도적으로 선택한 음악들이다. 이마트에서 클래식만 트는 이유는 다른 마트와의 차별화 전략이다. 우리나라 할인 마트는 외국과 달리 백화점을 대체하는 역할을 하기 때문에 시끌벅적한 시장 분위기를 없애기 위한 전략의 일환이다.[117)]

또 롯데백화점은 오전에 주로 클래식, 점심시간 직후엔 경쾌한 팝, 오후 4~6시엔 재즈나 월드뮤직을 튼다. 신세계는 층마다 트는 음악이 다르다. 명품매장에는 클래식이나 재즈, 남성의류 매장은 팝, 스포츠 매장은 일렉트로닉 음악을 튼다. 각종 매장들이 음악을 엄선해 트는 것은 매장 음악이 분위기뿐 아니라 매출에 직결되는

---

* https://connode.wordpress.com/2015/01/11/%EB%AF%B8%EB%94%94%EC%96%B4-%EC%98%81%EC%83%81-%EC%8B%9C%EB%8C%80%EB%A5%BC-%EC%9C%84%ED%95%9C-%EB%B9%84%ED%8C%90%EC%A0%81-%EC%82%AC%EA%B3%A0%EA%B0%80-%ED%95%84%EC%9A%94%ED%95%98%EB%8B%A4/ 참조

요소이기 때문이다. 즉 소비자들의 지갑을 열기 위해 의도적으로 다른 포맷을 사용한 예라고 할 수 있다.

사회적 증거를 활용한 설득기법

사람들은 다른 사람들이 어떻게 하는가에 따라 자신의 행동을 결정하는 성향이 있다. 이런 성향을 잘 활용한 설득 기법 중의 하나가 사회적 증거(social proof)의 법칙이다. 스스로 결정을 내리기가 쉽지 않거나 지식이 부족하다고 판단될 때, 다수의 선택을 신뢰하게 되는 심리가 사회적 증거의 바탕이다.

예를 들어 사람들이 제품을 구매할 때 이미 널리 알려져 유명하거나 인기 있는 제품을 선택하는 행위에 작용하는 것도 바로 사회적 증거의 법칙에 의한 것이다. 또 불우이웃 돕기 등의 자선 기부금을 모집하는 TV방송사들은 장시간을 할애하여 이미 기부금을 약속한 사람들의 명단을 지속적으로 제공하는데 그 이유는 "보아라! 얼마나 많은 사람들이 이 자선 기부금행사에 참여하고 있는가? 당신도 망설이지 말고 이 행사에 참여해야 하지 않는가"라는 메시지를 시청자들에게 전달하기 위함이다.

특정 콘텐츠가 높은 조회수를 기록하고, 많은 후기와 댓글을 보유하고 있고, 소셜 미디어에 자주 공유된다면 이 콘텐츠는 '옳다'는 '사회적 증거'를 가진 셈이 되고, 더욱 많은 사람들이 이에 호의적으로 반응하게 된다. 이미 여러 번 공유되고 많은 댓글이 달린 블로그 포스팅에는 더욱 많은 사람들이 관심을 가질 확률이 높아진다는 의미다. 서울시 강북구청이 2016년 11월 11일 기관 블로그에 "운영 1년 강북구 블로그, 100만 명이 다녀갔다"라는 내용의 글을 게재한 것은 바로 이런 사회적 증거의 법칙을 활용한 것이다.[118]

미디어 텍스트의 구성요소들이 어떻게 함께 결합되는가를 이해하는 가장 좋은 방법은 직접 비디오를 만들어보거나 웹사이트를 구축하는 것 아니면 지역사회 문제에 대해 광고캠페인을 만들어보는 것이다. 프로젝트가 현실세계와 관련되어 있다면 더욱 좋다. 디지털 카메라 및 컴퓨터 저작 프로그램은 다양한 주제 영역에서 창의적인 제작 프로젝트를 손쉽게 통합할 수 있도록 도와준다. 또한 음악, 무용, 연극 및 시각예술 등 네 가지의 주요 예술요소들은 학생들이 분석, 해석 및 감상능력을 학습하고 자기표현을 할 수 있는 기회를 제공해 줄 수 있다.

핵심개념 3. 동일한 메시지라도 사람들은 그것을 다르게 경험한다.
핵심질문 3. 사람들이 메시지를 어떻게 달리 이해하는가?

사람들은 미디어 텍스트에 자신의 독특한 생활의 경험(성. 연령, 교육, 문화적 기반 등)을 적용하기 때문에 같은 메시지에도 각기 다른 해석을 하게 된다. 예를 들면 부모와 아이들이 같이 텔레비전을 보더라도 자신의 경험을 투사하기 때문에 텔레비전 프로그램 속의 내용을 다르게 해석한다.

오디언스는 개인에게 특유한 방식으로 미디어 텍스트와 상호작용한다. 어떤 오디언스들은 특정의 메시지들을 드러난 그대로 받아들이는 반면 다른 오디언스들은 동일한 메시지를 거부하거나 상이한 방식으로 처리한다. 일반적으로 개인은 메시지가 유입될 때, 상호작용을 통해 메시지를 처리하려고 한다. 여기에서 중요한 것은 텍스트의 복합적인 의미를 이해하고 개방된 마음으로 접근을 하는 것이다.

미디어 메시지를 선택하고 인지, 해석하는 과정은 미디어리터러시 교육의 중요한 목표가 된다. 세 번째 핵심 개념 및 질문은 교육 현장에서 자주 인용되는 장 피아제(Jean Piaget)의 인지적 구성주의 이론을 적용해 설명할 수 있다. 피아제에 따르면 사람들은 각자 개인과 사회를 보는 자신만의 인식틀, 즉 스키마를 가지고 있어서 이를 통해 정보를 선택하고 기억하고 능동적으로 재구성한다.[119] 스키마는 특정의 개념이나 대상에 대하여 인간의 지식이나 경험이 축적되어 형성된 하나의 인지단위로서 기억에 저장된 총칭적인 개념을 표상하는 자료 구조이자 지식의 다발이다. 따라서 미디어가 제공하는 정보를 통해 지각된 정보를 받아들일 것인가 말 것인가는 스키마의 지식 구조를 기준으로 결정된다.

피아제는 새로운 정보가 유입되는 과정을 동화(assimilation), 조절(accommadation), 평형(equilibrium)이라는 세 가지 개념으로 설명한다. 동화는 새로운 정보가 스키마 전체의 변형 없이 일부분으로 들어오는 것이며 조절은 기존의 스키마 구조에 새로운 정보가 들어올 수 없어서 스키마 구조 전체를 새로운 정보에 알맞게 변형하는 것이다. 마지막으로 평형은 동화와 조절 간의 평형을 유지하여 지속적으로 새로운 정보를 받아들일 수 있도록 하는 장치이다.

새로운 정보가 스키마 구조에 적합하여 받아들여지면 그 정보는 기존의 스키마 구조에 동화되지만 스키마 구조에 적합하지 못하면 그 정보는 소멸된다.[120] 예를 들어 TV 선거 토론회를 시청하면서 자기가 지지하는 정당 토론자가 발언한 내용을 쉽게 받아들이는 것은 스키마 구조에 새로운 정보가 동화된 경우다.

그런데 특수한 상황에서는 기존의 스키마 구조가 새로운 정보에 맞게 동화되는 경우가 있다. 이것을 조절이라고 하는데 변형된 스키마 구조로 인해 새로운 정보의 유입이 가능하게 된다. 이렇게 볼 때, 비판적 사고를 적용한 미디어리터러시 교육은 기존의 스키마를 조절하게 하는 데 중요한 역할을 한다는 것을 알 수 있다.

세 번째 핵심개념인 오디언스에 대해 다음과 같은 세부적인 질문들을 제기해 볼 수 있다.

* 미디어 텍스트에 나오는 상황이나 메시지와 관련된 경험을 해 본 적이 있는가? 있다면 당신이 실제 생활에서 경험한 것과 얼마나 유사한가?

* 이 미디어 텍스트로부터 배운 것은 무엇인가?
* 다른 사람들은 그 미디어 텍스트에 어떻게 반응하는가?
* 하나의 미디어 텍스트로부터 얼마나 다양한 해석이 나올 수 있는가?
* 사람들이 동일한 메시지에 대해 제각기 다른 반응들을 보이는 것을 어떻게 설명할 수 있는가?
* 동일한 텍스트가 그것을 제작한 사람이나 집단의 배경적 특성에 따라 어떻게 달리 인식되는가?
* 동일한 텍스트가 매체별로 달리 보도되었을 경우 사람들은 어떤 매체를 가장 신뢰하는가?
* 미디어가 만드는 신체 이미지*에 취약한 사람은 누구인가?

메시지를 해석할 때 유의할 것 중의 하나는 메시지를 해석하는 사람 본인이 가지고 있는 고정관념 혹은 편견이다. 베이컨은 4대 우상론을 통해 사람들이 흔히 가질 수 있는 고정관념과 그에 따른 오류 가능성을 잘 지적하고 있다. 미디어 메시지를 해석할 때 특히 이 점에 유의할 필요가 있다.

---

* 신체 이미지(body image)는 우리 몸이 어떻게 보이는가에 대한 우리의 생각과 또 다른 사람들은 내 몸을 어떻게 보고 있을까에 대한 우리의 생각을 말한다. 신체 이미지는 우리의 키, 몸무게, 모양, 피부, 색깔, 그리고 더 넓게는 우리의 외모와 매력에 대한 우리의 생각과 느낌을 포함한다. 사람들은 긍정적인 신체 이미지를 가질 수도 있고 부정적인 신체 이미지를 가질 수도 있는데 후자의 경우 매스미디어에 의해 큰 영향을 받으며 특히 인스타그램 같은 SNS는 부정적인 신체 이미지를 더욱 촉발시키는 것으로 알려져 있다.

예를 들어 SNS를 통해 정보와 의견 공유가 활발해지면서 나타난 현상 중에 에코 체임(echo chamber)이라는 것이 있다. 인터넷 공간에서 자신의 의견이나 신념과 비슷한 사람들과만 소통하면서 자신이 보고 싶은 것만 보고 믿고 싶은 것만 믿는 경향을 강화시켜 나가는 현상을 일컫는 말이다.

에코 체임은 본래 방송이나 녹음 시 음악적 여운을 주기 위해 인공적으로 메아리를 만들어내는 방을 의미한다. 에코 체임에서 소리를 내면 그 소리가 메아리 되어 돌아오듯 이곳에 갇힌 사람들은 입맛에 맞는 정보만을 소비하면서 자신의 신념이나 주장이 곧 진리라고 생각하는 경향을 보인다.

에코 체임은 개인이 가지고 있는 고정관념 혹은 편견을 반영한 것이지만 문제는 이런 현상이 정치적, 사회적 양극화를 심화시킬 수 있다는 점이다. 특히 사회적으로 논란이 큰 이슈에 직면해서 에코 체임에 갇힌 사람들은 자신과 다른 의견에 배타적인 태도를 보이면서 집단 극화현상을 유발하고 나아가 사회적 갈등을 부추기곤 한다.

사회적으로 중요한 이슈에 대해 미디어가 가지고 있는 편향성과 개개인이 가지고 있는 선입견이 결합할 때 치명적인 부작용이 나타날 수도 있다. 2006년 사학법 개정을 둘러싸고 찬성하는 측과 반대하는 측 사이에 극심한 갈등이 빚어진 적이 있다. 필자는 당시

사학법 개정안에 대한 언론보도가 찬성하는 측과 반대하는 측에게 어떤 영향을 미치는지 실험을 통해 분석한 바 있다.[121]

중립적으로 실험처치된 사학법 관련기사를 제시하고 '사학법인 연합회(사학법 개정지지)', '전교조(사학법 개정 반대)' 소속 구성원들을 대상으로 보도내용에 대한 반응을 알아본 결과 사회적 이슈에 대해 갈등관계에 있는 집단의 구성원들 혹은 그 이슈에 대해 강한 찬반 의견을 가진 사람들은 동일한 신문 기사를 다른 방식으로 해석했다. 즉 사학법 개정 혹은 재개정 이슈를 놓고 대립적 입장을 취하고 있는 전교조와 사립학교 구성원들은 중립적으로 실험처치된 동일한 신문기사를 자신의 관점에 비추어 적대적으로 평가했다. 이러한 적대적 지각 현상은 정치적, 이데올로기적 지향에서 뚜렷한 대비를 보이는 조선일보와 한겨레는 물론 비교적 중도적 성향의 신문으로 알려진 한국일보와 교육 전문지인 한국교육신문 기사에 대한 평가에서도 그대로 드러났다.

이 같은 결과는 중립적인 수용자에게 공정하고 객관적으로 보이는 뉴스 보도에 대해 특정의 사람들(partisans)은 그 보도가 자신들에게 불리하게 편향돼 있다고 지각하는 적대적 매체 효과(hostile media effect)를 그대로 보여준 것이었다. 이러한 현상은 미디어 메시지를 해석할 때 메시지의 문제뿐만 아니라 해석자 자신이 가지고 있는 사고성향, 즉 열린 마음, 진실 추구 등과 같은 비판적 사고성향이 중요하다는 것을 말해준다.

핵심개념 4. 미디어는 내재된 가치와 관점을 가진다.
핵심질문 4. 이 메시지에는 어떤 가치, 라이프스타일, 관점이 반영되어 있는가 또는 생략되어 있는가?

미디어는 속성상 그 내용들이 구성된 것들이기 때문에, 최소한 그것을 만드는 사람들에게 중요하다고 생각되는 내용이 텍스트 안에 어떤 형태로든 포함되어 있다. 예를 들면 TV 드라마를 만들 때 무대 배경으로 도시를 선택할 것인가 아니면 농촌을 선택할 것인가 또는 등장인물을 부자로 설정할 것인가 아니면 가난한 사람으로 선정할 것인가 하는 문제에는 가치나 관점이 반영된다.

어떤 사람들은 특정의 미디어 텍스트를 접하고 좋아서 환호성을 지르기도 하지만 또 다른 사람들은 같은 텍스트에 극도의 거부감을 보이기도 한다. 이러한 사실은 그 텍스트들이 가치 메시지들을 포함하고 있다는 것을 보여준다. 따라서 미디어 텍스트의 이데올로기적 어젠다와 가치 어젠다를 탐색해 내는 것은 비판적 사고의 중요한 요소가 된다.

미디어에 투영되는 가치나 관점을 발견하기 위해서 모든 유형의 미디어 메시지를 읽는 방법, 그리고 그것들을 자연스러운 것으로 받아들이기보다는 텍스트의 일부로서 그것들을 평가하는 방법을 배우는 것이 중요하다. 그런 과정을 거쳐야만 우리는 그 메시지를 거부할 것인지 아니면 받아들일 것인지를 판단할 수 있다. 또 놓친 관점들을 인식할 수 있다. 네 번째 핵심개념인 가치 및 관점에 대해 다음과 같은 세부적인 질문들을 제기해 볼 수 있다.

* 등장인물은 어떤 캐릭터들을 가지고 있는가? 어떤 종류의 행동이나 결과가 묘사되어 있는가?
* 미디어 메시지는 어떤 유형의 독자, 시청자 혹은 네티즌들을 주 대상으로 하고 있는가?
* 미디어 텍스트를 읽거나 시청했을 때 가장 먼저 떠오르는 질문은 무엇인가?
* 이 메시지에서 어떤 아이디어나 가치가 '판매'되고 있는가?
* 이 메시지에서 어떤 정치적 또는 경제적 아이디어가 커뮤니케이션되고 있는가?
* 전반적인 세계관은 무엇인가?
* 어떤 아이디어나 관점이 빠져 있는가? 빠져 있는 것들을 어떻게 찾을 것인가?
* 저자나 제작자가 명시적으로 표현하지는 않았지만 당연시하고 있는 가정은 무엇인가?
* 이 메시지는 사실인가 의견인가?
* 이 메시지는 얼마나 정확한가 혹은 신뢰할 수 있는가?
* 미디어가 바람직하다고 제시하는 신체 모습이나 체형은 어떤 것인가? 그와 같은 기준에 도달하기 위해 제시한 해법은 무엇인가?

핵심개념 4와 관련해서 중요한 것 중의 하나는 뉴스미디어가 본래적으로 가질 수밖에 없는 편향 가능성이다. 일반적으로 사람들은 '뉴스는 진실하다'고 믿는 경향이 있는데, 이는 언론사들이 뉴스의 생명인 객관성과 사실성을 철저하게 지킬 것이라고 믿고 있기 때문이다. 그러나 뉴스에 나오는 진실은 '제한된 진실'이라고 봐야 한다. 기자가 사건을 취재, 보도하는 데는 기자 자신의 편향성과 언론사 내부의 취사선택 과정 등 무수한 언론사 내외부 요인들이 영향을 미치기 때문이다. 무엇을 포함시키고 무엇을 뺄 것인지, 어떤 정보원을 사용하며 어떤 단어를 사용할 것인지에 따라 기사가 지니는 의미는 크게 달라질 수 있다. 따라서 뉴스를 올바르게 이해하기 위해서는 뉴스가 항상 진실만을 말하지 않으며 그 안에는 숨은 편향성들이 존재한다는 점을 인식할 필요가 있다. 뉴스에 내재된 편향성은 다음과 같은 방식으로 이루어진다.[122]

선택과 생략을 통한 편향성

편집자는 특정 뉴스를 선택할 것인가 말 것인가의 결정하는 과정에서 편향성을 보일 수 있다. 또 뉴스 내용에서도 어떤 부분은 생략하고 어떤 부분은 포함시키느냐에 따라 뉴스의 의미는 달라진다. 우리 주변에서 뉴스화되지 못한 사건들도 허다하게 많은데, 어떤 것이 배제되는지를 알아내는 것은 쉽지 않다. 다른 여러 매체와의 비교 그리고 실제 주변에서 일어난 중요한 사건 중에서 뉴스화되지 않은 경우를 살펴보는 것이 한 방법이 될 수 있다.

영화와 텔레비전 제작에서 포함과 생략은 중요한 의미를 가진다. 헐리우드에서 영화를 제작할 때 10대 1의 원칙이 적용된다.[123] 전체 촬영된 필름 중에서 10분의 1만 실제 제작에 사용된다는 의미다. 텔레비전 역시 3분 정도를 방영하기 위해 30분 정도의 인터뷰와 배경 정보를 취재한다.

편집의 영향을 분석하는 한 가지 방법은 같은 날의 동일한 뉴스를 신문기사와 비교해 보는 것이다. 미디어 간 비교에서는 다음과 같은 질문을 던져볼 수 있다.[124]

* 텍스트 분량 면에서 신문기사와 텔레비전 뉴스에 어떤 차이가 있는가?
* 어떤 중요한 스토리들이 배제되었는가 혹은 더해 졌는가?
* 특히 중요한 사항이 빠졌다면 그 이유는 무엇인가?
* 기사의 포함과 생략을 결정하는 사람은 누구인가?
* 헤드라인에 차이가 있다면 어떤 목적에서 그렇게 했는가?

배열을 통한 편향성

우리는 대부분 뉴스시간에 맨 먼저 등장하는 것이 가장 중요한 뉴스라고 생각한다. 신문의 1면에 실리는 기사 역시 마찬가지다. 정치뉴스가 매번 머리기사를 장식한다면 사람들은 정치가 삶의 가장 중요한 부분이라고 믿을 가능성이 높다. 기사를 어디에 배치하느냐가 그 기사가 다루는 내용의 중요성을 평가하는 데 영향을 미치는 것이다. 텔레비전 뉴스 역시 마찬가지다.

헤드라인을 통한 편향성

신문에서는 헤드라인, 텔레비전에서는 뉴스 첫머리의 자막이나 앵커의 멘트가 편향성을 내포하고 있는 경우가 종종 있다. 헤드라인이나 뉴스 첫 부분은 사람들이 주의를 가장 많이 기울이는 부분이기 때문에 그 영향력도 매우 크다. 이로 인해 별것 아닌 사건이 부풀려지기도 하고 또 사실과 동떨어진 경솔한 평가가 내려지기도 한다.

화면, 카메라 각도 등을 통한 편향성

같은 사람을 찍는다 해도 카메라 각도에 따라 완전히 다른 이미지가 만들어질 수 있다. 또 카메라 앵글에 따라 피사체의 이미지는 전혀 다른 모습으로 나타난다. TV의 노사갈등 뉴스를 분석한 글래스고 대학 미디어그룹(Glassgow University Media Group)은 TV뉴스가 언어적, 시각적 기교를 통해 현실을 과도하게 단순화시키거나 왜곡함으로써 노사 갈등의 본질을 외면하고 스테레오타입화된 현실상만 제공한다고 밝힌 바 있다.[125] 예를 들면 갈등의 한 당사자인 사측 대표와의 인터뷰는 잘 정돈된 경영진의 사무실에서 행함으로써 '권위와 책임감이 있는 이미지'를 부여한 반면, 노동자들은 길거리의 시위 현장에서 인터뷰를 함으로써 무책임하고 무질서한 집단으로 투영했다는 것이다.

이름과 명칭 사용을 통한 편향성

뉴스미디어에서는 사람이나 사건, 장소 등을 표시하기 위해 명칭을 자주 사용한다. 예를 들어 뉴스미디어에 자주 인용되는 '체벌'이란 용어가 있다. 학교에서 교사가 학생을 매로 다스리는 체벌을 교사들은 사랑의 매라고 한다. 체벌이 문제가 되는 경우 자신들의 행위를 정당화하기 위해 만들어낸 말이다. 반대로 자기 자식이 심한 체벌을 받아 화가 난 학부모들은 체벌한 교사를 폭력교사라고 부른다. 자식을 때린 교사를 궁지로 몰아넣기 위해 만들어낸 말이다. 이런 말들은 대부분 현실을 자신에게 유리하도록 재구성하기 위해 만들어낸 것이기 때문에 객관성이 결여되어 있으며 이념적으로 정당하지 못하다. 또 특정 집단만 집중적으로 사용하기 때문에 보편성도 낮다.

통계와 수치를 통한 편향성

사건을 보다 극적으로 묘사하기 위해 뉴스에 숫자가 사용되는 경우가 많다. 그러나 보도하는 사람의 입장에 따라 '대형 교통사고로 30여 명 사망'이라는 기사가 '비교적 적은 수의 사망자'로 표현되기도 한다.

정보원 통제를 통한 편향성

뉴스의 편견을 이해하기 위해서는 뉴스가 어디로부터 왔는지를 살펴보는 일이 무엇보다 중요하다. 사건의 정보가 기자로부터 나왔는지 아니면 목격자, 경찰, 공무원, 정부고위직의 이야기인지를 확인해 봐야 한다. 그것이 바로 편향성의 원인이 될 수 있기 때문이다. 회사나 홍보담당자가 미디어의 시선을 끌기 위해 고의로 만든 사건이 아닌지 역시 살펴보아야 한다. 실제로 그런 예가 중요한 뉴스로 취급되는 경우가 적지 않다.

단어의 선택과 억양을 통한 편향성

헤드라인을 통한 편향성에서처럼 긍정적, 부정적 단어의 사용이나 특정한 억양은 시청자들이 뉴스를 인식하는 데 강력한 영향을 미칠 수 있다.

핵심개념 5. 모든 미디어 메시지는 이익이나 권력을 얻기 위해 만들어진 것이다.
핵심질문 5. 이 메시지는 왜 보내졌는가?

대부분의 미디어는 돈을 벌기 위한 기업으로 출발한 것이며 지속적으로 상업적인 비즈니스를 하고 있다. 신문과 잡지는 지면 배정을 할 때 우선적으로 광고를 배치하고 남아있는 여백에 뉴스를 할당한다. TV 시청시간대 편성도 마찬가지다. 광고를 먼저 할당하고 그 나머지 부분에 TV 프로그램을 배치한다.

광고미디어를 통해 실제로 판매되는 것에는 상품뿐만 아니라 그 미디어를 보는 독자나 시청자도 포함된다. 텔레비전 프로그램이나 잡지 기사의 실질적 목적은 시청자나 독자들에게 그 메시지를 수용할 수 있는 분위기를 만들고 이를 토대로 네트워크나 출판업자가 상품을 광고할 스폰서들에게 시간이나 지면을 팔 수 있도록 고객을 창출하기 위한 것이다. 스폰서들은 특정 프로그램을 시청할 것으로 예상하는 사람들 수에 기반해서 그 대가를 지불하는 것이다. 그리고 실제 시청자 또는 독자의 수가 예상된 것보다 적으면 환불을 받기도 한다.

이 단계에서 교사는 학생들이 학생들이 미디어 텍스트의 다양한 목적을 고려하고 주어진 목적에 일치하는 미디어 텍스트의 사례를 찾아보도록 지도할 필요가 있다. 다섯 개의 핵심개념과 관련된 모든 활동들은 개별적으로 수행될 수도 있고 그룹으로 수행될 수도 있다. 혼자 활동을 하는 데 어려움을 겪는 학생들은 다른 학생과 파트너십을 맺어 도움을 받을 수 있게 한다. 거리에 붙은 광고 전단지 등 학생들이 교실 밖에서 발견한 미디어 텍스트를 가져와서 핵심개념을 적용해 볼 수 있도록 독려한다.

미디어 텍스트의 '목적'은 학생들에게 다소 어려운 개념일 수 있다. 자칫 미디어의 콘텐츠가 아니라 미디어 존재 자체에 대한 문제 제기가 있을 수 있기 때문이다. 따라서 미디어리터러시 수업을 하기 전에 미디어리터러시의 목적은 미디어의 존재 자체에 대한 비판적 사고가 아니라 미디어가 도달하고자 하는 텍스트와 그 텍스트를 만드는 환경이나 구조에 관한 것임을 분명히 할 필요가 있다.

다섯 번째 핵심개념인 목적과 관련해서 다음과 같은 세부적인 질문들을 제기해 볼 수 있다.

* 이 메시지의 제작과 배포를 누가 통제하는가?
* 왜 그들은 그 메시지를 보내고 있는가? 당신은 그것을 어떻게 아는가?
* 그들은 또 누구에게 그 메시지를 보내고 있는가?
* 그 메시지를 통해 이익이나 혜택을 얻는 사람들은 누구인가? 일반 국민인가? 개인들인가 아니면 기관이나 조직인가?
* 누가 승리했는가? 누가 패배했는가? 누가 결정하는가?
* 어떤 경제적 결정이 그 메시지의 생산이나 전송에 영향을 받는가?
* 보통의 삶에서 일어나기 힘든 자극적인 상황이나 사건들이 동시다발적으로 전개되는 막장드라마가 주말의 황금시간대에 왜 지속적으로 반복되는가?

* '이해 상충'*이라는 말은 무엇을 의미하는가?
* 특정의 TV 방송사가 텔레비전 뉴스쇼를 진행하면서 같은 모기업의 계열사로 있는 기업에 대해 강력한 기사를 다루고자 할 때 어떤 일이 발생할 것인가?
* 텔레비전과 라디오가 매스미디어의 본질적 속성에 따라 가능한 최대의 잠재고객을 확보하려는 프로그램들로 가득 차 있다면 그와 다른 취향을 가진 사람들은 그들이 원하는 프로그램을 어디에서 찾을 수 있을 것인가?

핵심개념 5와 관련하여 학생들에게 신문 영역의 각 부분을 정밀분석을 해 보도록 한다. 여기에서는 섹션 배치, 여행, 자동차, 비즈니스, 엔터테인먼트 섹션 등 그 이면에 있는 경제적 동기의 중요성을 찾아보는 데 초점을 맞춘다.

영화나 텔레비전 프로그램에 자주 등장하는 간접광고도 중요한 문제를 던져 준다. 영화나 텔레비전을 보다 보면 여러 개의 텔레비전 시리즈들이 하나의 자동차 브랜드만 보여주는 경우가 자주 등장한다. 마찬가지로 특정의 핵심적인 캐릭터가 매일매일의 에피소

---

* 이해관계가 서로 충돌하는 경우를 말하는 것으로 언론사의 경우 윤리적 측면과 밀접한 관련이 있다. 언론은 기본적으로 이윤을 추구하는 기업인 동시에 국민의 알 권리 충족을 위해 공적 이익을 추구해야 하는 속성을 갖고 있다. 그러나 어떤 사건의 경우 공적 이익을 위해 당연히 보도해야 하지만 그 보도로 인해 해당 언론사나 그 언론사와 관련된 기업이 손실을 감수해야 하는 상황이 발생할 수 있다. 원칙적으로 공익을 우선한다는 윤리규정을 두고 있지만 실제로 그렇지 않은 경우도 많이 발생한다.

드에서 특정의 소프트 드링크만을 마시는 것을 볼 수 있다. 그리고 그 장면에서 시청자들이 잘 볼 수 있도록 촬영기법이 동원되기도 한다. 학생들은 텔레비전이나 영화에서 보이는 특정 브랜드의 사례들을 수집하고 간접광고의 효과를 기록할 수 있도록 한다.

핵심개념 5와 관련하여 유심히 들여다 볼 또 다른 주제는 미디어 소유의 문제이다. 불과 몇 년 전만 해도 TV와 라디오 방송국, 신문 및 잡지들은 개개인의 소유였으나 이제는 개인이나 그룹이 여러 개의 이종 미디어를 소유하는 것이 일반적인 현상이 되었다. 한 지역에서 한 개인이나 그룹이 신문, 방송, 인터넷 신문 등 다수의 미디어를 교차 소유할 경우 여론을 독점함으로써 그 지역 주민들에게 영향력을 발휘할 수 있다. 그리고 매스미디어의 상업적 속성 때문에 기업 및 상업적 활동에도 엄청난 영향을 발휘할 수 있다.

오늘날의 미디어 콘텐츠는 기본적으로 거액의 제작비를 필요로 한다. 제작자들은 미디어 콘텐츠 제작에 투입된 돈을 회수하기 위해 오디언스를 일종의 상품으로 보고 컨슈머리즘을 촉진시킨다. 즉 미디어와 미디어 콘텐츠에는 최대의 이윤을 창출하고자 하는 미디어 기업의 상업적 본질이 숨어 있는 것이다. 따라서 미디어 콘텐츠를 즐기고 다양한 목적으로 이용하면서도 그 안에 숨어있는 광고주들의 숨은 의도를 간과해서는 안 된다. 또한 미디어 컨버전스 현상으로 인해 대규모 미디어 기업들이 신문, 방송, 인터넷 등

상이한 유형의 미디어를 복합적으로 소유하는 경향이 늘어나고 있다. 이러한 미디어의 복합 기업화는 미디어 자체는 물론 그 콘텐츠에 영향을 미친다는 사실 또한 중요하다.

캐나다 중등학교 미디어리터러시 수업에서 핵심개념 5와 관련해서 자주 언급하는 문제는 '미디어 콘텐츠에서 왜 미국 의존도가 높은가'이다.[126] 캐나다의 미디어의 콘텐츠는 영화에서 텔레비전 프로그램에 이르기까지 미국에서 수입된 것이 많다. 미국의 미디어 프로그램들은 상대적으로 저렴한 비용으로 시청할 수 있고 대부분 캐나다의 미디어 프로그램보다 더 역동적인 특징을 가진다.

만약 캐나다에서 만들어지는 미디어 프로그램들이 질적으로 우수하고 캐나다 고유의 정체성을 가지고 있다면 미국의 미디어 프로그램을 이용하는 비율은 낮아질 것이다. 그러나 대부분의 캐나다 프로그램들은 캐나다의 정체성을 지키려는 노력들을 잘 하지 않는 경향이 있다. 이는 결국 돈의 문제이다. 따라서 배경 지식을 습득하고 활성화하기 위해 '캐나다 미디어 기업들은 왜 미디어 콘텐츠를 스스로 만들기보다 미국 콘텐츠 수입을 더 선호하는가?'와 같은 질문이 자주 제기된다.

우리나라 영화나 TV드라마에서 자주 발견되는 '스타 시스템 현상'도 핵심개념 5에 근거해 생각해 볼 수 있다. 스타 시스템은 상업적 영화들에서 작용하는 주요한 흥행장치로서 대중의 관심을 끌어 영상물의 성공을 보장해 주는 스타를 만들고 관리하는 시스템을 가리킨다. 미디어나 문화 콘텐츠에서 스타를 활용하고 의인화하는 이유는 최소비용으로 최대의 효과를 얻으려는 경제적 동기에서 비롯된다. 스타 시스템은 TV뉴스나 드라마에도 적용된다. TV 뉴스의 등장인물들이 수용자들도 한눈에 알아볼만한 사람들로 구성되는 것은 이런 이유 때문이다.

그 밖에 광고 의존도가 높은 매스미디어는 일반적으로 경제 논리를 중요시하며 보수적인 관점을 취하는 경우가 많다. 따라서 핵심개념 4와 5를 복합적으로 적용해서 주류미디어와 다른 관점을 가진 미디어와 다양한 측면을 비교해 볼 필요가 있다.

생산자들을 위한 다섯 가지 핵심개념과 핵심 질문들 :

핵심개념 1. 모든 미디어 메시지들은 구성된다.
핵심질문 1. 나는 무엇을 저작하고 있는가?

특정 건물은 특별한 이유 때문에 그에 걸맞는 건축방법을 구상한다. 교회는 그 건축 목적이나 용도가 일반 가정집과 다르다. 사무실 건물은 소매점과 다르게 짓는다. 미디어 콘텐츠도 마찬가지 원리가 적용된다. 미디어 텍스트 제작자들은 미디어를 제작할 때 다른 미디어 텍스트와 어떻게 차별화된 작품을 만들 것인지, 또 어떤 구성 요소들을 사용할 것인지를 결정한다. 그것이 광고물인지 또는 웹 페이지인지에 상관없이 모든 미디어 구성물들은 나름의 목적을 가지고 만들어진다. 그러고 나서 이 요소들은 저자의 구체적인 목적을 충족시키기 위해 신중하게 만들어진다.

첫 번째 미디어 메시지를 만드는 생산자 측면에서 저자와 관련하여 다음과 같은 질문들을 제기해 볼 수 있다.

* 나는 어떤 장르의 '미디어 텍스트'를 만들고 있는가?
* 내가 만든 미디어 텍스트에 어떤 구성요소들을 사용했는가?
* 같은 장르의 미디어 텍스트라도 다른 작품과 어떻게 달리 만들고 있는가?
* 나는 어떤 설득기법들을 사용하고 있는가?
* 나는 나의 메시지를 가장 효과적으로 전달할 매체를 알고 있는가?
* 내가 사용한 구성요소들은 다른 사람들이 사용한 구성요소들과 어떻게 다른가?
* 다른 장르나 다른 작품들에 비해 차별화된 부분은 무엇인가?
* 이 미디어 텍스트를 만드는 데 기여한 사람들은 누구인가? 그 사람들은 신뢰할만한 사람들인가?
* 나는 미디어 텍스트를 만들면서 저작권, 상표 또는 기타 지적 재산권을 존중했는가?

핵심개념 2. 미디어 메시지는 그 자체의 규칙 속에서 창의적인 언어를 사용해서 구성된다.
핵심질문 2. 나의 메시지는 포맷, 창의성, 테크놀로지에 대한 이해를 반영하고 있는가?

'미디어가 메시지'라는 매클루언의 경구처럼 자주 미디어가 메시지의 내용을 결정하는 경우가 많다. 휴대 전화는 속성상 짧고 컴팩트한 메시지를 필요로 한다. 만일 내가 강력한 감정적 소구를 통해 공감을 이끌어낼 메시지를 만들고자 한다면 그에 부합한 메시지를 만들고 이를 효율적으로 전달할 수 있는 미디어를 사용해야 한다.

'미디어는 그 자체의 독특한 언어를 가진다'는 원리를 잘 브여주는 사례는 사상 최초의 TV 선거 토론회에서 TV 고유의 언어를 잘 사용한 존 에프 케네디 전 미국 대통령이다. 1960년 9월 26일 사상 처음 열린 미국 대통령 후보 TV토론에서 공화당 측 후보는 당시 현직 대통령이었던 리처드 닉슨이었고 민주당 측 후보는 정계 입문한 지 얼마 안 되는 존에프 케네디였다. TV토론이 열리기 전까지만 해도 닉슨 후보의 지지율이 월등히 앞섰지만 3차에 걸친 TV 토론이 이루어지고 난 후에 지지율이 역전되었고 실제 선거결과도 케네디 후보의 압승으로 끝났다. 당시 케네디 후보가 TV토론에서 사용한 무기는 한마디로 '메이크업'과 '미소'였다. 선거전략 전문가인 크리스 사드(Chris Saad)는 그 이유에 대해 "케네디 후보는 TV에 적합한 언어를 잘 이해했고 그것을 적절하게 사용했기 때문"이라고 분석했다.[127)]

예술적 감각은 자주 창의적인 미디어 언어 구사 능력을 습득하는 데 도움이 된다. 연극은 작문 및 스토리텔링에 대한 지식과 경험을 필요로 한다. 댄스와 동작은 안무에 대한 이해를 필요로 한다. 또 음악은 템포와 악기 및 오케스트라에 대한 지식과 관련이 있다. 시각 예술은 원근감과 선 및 형태와 색상에 대한 지식을 요구한다. 마찬가지로 다양한 테크놀로지를 이용하는 능력도 중요하다.

두 번째 핵심질문인 포맷과 관련하여 다음과 같이 다양한 질문을 제기해 볼 수 있다.

* 내가 미디어 메시지를 통해 사람들에게 전달하고 싶어 하는 것은 무엇인가?
* 나의 미디어 메시지를 전달하기 위해 어떤 테크놀로지를 사용하고 있는가? 내가 만든 메시지의 구조는 그 테크놀로지의 속성과 어떤 연관성이 있는가?
* 어떤 기술이 가장 두드러지는가? 컬러와 모양? 소리? 침묵? 대화 또는 내레이션? 모션? 구성? 조명?
* 나는 그 메시지를 어떤 방식으로 말하고 있는가?

* 나는 스토리텔링 방법에 대해 잘 알고 있는가? 나는 어떤 스토리텔링 기법들을 사용하고 있는가?
* 나의 메시지는 언제 효력이 발생하는가? 즉 나의 메시지를 전달하는 데 가장 적절한 상황이나 시간대는 언제인가?
* 나는 어떤 시각적 또는 언어적, 음악적 또는 시각적 상징 또는 은유를 사용하고 있는가?
* 나는 어떤 설득기법들을 사용하고 있는가? 감정적 호소를 하고 있는가? 논리적 호소를 하고 있는가?
* 나는 어떤 사실적 정보를 제공하고 있는가? 내가 제시한 사실과 정보는 정확한 것인가? 나는 그것을 확인했는가?

미디어리터러시 학습활동 중에 전유(appropriation)라는 것이 있다. 전유는 이미 나와 있는 미디어의 내용을 취사선택한 뒤, 의미 있는 내용으로 재조합하는 활동으로 기존의 문화적 요소들을 분석하고, 바꾸고, 추출하거나 리믹싱한 결과물이다.[128] 이러한 전유활동은 미디어 메시지 생산자 측면에서 다양한 포맷이나 기법을 시험해 볼 수 있는 좋은 기회를 제공한다.

수업 현장에서 자주 활용하는 전유 중에 텍스트의 시를 영상 시로 바꿔보는 활동이 있다. 우리는 시를 인쇄된 텍스트로 음미하는 데 익숙해 있다. 물론 그 나름의 맛은 있다. 그렇다면 텍스트의 시를 영상 시로 보고 듣는 맛은 어떨까? 온타리오 과학기술대 교육학부

의 자넷 휴즈(Janette Hughes) 교수는 그 의미를 이렇게 설명한다.[129)]

"우리는 인쇄된 텍스트에 갇혀 너무 오랫동안 시가 지니고 있는 다모드적 성향을 억압해 왔다…. 디지털 환경에서는 다양한 표현방식-구두, 비주얼, 제스처, 공간 그리고 언어적 방식-이 인쇄된 단어와 이미지 그리고 소리 사이의 관계를 재구성하는 방식으로 하나의 환경에서 결합한다."

기존의 시 교육이 시의 본래 특성인 음성적, 음악적 그리고 퍼포먼스적 측면을 살리지 못하고 인쇄 텍스트를 읽고 해석하는 방법에 치중함으로써 시의 문학적 장점을 축소시켰다고 지적한 글이다.

서경숙은 뉴미디어 교육으로 시의 다모드성(multi-modality)을 되살리고 영상시대를 사는 학생들에게 비주얼 표현방식을 포함한 다양한 예술 재현 방법을 가르칠 필요가 있다고 주장하고 인쇄된 텍스트의 시를 영상시로 재현해 보는 수업방법을 제시했다.[130)] 그 절차와 내용은 다음과 같다.

첫째, 영화제작의 프리 프로덕션(pre-production) 단계와 유사한 단계로 시를 선택하는 단계다. 이때 시에 대한 이해가 무엇보다도 중요하므로 학생들과 함께 시의 의미를 충분히 논의하고 소리 내어 읽는 연습을 독려한다. 이 단계에서 자신이 지은 시를 직접 읽는 모습을 담은 유튜브 동영상을 보게 해 주거나 학생들이 직접 녹

음한 시를 들어보는 것도 좋다.

둘째, 개별 또는 그룹별 프로젝트를 수행할 수 있는 시를 선택하게 한다. 이때 교수자는 학생들이 그 학기의 수업 주제에서 크게 벗어나지 않도록 각 장르에 속하는 시 몇 편을 샘플로 나누어 주는 것이 좋다.

셋째, 학생들은 각자 자신에게 할당된 시를 자세히 분석하고 그 내용을 수업시간에 발표한다. 영상시 제작이 처음이라면 너므 긴 시는 피하는 것이 좋다.

넷째, 분석한 시 내용을 스토리보드로 만들어 보도록 한다. 스토리보드는 영상시를 만드는 데 가장 중요한 요소 중 하나이므로 그 제작과정에 대한 설명이 필요할 수 있다. 스토리보드는 손으로 직접 그릴 수도 있고 셀텍스(Celtx) 같은 프로그램을 이용해 작성할 수도 있다.

다섯째, 학생들은 자신들이 작성한 스토리보드를 발표한다. 이때 발표자는 선택한 이미지의 의미, 전개 방식, 카메라 앵글 등의 선택 이유를 설명할 수 있어야 한다. 다른 학생들은 그것에 대한 질문과 조언을 해줄 수 있다. 스토리보드 작성 과정에서 교수자는 영상 제작과정에 필요한 카메라 앵글이나 구도에 대한 간단한 기술을 설명할 수 있다.

여섯째, 스토리보드에 대한 조별 발표가 끝나면 각 조는 캠코더나 디지털 카메라, 휴대폰을 이용해 영상을 촬영한다. 이때 다시

한 번 카메라 프레임이나 기법을 복습할 수 있다. 동영상 촬영이 힘든 학생은 인터넷에 올라와 있는 스틸 사진을 이용해도 좋다.

일곱째, 동영상 촬영과 이미지의 준비가 끝나면 간단한 무비메이커(Moviemaker)나 아이무비(IMovie) 등 동영상 편집 소프트웨어를 이용해 편집한다. 교수자는 수업 시간에 편집기술에 대해 간단한 시범을 보여줘도 좋다.

여덟째, 동영상 편집 후 학생들은 음성 녹음 작업에 들어간다. 이때 음원은 시를 읽은 시인의 목소리나 학생들 자신의 목소리, 또는 음성을 수반하지 않는 음악 또는 기타 음향효과 등이 될 수 있다. 이때 주의해야 할 점은 동영상에 음악을 삽입할 경우 저작권에 저촉되는지를 확인하는 것이다.

아홉째, 학생들이 제작한 영상시에 대한 발표를 듣는다. 편집에 드는 과도한 시간 낭비를 줄이기 위해 영상시는 3분 내로 제한을 두는 것이 좋다.

열째, 평가와 별개로 학생들 스스로 최고의 작품을 선정하게 하여 시상식을 진행한다. 그리고 최고 작품으로 선택된 동영상을 학교 홈페이지나 유튜브, 비메오*(Vimeo) 등에 올려 타 학생들과 공유하고 학생들의 자신감을 키워준다.

---

* 사용자가 직접 제작한 동영상을 업로드하고 공유하며 볼 수 있는 동영상 공유 웹사이트이다. 2004년 11월에 자크 클라인과 제이크 로드윅이 설립하였고, 비메오라는 이름은 공동 창업자 제이크 로드윅이 비디오(video)와 미(me) 를 합쳐 지은 것이다.

미국의 대표적인 미디어리터러시 교육 학자인 홉스 교수는 2007년 마이팝 스튜디오(My Pop Studio)라는 새로운 사이트를 만들어서 학생들로 하여금 미디어 제작자의 다양한 역할과 기법 등을 경험하는 계기를 만들었다.[131] 여기에는 여학생들이 자신이 소비하는 미디어에 대해 더 깊이 생각하도록 권장하는 의미가 깔려 있다.

예를 들면 마이팝 스튜디오에서 음악을 추출하고 리믹싱하는 과정을 통해서 그들 주변의 소리에 대해서 더욱 깊이 생각하도록 동기부여를 하고, 연관된 주제에 새로운 시각으로 접근하도록 동기를 부여하고 있다. 그들이 매일 친구들과 교류하는 문화의 저변에 숨어 있는 경제적 요소들에 대해서도 비판적으로 생각할 수 있도록 하고 있다. 더 나아가 이 사이트는 애니메이션, 팝스타, 리얼리티 TV쇼 등과 관련된 영상 편집, 10대 매거진의 레이아웃 디자인 등 다양한 학습기회를 제공하기도 한다.[132]

핵심개념 3. 동일한 메시지라도 사람들은 그것을 다르게 경험한다.
핵심질문 3. 나의 메시지는 오디언스들에게 각기 다른 반응을 자아내는가?

미디어 메시지를 만들 때 창의적 기법이 중요하지만 오디언스의 주의를 끄는 데 그것만으로 충분하지 않다. 청중의 유형과 특성에 따라 니즈도 다르고 취향도 다르기 때문이다. 메시지 제작자가 목표로 하는 오디언스에 대해 더 많이 알수록 그 오디언스의 반응을 이끌어낼 기회는 많아진다. 만약 오디언스가 반응을 보인다면 그 오디언스는 내가 만든 메시지를 듣고, 처음부터 끝까지 전체 메시지를 보거나 들을 가능성은 커진다.

내가 영화를 볼 때, 나의 이웃 사람이나 친구와 똑같이 영화를 보지 않는다. 나는 내 자신이 가지고 있는 시각을 통해 영화를 보는 것이다. 미디어는 일반적으로 사람들이 공통적으로 가지고 있는 삶의 경험에 호소하는 경우가 많다. 많은 사람들이 공감할 수 있는 요소가 있어야만 관심을 끌기 때문이다. 광고주들 역시 가능한 한 많은 잠재 고객을 '대상'으로 삼아 광고를 내보낸다. 세 번째 핵심질문인 오디언스와 관련하여 다음과 같은 질문들을 제기해 볼 수 있다.

* 내가 만든 미디어 메시지의 타깃 오디언스는 누구인가?
* 내가 타깃 오디언스에 대해 알고 있는 것은 무엇인가? 내가 그 사람이나 사람들에 대해 알아야 할 중요한 특징은 무엇인가?
* 내가 목표로 하는 오디언스의 범위는 얼마나 넓은가? 아니면 얼마나 좁은가?
* 내가 만든 미디어 메시지는 타깃 오디언스의 프라이버시나 자존감을 존중하고 있는가?
* 어린이, 청소년 또는 장애인과 같이 특별하거나 취약한 잠재 고객들을 배려하고 있는가?

* 나는 오디언스의 배경 및 특성과 조화를 이루는 메시지를 사용하고 있는가?
* 오디언스들은 내가 만든 메시지를 어떻게 해석할 것인가 그리고 그것에 어떻게 반응할 것인가에 대해 고려하고 있는가?
* 나의 메시지가 오디언스에게 어떤 영향을 미칠 것이라고 예상할 수 있는가? 긍정적 반응 아니면 부정적 반응 그것도 아니면 중립적 반응?
* 나의 오디언스가 나의 메시지를 주의 깊게 처리해야 할 특별한 이유가 있는가?
* 내가 만든 메시지에 편견이나 고정관념이 들어가 있지 않은가? 혹은 그런 어휘들을 사용하지는 않는가?
* 문화권이 다른 사람들과 효율적인 커뮤니케이션을 하기 위해 그 사람들의 문화적 배경, 세계관 등을 고려했는가?

온라인 교육기업이자 뉴스플랫폼인 뉴셀라(Newsela)는 매년 'A Mile in Our Shoes'*라는 명칭의 행사를 개최한다.[133] 이 행사는 다양한 출신 배경과 피부색, 종교, 성적 취향을 가진 학생들이 독서를 통해 공감과 포용성을 키우자는 취지로 만들어진 것이다.

---

* 'A Mile in Our Shoes'는 '남성들도 하이힐을 신고서 여성의 입장이 되어 생각해보라'는 의미를 가진 것으로 우리 식으로 표현하면 한번쯤 상대방의 입장이 되어보라는 '역지사지(易地思之)'와 같은 의미다.

이 행사는 본래 독서를 통해 공감과 포용성을 증진시키기 위해 시작되었지만 2017년 행사에서는 특별히 미디어리터러시 프로그램을 접목해 뉴스기사를 주 소재로 진행했다. 뉴셀라는 이를 위해 주제별로 분류된 160개 이상의 기사로 이루어진 텍스트 세트를 준비했는데, 각 텍스트 세트는 정체성, 다양성, 정의 및 행동에 관한 토론거리를 제공했다.[134)]

예를 들면 학생들은 특정의 이야기 속에 나오는 개인들이 서로 어떻게 다른지를 식별하도록 질문을 받는다. 그리고 서로 다름을 인정하고 어떻게 바람직한 행동을 할 것인지, 그리고 지역사회에 어떻게 기여할 수 있을지에 대해 이야기하도록 하는 방식이다.

뉴셀라는 또 이 행사의 성공적 진행을 위해 다양한 학교 밖 자원들을 동원했다. 편견을 해소하고 평등한 학교 경험을 할 수 있도록 지원하는 남부빈곤법센터(Southern Poverty Law center), 그리고 이민자들을 지원하는 비영리 미디어문화단체인 디파인 아메리카(Define American)와 공동 개최했다.

최근 미국의 학교에서 괴롭힘과 증오 범죄가 급증하고 또 정치적 담론에서 끊임없이 갈등과 분열이 심화되고 있는 상황에서 개최된 2017년 행사는 미 전역에서 16,330개 학교 K-12 학생 278,000명이 참가한 가운데 큰 반향을 불러일으켰다.

핵심개념 4. 미디어는 내재된 가치와 관점을 가진다.
핵심질문 4. 내가 만든 미디어 콘텐츠는 내 자신의 가치, 라이프스타일, 관점을 명확하고 일관성 있게 제시하고 있는가?

메시지를 제작할 때 우선적으로 고려해야 할 점은 제작자 자신의 관점이나 가치관을 명확하고 일관되게 제시하는 것이다. 이는 목표로 하는 오디언스에게 쉽게 다가갈 수 있는 방법이기도 하다. 그러나 관점이나 가치관은 상대적인 것이다. 내가 만드는 메시지에는 내 자신의 삶의 경험, 가치관이 반영될 수밖에 없다. 물론 능력을 발휘해서 다른 목소리와 관점들도 반영할 수 있지만 쉬운 일이 아니다. 또 무언가 빠질 수도 있다. 따라서 메시지를 제작할 때는 다음과 같은 질문들을 늘 염두에 두어야 한다.

* 내가 미디어 메시지를 만들 때 중요하게 생각하는 것은 무엇인가?
* 내가 중요하게 생각하는 것을 메시지에 잘 반영했는가? 나는 어떤 정보를 포함하고 있고 어떤 정보를 배제하고 있는가? 그것은 왜인가?
* 내가 메시지를 통해 오디언스에게 주지시키고자 하는 것은 무엇인가? 가치, 라이프스타일, 관점들이 명시적으로 드러나 있는가 아니면 함축되어 있는가?
* 나는 입장이나 관점이 다른 사람들이나 사회 집단의 목소리를 반영하고 있는가?
* 내가 사용한 표현기법은 신선하고 색다른 어감을 살리고 있는가 아니면 스테레오타입화된 것인가?
* 나의 메시지에 반대 입장을 취할 사람들은 이 메시지에 대해 뭐라 말할 것인가? 나는 나의 반대자들의 목소리를 배려하고 있는가?
* 나는 이해상충이 있을 수 있다는 것을 고려했는가?
* 나는 나의 메시지와 관련되어 있는 전체 사람들의 니즈를 고려했는가? 그렇지 않다면 내가 제시한 주장이나 근거들은 윤리적인 것인가?
* 나의 메시지에 담겨 있는 전반적인 세계관은 무엇인가?

가치 및 관점과 관련하여 교사들은 교실수업에서 학생들에게 뉴스기사나 역사적 사건을 수집해서 그것을 각기 다른 관점에서 두 개의 에세이 혹은 칼럼을 써 보게 할 수 있다. 학생들이 관심을 가지고 있는 학생 관련 이슈나 논란이 있는 과학적 발견에 대한 이슈들, 예를 들면 UFO는 사실인가 허구인가와 같은 주제를 놓고 글을 써보도록 하는 것도 좋은 방법이다. 중요한 것은 하나의 사건이나 주제에 대해 두 가지 관점을 취하도록 하는 것이다.

핵심개념 5. 대부분의 미디어 메시지는 이익 혹은 권력을 얻기 위해 만들어진 것이다.
핵심질문 5. 나는 나의 목적을 효율적으로 커뮤니케이션하고 있는가?

내가 메시지를 보낸다면 거기에는 반드시 이유가 있다. 그 이유는 일반적으로 세 가지로 나눌 수 있다. 첫 번째는 누군가를 설득하거나 영향을 미치거나 또는 깨우쳐주기 위한 것이다. 이것은 파워 동기와 관련이 있다. 두 번째는 무엇인가를 팔기 위해서다. 이것은 이익 동기와 관련이 있다. 세 번째는 파워와 이익을 동시에 얻기 위한 것이다. 이러한 동기들이 반드시 좋거나 나쁘지는 않지만 메시지를 만들 때는 항상 목적이 존재한다.

미디어 메시지 뒤에는 항상 의도가 있다. 본질적으로 이익이나 권력이 잘못된 것은 아니다. 이익이나 파워는 영예스러울 수도 있고 공적 이익을 위해 기여할 수도 있다. 나의 목적은 세계를 더 나은 것으로 만드는 것인가? 나의 메시지는 개개인들을 위해 그리고 사회적 선을 위해 상호이익을 제공하는가? 이러한 것들은 내 스스로 던져야 할 질문들이다. 다섯 번째 핵심질문인 목적과 관련하여 다음과 같은 질문들을 제기해 볼 수 있다.

* 내가 이 메시지를 만든 목적은 무엇인가? 나는 나의 메시지를 통해 누구의 요구를 충족시키고자 하는가?
* 나는 우선적으로 오락을 제공하려 하는가, 설득하려 하는가, 정보를 제공하려 하는가 아니면 행위와 참여를 독려하려 하는가?
* 이 메시지를 만드는 데 돈을 지불한 사람은 누구인가? 나는 돈을 지불한 사람을 공개해야만 하는가?
* 나는 나의 오디언스가 나의 메시지를 받은 결과로 구체적인 어떤 것을 느끼고 생각하고 하기를 원하는가?
* 나의 메시지를 읽은 사람들의 비평이나 반론을 예상했는가?
* 오디언스는 나의 메시지를 통해 어떤 이익을 얻는가? 나는 또 어떤 이익을 얻는가?
* 어떤 경제적 결정이 나의 메시지에 영향을 미쳤는가 그리고 나는 그것을 어떻게 만들고 전달했는가?
* 나는 나의 목적을 달성하기 위해 윤리적, 사회적, 법적 기준을 고려했는가?

미디어 제작

미디어리터러시 수업에서 미디어 콘텐츠를 제작하는 활동은 크게 두 가지 의미를 갖는다. 하나는 지금까지 배운 내용을 복습하고 응용하는 과정이다. 즉 비판적사고를 적용한 미디어리터러시의 다섯 가지 핵심개념과 질문을 내면화하기 위한 과정으로서 응용해보는 것이다. 다른 하나는 지금까지 배웠던 다섯 가지 핵심개념, 특히 생산자로서 다섯 가지 핵심개념과 질문들을 적용해서 창의적으로 표현하고 소통하는 능력을 키우기 위한 것이다.

미디어 메시지는 매우 다양한 인지적 과정을 통해 전달되기 때문에 분석과 제작의 결합은 학습과정에서 다양한 지능(언어적 · 비언어적, 논리적 · 수학적, 음악적 · 리듬적, 시각적 · 공간적 등)을 통합시키게 된다. 물론 두 가지 활동이 독립적으로 일어날 수 있지만 분석 및 제작의 두 가지 활동을 결합하면 얻을 수 있는 것이 많다. 특히 비판적 사고력을 중심으로 사고작용을 활성화시켜서 자신의 관점을 표현하게 하고 자신을 둘러싼 세상에 능동적으로 참여하게 하는 효과도 있다.

비판적 사고를 적용한 미디어리터러시 수업의 마지막 단계는 통상 파이널 프로젝트 형태로 미디어 콘텐츠를 제작하고 평가하는 활동이다. 이 단계에서 학생들은 텍스트나 비주얼 혹은 동영상 형태의 결과물을 만들어 제출하는데, 일반적으로 다음과 같은 절차

로 이루어진다.[136)]

- 탐구대상(주제) 선정
- 관련 정보 및 자료 수집
- 프로젝트 전반에 대한 틀 만들기와 프레젠테이션 제작
- 동료들과의 재검토 및 수정작업
- 프레젠테이션 올리기

파이널 프로젝트 단계에서는 지금까지 배운 모든 핵심개념과 핵심질문 그리고 세부적인 질문들을 통해 습득된 지식을 활용하여 미디어 결과물을 만들어낸다. 이 프로젝트는 학생들이 시각 및 구두 발표를 통해 미디어 텍스트에 대한 분석 및 평가 보고서를 제시하는 것으로 기본적으로 핵심 개념, 목적 및 기법이 텍스트에 어떻게 적용되는지를 명확하고 간결하게 설명할 수 있어야 한다.

우선 학생들은 자신들과 연령대가 비슷한 사람들을 타깃으로 하는 텍스트를 선정하도록 하고 그 연령대를 어떻게 타깃화하는지를 설명한다. 학생들은 분석 및 평가작업을 수행할 때 자신이 할 일을 끊임없이 정의하고 재정의해야 한다. 그들은 이 과정을 지속함으로써 그들의 미디어 텍스트와 핵심개념 사이에 더 많은 연계를 발견할 수 있게 된다. 이러한 과정을 거친 후에 파이널 프로젝트를 수행하는데 교사는 학생들이 수행할 중요한 사항이나 일정을

수시로 점검할 수 있는 파이널 프로젝트 체크리스트를 만들고 학생들이 일정에 맞춰 프로젝트를 진행할 수 있도록 수시로 상기시켜 줄 필요가 있다.

파이널 프로젝트의 절차와 체크리스트

1단계 : 리서치 및 선택

* 나는 파이널프로젝트에 적합한 미디어 텍스트를 선택했는가? 이 과정에서 철저한 분석과 평가과정을 거쳤는가?
* 내가 선택한 미디어 텍스트는 교실에서 프레젠테이션을 하는데 적합하며 목적, 타깃 오디언스를 포함 그리고 세 가지 이상의 핵심개념을 적용했는가?

2단계 : 정보수집

* 제작할 미디어 텍스트에 관한 정보를 수집, 분석하고 그 결과를 평가시트에 기록했는가?
* 프레젠테이션을 위한 개요를 작성했는가?
  - 프레젠테이션에 필요한 미디어 텍스트의 목적 및 타깃 오디언스에 대한 기술
  - 내가 선정한 미디어 텍스트에 대한 요약
  - 시각적 프레젠테이션 방법에 대한 설명
  - 내가 선정한 미디어 텍스트가 나와 유사한 연령대에 왜 적합한지에 대한 설명

– 미디어 텍스트를 선택할 때 연령 등의 인구학적 속성과 문화적 측면에 대한 고려 여부

3단계 : 프레젠테이션 제작

* 나는 미디어 텍스트, 그 텍스트의 타깃 오디언스, 목적, 핵심 개념과의 연관성을 명확하고 간결하게 보여주는 구술 프레젠테이션을 완성했는가?
* 미디어 텍스트를 돋보이게 하는 매력적인 시각 프레젠테이션을 만들었는가?
* 나는 매력적인 시각 프레젠테이션을 만들기 위해 보조장치들을 적절히 사용했는가?
  – 매력적이고, 효과적인 레이아웃과 적절한 여백 활용
  – 핵심 아이디어들을 잘 보여줄 수 있는 글꼴 및 스타일의 적용
  – 독자들이 데이터를 해석하고 결론을 이끌어내기 위한 그래픽(일러스트레이션, 차트, 그래프 등) 사용
  – 오탈자가 없고 신중하게 편집된 텍스트
* 나는 텍스트의 완성도를 지속적으로 점검하면서 미디어 텍스트의 분석 및 평가작업에서 철저한 검토과정을 거쳤는가?
* 나는 시각 프레젠테이션과 구술 프레젠테이션에 대한 분석을 통해 프레젠테이션 결과물의 모든 측면을 철저히 확인했는가?
* 나는 사전에 구술 프레젠테이션을 해 보고 수정, 보완을 했는가?

* 나는 평가기준을 사용해 프레젠테이션을 완료하는 데 필요한 모든 세부사항이 제대로 적용되어 있는지 확인했는가?

4단계 : 동료 검토와 수정

* 나는 동료 간 검토회의를 위해 일정을 잡고 일정에 따라 회의를 했는가?
* 나는 나의 동료들에게 구술 프레젠테이션을 사전 리허설하고 피드백과 제안사항을 반영해 보완했는가?

5단계 : 프레젠테이션 발표하기

* 나는 다양한 오디언스에게 각기 다른 목적을 위해 명확하게 커뮤니케이션했는가?
* 언어와 문체 등 효과적인 전달방법을 사용했는가?
* 프레젠테이션의 의미를 살리기 위한 몸짓, 음성 이미지들을 효과적으로 사용했는가?
* 선생님과 동료들에게 어떤 평가를 받았는가?
* 나는 자기 평가를 하고 미래의 발표를 위한 목표를 세웠는가?

학생들이 발표한 파이널 프로젝트의 평가는 텍스트 분석의 질적 수준(미디어 텍스트를 제대로 분석했는가), 제시된 과제물의 질(제시물의 내용과 기획방향, 과정, 절차 등), 작품 자체에 대한 질적 평가 등으로 나누어 할 수 있다.

파이널 프로젝트는 학생들의 지역사회에 대한 관심과 참여를 높이기 위해 지역 공동체의 현안과 연계된 제작활동을 권유할 필요가 있다.

먼저, 학생들이 미디어 메시지를 분석하거나 제작활동을 포함한 활동을 공동으로 수행하게 하고 가능한 지역사회 기관들과 협업형태로 하는 것을 권장해본다.(예 : 박물관, 도서관, 미술관) 학생들이 교과과정 영역과 관련된 지역사회 봉사기관에 연락하고 기관 프로젝트(예 : 사진, 비디오, 디자인, 레이아웃, 컴퓨터 기술 등)에 학생들이 지원을 하게 한다.

고학년 학생들이 저학년 학생들에게 미디어 제작기법이나 미디어리터러시 원리를 가르치도록 장려한다. 또 미디어 포럼(예 : 지역 커뮤니티 TV, 신문, 소셜 네트워킹 사이트 등)을 활용해서 주제에 대한 정보를 얻거나 연구를 공유할 수 있게 한다.

학생들이 미디어를 사용하여 지역사회 사람들에게 목소리(예 : 구술기록, 인터뷰, 지역행사 등 기록 및 공유)를 제공하도록 유도하여 미디어의 의미와 긍정적 영향을 알도록 돕는다.

3. 미디어리터러시와 교과 연계 수업

미디어리터러시 수업은 개별 교과의 전통적인 주제 영역의 내용을 통합하거나 전통적인 주제 영역에 새로운 관점을 투영하는 이상적인 방법으로 사용할 수 있다. 국어, 과학과 테크놀로지, 사회, 수학으로 나누어 그 내용과 방법을 차례로 소개한다.

비판적 사고를 적용한 미디어리터러시와 국어 수업

영국, 미국 등 대부분의 국가에서 미디어교육은 자국어 교육의 일환으로 시작되었을 만큼 미디어리터러시 교육과 국어교육은 밀접한 관련을 맺고 있다. 국어과는 기본적으로 의사소통의 도구인 언어를 다루고 있기 때문이다. 또 2015 개정 교육과정에서 미디어리터러시 교육에서 강조하고 있는 '의미 이해와 전달', '감상과 향유', '정보 검색과 선택', '창작과 제작', '비판적 분석과 평가' 등과 관련된 성취기준들을 직접적으로 제시하고 있다.

일반적으로 미디어리터러시 교육을 통해 학생들은 미디어의 언어를 읽고 이해함으로써 가독성, 어휘력, 수사법 등을 배울 수 있다. 또 여러 신문의 기사들을 비교 분석하여 같은 표현이라도 독자들의 수용도가 가장 높은 표현, 가장 편견이 적은 표현 그리고 가장 객관적인 언어의 용례를 학습할 수 있다.

신문에서 부적절한 어휘나 문장 등 잘못된 용례를 찾아보는 것도 좋은 방법이다. 신문이나 텔레비전의 보도에서 부적절하게 쓰이는 용어 중의 하나는 대통령 선거 때만 되면 가장 자주 등장하는 '대권(大權)'이란 말이다. 국립국어원이 편찬한 표준국어대사전은 대권을 '나라의 최고 통치권자인 국가의 원수가 국토와 국민을 통치하는 헌법상의 권한'이라고 풀이한다. 우리나라의 대표적인 국어 연구기관에서 내놓은 해석인 만큼 일정 부분 인정할 수밖에 없지만 '과연 이 시대에 적합한 해석이자 용어인가' 하는 질문을 던져볼 수 있다. 실제로 '통치'나 '통치권자'라는 말은 헌법 어디에도 나오지 않는다.

본래 대권이란 말은 옛 중국에서 '천자(天子)의 권병(權柄)', 즉 절대자의 권력이란 말에서 유래한 것이다. 근대적 의미에서 '대권'이라는 용어는 '천황의 절대권력'이라는 뜻으로 사용한 제국주의 시대 일본에서나 찾아볼 수 있는 표현이다. 일본 세계대백과사전 인터넷판은 대권을 '대일본제국 헌법하에서 국법상 천황에 속해 있던 권능, 즉 광의로는 통치권의 전 범위로 입법권 · 사법권을 포함하며 협의로는 의회의 동의나 독립기관에 위임하지 않고 천황이 독자적으로 하는 행위를 말한다'라고 설명하고 있다.

결국 대권이란 말은 전제군주 시대의 군주가 가지는 절대권력을 내포하고 있는 말이다. 민주주의를 근간으로 하는 오늘날의 상황에 걸맞지 않을 뿐만 아니라 '대한민국의 주권은 국민에게 있고 모든 권력은 국민으로부터 나온다'라는 헌법 제1조2항에 정면으로 배치되는 말이다. 이런 배경이 있는데도 불구하고 언론은 물론 대선후보들도 대권이란 말을 다반사로 쓰고 있다. '통치권'이니 '집권'이니 하는 용어들도 같은 맥락으로 볼 수 있다.

따라서 잘못된 용례로 쓰이고 있는 어휘나 관용어를 찾아보고 신문사의 담당 기자들에게 왜 이런 표현을 쓰고 있는지 질문해 보는 것도 의미 있는 일이다.

이와 같은 권위주의적 용어들은 학생들의 진로분야나 전공분야와 관련하여 다양한 학습문제를 던져 준다. 예를 들면 다음과 같다.

* 대통령 선거에서 대권이란 용어를 포함한 권위주의 용어들이 얼마나, 어떤 형태로 사용되고 있는가?(언어 및 언어학 관련 분야)
* 유권자 혹은 일반 국민들은 대권이란 말을 어떻게 받아들이고 있는가?(언어학, 사회심리학, 정치학 등)
* 대권이란 말의 형식적, 실질적 의미가 이 시대에 맞는가? 만약 맞지 않다면 이를 대체할 용어들은 무엇인가?(정치학, 언어 및 언어학 관련 분야)
* 언론이나 대통령 후보들이 굳이 이런 용어들을 사용하는 이유는 무엇인가?(언론학, 정치학, 언어 및 언어학 관련 분야)

언론의 보도 용어 중에서 스테레오타입화된 단어나 편견을 부추기는 어휘들 역시 어렵지 않게 찾을 수 있다. 선거 보도에서 자주 등장하는 또 하나의 문제는 지역색을 조장하는 용어의 사용이다. 대표적인 것이 텃밭이라는 용어다. 텃밭은 본래 '집터에 딸리거나 집 가까이 있는 밭'을 말한다. 그야말로 소박하고 친근감 있는 단어다. 그러나 선거 때 자주 나오는 텃밭은 특정 후보나 정치세력의 통제하에 있는 소유물로 치부되기 일쑤다. 즉 텃밭에 사는 유권자들은 정당의 소유물로 전환되고 특정 지역의 민의를 특정의 정치세력이 좌지우지할 수 있는 것처럼 보이게 한다.

특정 지역의 우두머리란 말로 쓰이는 '맹주'나 후보와 연고관계가 없는 지역을 의미하는 '무주공산'이란 말에서도 지역색이 흠씬 묻어난다. 특정 후보와 관련하여 지지층과 비지지층을 '집토끼'와 '산토끼'로 비유하는 말도 국민이나 유권자들의 인격을 모독하는 표현이다.

언론학에서 말하는 프레이밍 이론에 따르면 뉴스는 현실의 객관적인 표상으로 작동하는 것이 아니라 현실을 특수한 방식으로 구성한 이야기이며 수용자의 현실인식에 큰 영향을 끼친다. 또한 뉴스는 현실의 어느 특정 부분을 선별하여 강조 및 확대시킴으로써 시청자들의 해석 방향을 유도하며 궁극적으로는 사회적 현실구성에 관여한다. 레프 비고츠키(Lev Semenovich Vygotsky)가 주장한 언어적 사고 이론에 따르면 언어는 단순히 지식을 표현하는 것으

로 끝나는 것이 아니라 언어 자체가 사고기능을 하고 사람들의 의식에 영향을 미친다.[137]

이러한 이론들을 종합해 보면 대통령 선거 상황에서 후보들이나 언론이 자주 사용하는 바람직하지 못한 용어들은 감정적, 비합리적 투표를 유도하고 더 나아가 잘못된 편견을 고착시킬 수도 있다는 의미가 된다. 이 역시 학생들의 진로분야나 전공분야와 관련하여 다양한 학습문제를 던져 준다.

* 대통령 선거에서 지역색을 조장하는 용어들이 얼마나, 어떤 형태로 사용되고 있는가?(언어 및 언어학 관련 분야, 사회학, 사회심리학)
* 지역색을 조장하는 용어들이 유권자의 투표행위에 어떤 영향을 미치는가?(언어 및 언어학 관련 분야, 사회학, 사회심리학, 정치학, 언론학 등)
* 언론이나 대통령 후보들이 굳이 이런 용어들을 사용하는 이유는 무엇인가?(언론학, 정치학, 언어 및 언어학 관련 분야)

이러한 학습문제들은 주제별 빈도분석이나 실태조사만 해도 의미가 있지만 이를 한 단계 더 발전시켜 소논문 작성으로 이어갈 수 있다. 최근 들어 소논문 쓰기가 대학 입학을 위한 의례용 '스펙'으로 간주되는 경향도 없지 않지만 현재 전개되는 사회현상을 비판적으로 바라보고 자기주도적으로 문제를 발굴하고 해결해 보는 과정은 분명 의미 있는 학습활동이다. 이를 진로분야와 연관시키면 대입 수시전형 및 심층면접에 대비할 수 있고 지원학과에 대한 진로탐색과 역량을 키우는 좋은 기회가 될 것이다.

이 과정에서 중요한 것은 소논문 작성 그 자체보다 그것을 왜 작성했는지, 작성 과정에서 어떠한 경험을 했고 그러한 과정을 통해서 어떤 결과 혹은 성취를 이루었는지 성찰해 보는 일이다.

그 밖에 텔레비전 뉴스나 교양 프로그램에서 사용되고 있는 은어나 신조어를 찾아보고 그러한 단어의 사용이 청소년들의 언어생활에 어떤 영향을 미치는지 알아볼 수도 있다.

수업사례 : 비판적 사고를 적용한 미디어리터러시와 언어 수업

다양한 텍스트 읽기는 기존의 배경지식과 경험을 기초로 텍스트의 정보를 비판적으로 분석하고 정보들 간의 관련성을 만들어 내는 학습활동이다. 정보가 담긴 다양한 자료를 읽고, 비교하고, 대조하고, 평가하는 능력은 장르를 초월하여 성공적인 읽기와 비판적 사고에 필수적이다.

스테파니 하비(Stephanie Harvey)와 앤 구드비스(Anne Goudvis)는 독자들이 만들어 내는 텍스트 사이의 중요한 관련성을 '텍스트 그 자체', '세상과 텍스트', '텍스트와 텍스트' 등 세 가지 유형으로 구분한다.[138] 이러한 관련성 속에서 독자는 텍스트를 그들 자신의 삶에서, 바깥세상에서 얻은 지식과 그리고 자신이 읽은 다른 텍스트들을 통해 알게 된 내용과 관련시킨다. 텍스트를 읽으면서 이러한 관련성을 학습하는 것은 높은 수준의 사고를 필요로 하며, 그것은 비판적 미디어리터러시의 핵심을 이룬다. 그러나 이러한 유형의 비판적 사고는 인지적 수준이 높은 고학년 학생들을 중심으로 이루어지는 것이 일반적이다.*

초등학교 2학년 언어 교사인 발데즈(Valdez; 필명)는 어린 나이에도 비판적 사고를 경험하는 것이 중요하며 또 할 수 있다는 전제에서 영어수업 시간에 멀티텍스트 자료를 비교하여 읽고 텍스트가 세상과 어떻게 관련되어 있는지를 생각하도록 하는 수업을 실시했다. 이 자료는 초등학교 2학년을 대상으로 했지만 교사의 재량에 따라 중학생을 대상으로 한 수업에도 충분히 적용할 수 있는 사례이다.

수업장면 설정

발데즈 교사는 학교 주변환경을 늘 세심히 관찰하는 습관을 가

---

* 피아제의 인지 구성주의 이론에 따르면 인지능력의 발달은 아동과 그를 둘러싼 환경 간의 상호작용에 의해 단계적으로 성취되며 감각운동기, 전조작기, 구체적 조작기, 형식적 조작기 등 4단계를 거쳐 발달한다. 피아제는 12세 이후에서 성인기에 이르는 형식적 조작기에 이르면 구체적이고 실제적인 상황을 넘어 상징적 추론과 논리적 사고를 할 수 있기 때문에 비판적 사고 학습이 가능하지만 11세 이하인 구체적 조작기 단계에서는 자아중심적 상태에서 벗어나 어느 정도 논리적 사고를 할 수는 있지만 여전히 좁은 시야에 갇혀 비판적 사고를 하는 데 제약을 받는다고 주장했다. 따라서 초등학교 저학년 학생의 경우 비판적 사고를 하는 데 제약이 있을 수 있다.

지고 있다. 학기 초에 발데즈 교사는 자신이 지도하는 2학년 학생들의 성 역할이나 소비생활과 관련된 태도와 행동이 사회적 규범 내에서 이루어진다고 보았다. 이를 반영하듯 학교 운동장에는 한나 몬타나(Hannah Montana)*를 상징하는 핑크빛 셔츠를 입은 소녀들과 세계 레슬링 연맹의 다양한 인물들이 그려져 있는 파란 티셔츠를 입은 삐죽삐죽한 머리의 소년들의 무리들이 쉽게 눈에 띄곤 했다.

자신이 지도하는 학급의 여학생들은 핑크를, 그리고 남학생들은 블루를 선호한다는 사실이 발데즈에게 새삼스러운 것은 아니었다. 또 텔레비전 프로그램 선호도나 인기 있는 문화작품 선호도가 남녀에 따라 달라지는 현상 역시 마찬가지였다. 그러나 발데즈 교사가 우려하는 것은 엄격한 성 구별을 고착화시키는 사회적 규범을 학생들이 무비판적으로 수용할 수 있다는 점이었다. 그녀는 학생들에게 사회적 규범과 억압받은 자의 이야기를 비판적으로 생각해 보도록 하기 위해 멀티텍스트들을 분석하고 비교하는 영어수업을 계획했다.

배경지식 형성하기

발데즈는 먼저 학생들에게 "소년과 소녀는 다른가?"라는 질문

* 한나 몬타나는 낮에는 평범한 학생이지만 밤엔 유명 가수로 이중생활을 하고 있는 소녀 한나 몬타나의 이야기를 다룬 미국 디즈니 채널의 드라마다.

을 제시하면서 중심 단원을 시작했다. 먼저 모둠별로 나누어진 학생들은 소년과 소녀를 묘사하는 단어에 대해 브레인스토밍을 했다. 반 학생들이 공동으로 브레인스토밍을 한 후에 반 전체가 그 목록을 공유했고, 발데즈는 차트에 학생들의 대답을 기록했다.

남자를 묘사한 단어들은 '강하고 거칠다'라는 의미를 담은 것들이 많았고 또 "소년들은 비디오 게임과 축구를 좋아한다."라는 식의 표현들도 많은 편이었다. 소녀에 대한 학생들의 생각은 '예쁘다' 같은 단어와, "소녀들은 드레스를 입고 긴 머리카락을 가지고 있다."와 같은 구절을 포함하고 있었다.

이어서 발데즈는 목록에 포함되어 있는 단어나 구절에 대해 토론하게 했다. 처음엔 다소 산만하게 진행되기도 했지만 오래지 않아 학생들은 자신들이 진술한 소년, 소녀의 특징들과 자신들의 실제 삶에서 알고 있는 지식 사이의 모순에 대해 말을 하기 시작했다. 예를 들면 한 남학생은 "모든 여자아이들이 긴 머리카락을 가진 건 아니에요. 우리 아빠 머리카락이 엄마보다 길어요."라고 말을 하는가 하면 다른 여학생은 "남자아이들뿐만 아니라 많은 여자아이들이 비디오 게임을 해요."라고 말하기도 했다. 이런 식으로 많은 학생들이 자신들이 기존에 가지고 있던 성 인식에 반대되는 예를 개인의 삶에서 찾아 제시했다.

발데즈는 그 다음에 자신의 차트에 적어온 '머더 구스(Mother Goose)'라는 시를 학생들에게 보여주고 큰 소리로 읽어 내려갔다.

머더 구스는 영국의 전래 동요집의 전설적 저자로 알려진 인물이고 이 시의 제목이기도 하다.

어린 소년들은 무엇으로 만들어지나요?
금속을 자르는 가위와 달팽이 그리고 강아지 꼬리
그것이 어린 소년들을 만들지요.

어린 소녀들은 무엇으로 만들어지나요?
설탕과 향신료 그리고 멋진 모든 것들
그것이 어린 소녀들을 만들지요.

그러고 나서 학생들에게 '이 시가 의미하는 것이 무엇인지'를 물었다. '금속을 자르는 가위와 달팽이'라는 시구의 의미를 정확하게 아는 학생은 거의 없었지만, 학생들은 시의 내용이 소년들을 '거칠다'라고 묘사하고, 소녀를 '달콤하다'라고 묘사하고 있다는 것을 어렴풋이 이해했다. 그들은 또한 단어가 문자 그대로 해석되는 것도 아니고, 실제로 문자 그대로 구성되는 것도 아니라는 것을 이해했다.

이 시가 소년과 소녀들의 특성을 제대로 표현하고 있는지를 질문했을 때, 학생들은 자신들이 만든 목록을 놓고 토론했던 기억을 떠올렸다. 학생들은 이 시가 실제 현실과는 맞지 않는다는 것을 뚜렷하게 인식했다. 학생들의 단어 목록 만들기와 이 시에 대한 토론

활동은 성이 단지 출판물에서만이 아니라 우리의 삶을 반영한 텍스트 안에서 어떻게 다루어지는가를 이해하는 데 도움을 주었다.

각각의 활동들 뒤에 진행한 토론은 교실 내 공동 탐구활동으로 이어졌다. 이전에 '일반적'이라고 생각했고 지금도 머리 한 켠에 남아 있었던 사회적인 성 역할에 대한 생각과 학생들의 현실 인식 사이의 갈등은 이제 학생들의 주요 관심사가 되었다. 그것은 2학년 학생들이 자신들의 세상을 해독하는 새로운 기능의 권한을 부여받고 이제 자신들의 일상생활 속 경험 안에서 성의 다른 특성을 분석할 수 있다는 자부심으로 이어졌다. 학생들의 관찰에 기초한 대화와 토론은 교실을 넘어 식당, 운동장, 심지어 그들의 가정으로 확장되었다.

단원 지도하기 : 텍스트 비교하기: 신데렐라 대 신더 에드나

발데즈는 학생들에게 신데렐라 이야기 중 하나를 보게 될 것이라고 말하고 전 세계의 많은 나라에서 신데렐라 이야기와 비슷한 다양한 이야기가 있다고 설명했다. 그녀는 학생들에게 이 이야기를 읽어주기 전에 그들이 익히 알고 있는 신데렐라와 비슷한 이야기에 대해서 이야기해 보게 함으로써 신데렐라에 대한 학생들의 배경지식을 활성화시켰다. 그녀의 예상대로 학생들은 디즈니에 의해 대중화된 신데렐라 이야기에 이미 익숙해 있었다.

그림 신데렐라와 신더 에드나

신더 에드나(Cinder Edna)는 작가 엘렌 잭슨(Ellen Jackson)에 의해 재구성된 수정판 신데렐라 이야기이다. 신더 에드나 이야기는 착하게 살면 백마 탄 왕자님이 나타나서 행복하게 해준다는 해묵은 주제를 다시 생각하게 해주는 것이다. 작가는 전통적인 신데렐라와 신더 에드나를 대비시켜 두 여성의 삶을 비교하고 문제의식을 던져준다. 여기서는 두 여성을 도와주는 인물로 등장하는 기득권 계층의 왕자들 캐릭터 또한 대조적이다. 이들 두 왕자와 두 여자를 비교함으로써 기득권 계층 그리고 피지배 계층 각각의 잘못된 모습을 꼬집으려는 작가의 의도가 묻어나는 작품이다.

발데즈는 이어서 상호작용을 통한 소리 내어 읽기 방법으로 신더 에드나 이야기를 학생들에게 읽어 주었다. 여기에서 적용한 상호작용을 통한 소리내어 읽기는 학생들에게 이야기를 들려주면서 학생들이 텍스트와의 관련성을 만드는 데 도움을 주고 대화를 끌어내기 위한 것이었다. 이 방법은 규칙적으로 이야기를 멈추고 높은 수준의 질문과 열린 답을 유도하는 질문을 하는 식으로 진행된다. 이 이야기에서 삶에 대해 보다 자유롭게 접근하고 있는 신더 에드나와 디즈니 취향의 신데렐라 이야기를 비교할 수 있도록 했다.

상호작용을 통한 소리 내어 읽기를 하면서, 발데즈는 학생들이 신데렐라와 신더 에드나를 비교하는 T차트를 만들도록 안내했다. 이러한 T차트 기록을 통해 학생들은 두 인물들 사이에 많은 공통점과 차이점을 발견했다. 두 인물 모두 못된 새엄마와 새언니들과 같이 사는 어려운 환경에 처해 있었고, 이들을 위해 긴 시간을 일하면서 보내야만 했다. 게다가 두 사람 모두 미래의 남편을 만나기 위해 연회장으로 갔다. 그러나 그 두 인물은, 특히 세상을 살아가는 방식에서 뚜렷한 차이를 보였다.

인기 있는 음악 텍스트 비교하며 읽기

이 수업을 들은 학생들이 사회가 규정한 성 역할 규범이나 소비생활과 관련된 사회적 통념에서 완전히 벗어났다고 볼 수 없지만 성에 대한 폭넓은 대화와 신더 에드나 이야기의 분석을 통해 변화 가능성을 보였다. 발데즈는 이어서 텔레비전이나 음악과 같은 인기 있는 문화 텍스트로 학생들이 관심을 돌리도록 이끌었다. 이것은 미디어리터러시가 단순히 인쇄된 정보만을 대상으로 한 것이 아니라 다른 다양한 텍스트를 비판적으로 읽는 것까지 포함한다는 것을 알려주기 위해서였다.

신데렐라와 신더 에드나에 대한 다양한 텍스트의 비교 분석을 위해 발데즈는 초등학생들에게 인기 있는 음악 듣기 활동을 시켰다. 학생들은 힐러리 더프와 한나 몬타나의 노래와 'High School Musical'에 나온 음악을 포함해서 다양한 음악을 찾아보았다. 발데즈는 노래의 가사를 출력했고, 듣기 센터에 그것들을 올려놨다. 학생들은 그들이 고른 노래를 듣고 그 가사를 읽었다.

학생들은 노래를 듣고 나서 그 노래가 신데렐라 풍의 노래에 맞는 것인지 아니면 신더 에드나 풍에 맞는 것인지 아니면 그것도 아니면 두 인물의 캐릭터를 골고루 담은 노래인지를 기록하는 활동지를 완성했다. 학생들은 또 각 선택에 대한 이유를 설명해야 했다. 마지막으로 학생들은 두 여성 캐릭터의 특성에 가장 알맞다고 생각한 노래들을 모아 각 인물을 위한 곡목록을 만들었다.

텍스트 비교하고 대체 현실을 만들기 위한 팬 픽션*의 사용

성 역할 규범과 관련된 과거의 학습사례들은 소녀들과 여성들

* 팬픽션은 열성적인 팬들이 인터넷에 관련 사이트를 개설해 연기자나 프로그램에 대한 정보를 주고받는 것이다. 인기 있는 영화나 드라마가 종영된 후에도 인터넷에 제작 에피소드에 대한 정보, 줄거리 제안 등을 하는 현상으로 팬들이 직접 참여하여 자신들만의 드라마를 만들고 즐기기도 한다. 원래의 의미는 만화 · 소설 · 영화 등 장르를 구분하지 않고 대중적으로 인기를 끄는 작품을 대상으로 팬들이 자신의 뜻대로 비틀기하거나 재창작한 작품이란 뜻을 가지고 있다

이 주류 텍스트에서 억압받은 사람들로 묘사되는 방법과 관련된 문제들에 직접적으로 초점을 맞추었다. 어린이 문학의 경우 주류 텍스트에서 소년들과 남성들의 고정관념이나, 남성성에 관한 문제들을 직접적으로 언급한 예는 거의 없다. 그러나 발데즈의 반 학생들은 끊임없이 남성성의 전통적인 관념을 포함해서 성에 대해서 그들의 토론을 확장해 나갔다.

발데즈는 학생들에게 인기 있는 문화 콘텐츠를 포함, 다양한 텍스트 자료를 비교하여 읽게 하고, 읽은 뒤에 자신들의 생각과 내용을 재구성하여 새로운 텍스트를 만드는 쓰기활동 계획을 세웠다. 텔레비전 쇼와 영화, 비디오 게임 그리고 인기 있는 책의 추종자들, 즉 팬들이 그 작품에 나오는 인물들을 바탕으로 이야기를 엮어나가는 팬 픽션을 이용한 새로운 리터러시 방법을 알려주고 학생들이 학교 안팎에서 얻은 배경지식을 이용하면서 창의적인 글쓰기를 할 수 있는 활동들을 고안해 냈다.

팬픽션 활동은 최근 들어 더욱 확산되고 있기 때문에 인터넷을 통해 많은 사례들을 찾을 수 있다. 그 사례들 중 일부는 선정적인 내용 때문에 초등학생들이 사용하기에 적합하지 않지만 실제로 초등학생들이 이용할 수 있는 사례들은 많이 널려 있다. 특히 펀픽션 사이트*는 다른 인터넷 자료처럼 등급 시스템이 적용된다.

* www.FanFiction.net

발데즈는 학생들에게 팬픽션에 대한 하나의 팁으로 신더 에드나에 한나 몬타나의 일화를 집어넣는다면 어떻겠느냐고 권유했다. 학생들은 이에 응해 모둠별로 그리고 전체가 그 시나리오에 대해 브레인스토밍을 했고 협력하면서 새로운 일화를 썼다. 학생들이 새로 만든 이야기에서 신더 에드나는 말리부에 있는 밀레이 집의 정원사로 고용되었다. 한나는 에드나를 신뢰했고 두 사람은 친구가 된다. 에드나가 한나의 이중 생활을 알게 되면서 두 사람은 넘치는 인기와 수입에 직면한 상황에서 보통 사람이 되는 일에 대해 대화를 나누었다.

에드나는 한나에게 스타로서 열심히 활동하는 것도 좋지만 자기의 시간을 즐기라고 충고한다. 뿐만 아니라 에드나는 한나가 좀 더 좋은 세상을 만들기 위해 노력했으면 하는 기대를 전하기도 했다.

발데즈는 학생들이 성적으로 불평등한 상황을 만들어 내는 주류 사회의 가치를 비판적으로 생각하도록 지도하는 데 관심을 갖고 있지만 그녀는 비판적 사고에 대한 접근이 너무 무겁게 다뤄지는 것을 바라지는 않았다. 발데즈가 학생들에게 인기 있는 문화 콘텐츠를 국어수업의 성취기준에 맞춰 통합시켰기 때문에 그녀는 이 분야에서 특별한 주의가 필요하다고 느꼈다.

그녀는 임시로 쓰기 센터를 만들어 팬픽션 연습을 확장해 보기로 했다. 발데즈는 인물들과 주제 그리고 인기 있는 문화 텍스트 속에서의 다양한 배경들을 창의적으로 다시 구성하기 위한 팬픽션의 기술을 통합함으로써 학생들이 모둠 단위로 텍스트를 만들 수 있게 해주었다.

학생들은 인물, 주제, 광범위한 텍스트들로부터 얻은 배경을 포함하고 있는 모든 유형의 팬 픽션 이야기를 만들었다. 몇몇 학생들의 선택은 수업시간이나 집에서 읽던 책뿐만이 아니라 세계레슬링협회, 탐험가 도라 등의 내용까지 포함하고 있었다. 다음에 이어질 2주 과정의 수업이 진행되는 동안 학생들은 그들의 팬 픽션 이야기를 출판하기 위해 쓰기 훈련을 하는 기회를 가졌다. 학급에서 출판된 팬 픽션 이야기는 교실 도서관에 보내졌고, 자유읽기 시간에 매우 인기 있는 읽기 자료가 되었다.

개별화 지도하기

대다수 교실에서 그렇듯이, 발데즈 교실의 학생들도 성취도와 흥미가 다양하게 분포했다. 따라서 그녀는 수준, 흥미, 배경지식, 영어 유창성에 관계없이 모든 학생들에게 성공적으로 적용할 수 있는 방법으로 수업을 계획했다.

첫째, 수업을 위해 발데즈는 다양한 모둠 구성을 활용했다. 상호작용을 통해 소리 내어 읽기 활동을 하는 동안에는 '큰 소리로 상호 작용하며 읽기'를 전체 학습에 활용했다. 이 활동은 학생들에게 배경지식을 활성화시키고 토론의 윤곽을 잡을 수 있는 기회를 제공했다. 특히 모국어가 영어가 아닌 학생들과 특정 어휘나, 문화적인 참고 사항이 필요한 학생들에게 많은 도움이 되었다. 쓰기 센터에서는 학생들에게 좀 더 개인적인 관심을 가지고 일대일 면담시간도 가졌다.

둘째, 전체 학급수업과 센터활동 수업 모두에서 사용한 시각자료는 학습자의 다양한 양식을 소개하고 중요한 정보를 강조함으로써 학생들의 이해를 돕는 역할을 했다.

마지막으로, 수업이 학생들에게 인기 있는 문화 콘텐츠에 기초한 것이라는 것 그리고 활동들이 충분히 열려 있는 수업이라는 사실은 학생들의 동기 부여와 배경 지식에 도움을 주었다.

정리와 반성적 평가

학생들이 습득한 이해력 수준을 살펴본 후, 발데즈는 다음 수업을 위해 학생들의 생각을 더 많이 끌어낼 수 있는 추가과제들을 만들었다.

미디어리터러시와 과학 · 테크놀로지 교과 수업

과학교육과 미디어리터러시 교육 사이에는 공통점이 많다.[139] 이 두 가지 교육은 우선 정보에 대한 논리적이고 정교한 분석을 통해 결론에 도달한다. 둘째, 증거에 기반해서 결론을 수정해 보는 활동에 큰 의미를 둔다. 셋째, 다른 사람들이 자신의 주장을 검증해 볼 수 있도록 명확하게 추론하는 능력을 필요로 한다. 마지막으로, 소스의 정확성과 신뢰성 평가를 중요시한다.

미디어리터러시와 비판적 사고를 접목한 과학수업에서는 영화나 드라마 등 미디어의 픽션과 과학적 사실을 비교 검토하는 방법이 일반적이다. 이를테면 지구온난화를 주제로 수업을 할 경우 관련된 영화나 다큐멘터리를 활용할 수 있다. 자주 다뤄지는 영화는 지구온난화에 대한 기존의 지식과 시각에 반론을 제기하는 다큐 영상인 〈The Great Global Warming Swindle〉과 지구온난화로 인한 환경위기의 심각성을 주제로 한 〈불편한 진실(An Inconvenient Truth)〉 등이다.[140] 따라서 이 영상물을 보고 주요 메시지, 적용된 기법들, 그리고 포함된 정보들을 분석해 볼 수 있다.

또 논란이 되는 이슈에 대해 다양한 관점들을 취합하고 비교해 볼 수도 있다. 예를 들면 온난화에 대해 비교적 객관적 정보를 다루고 있는 미 연방 기후변화과학프로그램(Climate Change Science Program)에서 발췌한 자료를 바탕으로 지구 온난화에 대해 각기 다른 관점을 보여주는 앞의 두 가지 영화를 놓고 관점, 주장들을 비교해볼 수도 있다.

그 밖에 미디어에서 제시한 주장을 실험을 통해 밝혀 보거나 과학적 사실과 관련된 연구, 분석, 평가를 토대로 미디어 콘텐츠를 제작해 볼 수도 있다.

과학 관련 이슈들 중에는 유전자 변형, 줄기세포, 안락사 문제 등과 같이 사회적 논란을 불러일으키는 이슈들도 많다. 이러한 뉴스 콘텐츠들이 사회적 논란을 불러일으킨다는 것은 그 이슈에 대한 관점의 차이가 존재한다는 것을 뜻한다. 따라서 이러한 뉴스 콘텐츠를 자세히 살펴보고 어느 한쪽만의 관점을 강조하는지 아니면 다양한 관점을 균형 있게 제공하고 있는지를 살펴본다. 특히 사람들의 이해관계가 첨예하게 걸려 있는 과학이나 테크놀로지 뉴스에 대해 분석하고 몇 가지 관점이 반영되고 있는지 알아본다.

생태문제나 환경오염 같은 이슈도 비판적 사고를 적용하는 데 유용한 주제들이다. 학생들은 전체 뉴스의 내용 중에서 환경이나 보존에 관한 기사가 어느 정도의 비중으로 다뤄지는지 조사하고 환경 관련 기사나 뉴스가 왜 상대적으로 소홀히 취급되는지 알아볼 수 있다. 또 생태문제나 환경뉴스를 다루는 신문기사와 TV뉴스를 분석해 보고 동일한 뉴스가 그 사건을 다루는 미디어에 따라 어떻게 달라질 수 있는지를 비교해 볼 수 있다.

그 밖에 TV의 과학프로그램이나 과학잡지에 나오는 내용 중에서 정규 교과서에도 나오는 주제를 놓고 미디어 텍스트와 정규 교과서의 내용을 비교해 보는 방법도 있다.

미디어리터러시를 접목한 과학 및 테크놀로지 수업사례

미국 미시간주 남동부에 소재한 버밍햄의 코빙턴 초등학교 학생들은 과학과 테크놀로지 교과 수업시간에 21세기 핵심역량 모델과 미디어리터러시 개념을 적용해서 학습내용을 지역사회 캠페인으로까지 확장한 프로젝트 수업을 실시했다. 'Doing Business in Birmingham'으로 널리 알려져 있는 이 수업의 개요도는 아래와 같다.[141]

> 개요 : 이 프로젝트는 과학과 테크놀로지 수업에서 과학에 대한 기본 소양과 관련 지식을 익히고 미래 핵심역량과 미디어리터러시 개념을 적용해 지역사회에서 발생한 문제를 해결해 본다는 취지로 수행되었다.
>
> 미래 핵심역량 : 창의성과 혁신, 비판적 사고와 문제해결 능력, 의사소통과 협력, 정보리터러시 및 미디어리터러시, 사회적 · 다문화적 상호작용 등
>
> 학습목표 :
>
> * 과학적 지식과 테크놀로지가 실제 세계와 어떻게 연결되는지를 학습한다.
> * 지속가능한 발전의 개념과 의미를 학습하고 지역사회에 필요한 문제를 발굴한다.
> * 문제 해결을 위해 인터넷 등 다양한 정보원으로부터 자료를 수

집하고 비판적 사고를 통해 창의적인 해결책을 강구해 본다.
참여학생 : 코빙턴 초등학교 5, 6학년 학생 53명
수업형태 : 프로젝트 기반학습
하드웨어 테크놀로지 : 컴퓨터, 스마트폰, 비디오카메라 등 소프트웨어 테크놀로지 : 인터넷, 온라인 지도, 워드, 파워포인트, 포토신스, 위키 등

이 프로젝트가 진행되는 과정을 시간순으로 정리해 보면 먼저 지도교사가 이 프로젝트에 참가할 학생들을 선정하고 수행할 과제의 특성과 배경에 대해 설명했다. 그 다음에 3~5명으로 구성된 모둠을 만들고 각각의 역할을 분담했다.

먼저 학생들은 지속가능한 발전의 개념과 의미를 이해하기 위해 인터넷과 다양한 서적을 통해 자료를 수잡하고 수집된 자료들을 비판적 사고과정을 통해 분석 · 평가하고 PT 등의 결과물을 만들었다. 그 후 정리된 자료들을 위키에 올려 공유하고 토론을 위한 자료로 활용했다.

* 학생들은 이 과정을 통해 비판적 사고를 적용한 미디어리터러시, 의사소통과 협력활동, 생산성과 책무성 등의 역량을 키울 수 있었다.

그 다음에는 버밍햄 지역의 지속가능한 발전과 관련된 구체적인 주제를 도출하기 위해 온라인 지도를 활용해서 교외 체험학습 계획을 세웠다. 다음엔 그 계획을 바탕으로 다양한 지역주민들과 인터뷰해서 정보를 수집하고 몇 차례의 토론과정을 거쳐 '버밍햄 지역의 지속가능한 기업환경 조성'이라는 구체적인 문제를 도출했다.

이 단계에서 다루어진 학습주제는 지속가능성의 개념과 필요성, 과학과 그 실천과정이 이해 관계자, 폐기물 방지, 재활용, 에너지 및 물 공급, 운영 및 관리와 관련된 지속가능한 기업환경을 어떻게 촉진할 수 있는가 등이었다.

* 이러한 과정을 통해 미디어리터러시, 의사소통과 협력, 사회적 · 다문화적 상호작용 역량 등을 기를 수 있었다.

주어진 문제 해결을 위해 '버밍햄 지역의 지속가능한 기업환경 조성'을 명확히 정의하고 모둠 구성원들 간에 공유했으며 추가적인 자료 수집과 자유로운 토론을 통해 해결방법을 탐구했다. 제일 먼저 도출된 해결방안은 버밍햄 지역의 지속가능한 기업 환경 조성의 중요성과 기업 및 주민들의 참여를 촉구하는 포스터를 만드는 것이었다. 이후 모둠 구성원들의 아이디어를 종합해 포토신스와 같은 디지털 도구를 활용해 포스터와 스티커를 직접 제작하고 지역 내 90여 곳의 상점이나 기업에 부착했다. 또한 기업의 경영자들과 지역 주민들을 대상으로 지속가능성의 의미와 중요성을 설명하고 적극적인 참여를 독려했다.

* 이 과정에서 비판적 사고, 창의성과 혁신역량, 그리고 사회적 상호작용 역량, 그리고 문제해결을 위한 설계와 일정 관리 등을 통해 효율성과 책임 역량을 기를 수 있었다.

두 번째 해결방법은 버밍햄 지역의 기업들이 적극 동참할 수 있도록 지속가능성이 뛰어난 기업을 선정해 우수기업 명단(honor roll)을 만들고 공개하자는 아이디어였다. 지속가능한 발전을 위해 노력하는 기업들의 선행을 널리 알리고 그와 동시에 다른 기업들의 적극적인 동참을 유도한다는 것이 그 목적이다. 이를 위해 기업들의 지속가능성 수준을 평가할 기준을 만들어 평가하고 위키에 웹사이트를 만들어 그 결과를 게시했다.

특히 모든 참여자들이 수정과 편집을 할 수 있는 위키의 특성을 활용하여 모든 학습자가 서로의 글을 비교 검토하고 수정, 확인하는 과정을 거쳤다. 이는 협업활동을 통해 지식을 구성하고 또 그것을 많은 학생들이 공유하는 활동의 전형적인 예라고 할 수 있다.

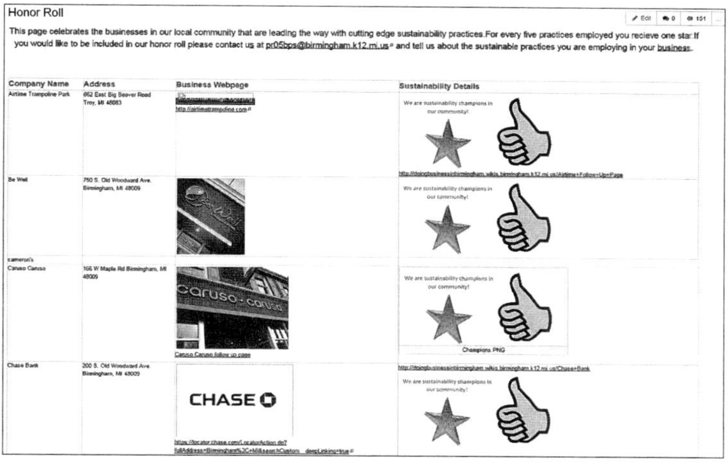
Honor Roll

This page celebrates the businesses in our local community that are leading the way with cutting edge sustainability practices.For every five practices employed you recieve one star.If you would like to be included in our honor roll please contact us at pr05bps@birmingham.k12.mi.us and tell us about the sustainable practices you are employing in your business.

Company Name	Address	Business Webpage	Sustainability Details
Airtime Trampoline Park	662 East Big Beaver Road Troy, MI 48083	http://airtimetrampoline.com	We are sustainability champions in our community! http://doingbusinessinbirmingham.wikis.birmingham.k12.mi.us/Airtime+Follow+Up+Page
Be Well	750 S. Old Woodward Ave. Birmingham, MI 48009		We are sustainability champions in our community!
cameron's Caruso Caruso	166 W Maple Rd Birmingham, MI 48009	Caruso Caruso follow up page	We are sustainability champions in our community! Champions PNG
Chase Bank	200 S. Old Woodward Ave. Birmingham, MI 48009	CHASE https://locator.chase.com/LocatorAction.do?fullAddress=Birmingham%2C+MI&searchCustom_deepLinking=true	http://doingbusinessinbirmingham.wikis.birmingham.k12.mi.us/Chase+Bank We are sustainability champions in our community!

그림 학생들이 만든 우수기업 명단

* 이 과정에서 창의성과 혁신, 의사소통과 협업, 의사결정 과정에서 유연성과 적응력, 정보리터러시, 미디어리터러시, 그리고 지역사회 구성원들과의 사회적 · 다문화적 상호작용 능력 등을 기를 수 있었다.

코빙턴 초등학교 학생들의 이런 활동은 미래 핵심역량 모델과 미디어리터러시의 기본 개념을 통해 지속가능성의 다양한 측면을 학습할 수 있었고 나아가 학교에서 배운 지식을 지역사회 현장에 적용하고 지역사회의 변화를 이끄는 데 기여했다.

비판적 사고를 적용한 미디어리터러시와 역사 수업

역사 지식은 수학이나 과학 지식과 본질적으로 다르다. 역사 연구의 기초가 되는 사료조차 이미 누군가의 해석을 거쳐 기록된 자료이며, 역사가들이 이 사료들을 모아서 자신의 해석을 덧붙여 연구 성과를 내놓으면, 이를 다시 교육 목적에 맞게 재구성한 것이 교과서다.[142] 객관적이라 믿는 교과서 속 역사 지식에도 복합적인 해석이 개입되었다는 것으로 비판적 사고를 적용한 미디어리터러시 수업의 좋은 소재가 된다. 역사 지식 그 자체가 '구성된 이야기'라는 사실을 아는 것에서 출발하여 학생들이 일상 속에서 자신의 삶을 비판적으로 재구성할 수 있는 힘을 기를 수 있기 때문이다.

사비치(Savich, 2009)는 고등학교 역사 교과에 대한 심화 학습을 위해 비판적 사고를 적용한 미디어리터러시 수업전략을 개발, 실제 수업에 적용했다. 미시간주의 대안학교(학업성취도가 낮은 학생간대상으로 한) 성격의 고등학교 역사 교사인 사비치는 미국 역사와 세계 역사를 가르치는 수업에서 여섯 가지의 수업방법을 적용한 탐구기반 학습(inquiry–based classroom)을 실시했다.[143]

첫 번째 방법은 시뮬레이션의 적용이었다. 시뮬레이션을 위해 설정한 상황은 냉전과 관련된 유엔총회 개최였다. 학급 학생들을 세 가지 유형, 즉 미국을 대표하는 학생들, 소비에트 연방을 대표하는 학생들 그리고 유엔 회원국 중 다른 나라를 대표하는 학생 등으로 구분했다. 이를 위해 1949년 서베를린 출입을 둘러싸고 소비에트 연방과 미국 사이에 갈등을 빚은 베를린 위기를 구체적인 사건으로 설정했다.

당시 상황을 잠시 소개하면 제2차 세계대전의 결과로 베를린은 미국 · 영국 · 프랑스 · 소련의 공동 점령하에 놓였지만 곧 동서 냉전으로 인해 사실상 동베를린과 서베를린으로 분리되었다. 당시 지형적으로 유리한 위치를 점했던 소비에트 연방은 서베를린까지 탈취하기 위해 실력행사를 통해 미국, 영국, 프랑스 등 연합군들의 서베를린 출입을 봉쇄했고 이로 인해 서베를린 주민들의 생필품을 구하기가 어렵게 되었다. 이런 소비에트 연방의 봉쇄에 맞대응해 연합군 측은 공수작전을 통해 생필품을 보급해주었고 결과적으로 소비에트 연방과 미국 사이의 냉전 상황은 더욱 격화되었다.

두 번째는 복합적인 관점 분석방법의 도입이었다. 관점 분석은 토론 형태로 진행되었는데 이를 위해 1, 2차 세계대전과 대공황, 인권운동과 같은 미국의 근대 역사에서 중요한 역할을 수행했던 소수민족 및 여성들의 경험을 의제로 설정했다. 소수민족과 여성들의 역할은 역사 교과서에서 실제로 다루어지지 않은 것들이다.

이러한 주제 설정은 학생들 입장에서 두 가지 이점이 있었다. 먼저 그 주제에 대해 잘 알지 못했던 학생들에게 실제 역사와 관련된 사실의 의미를 알게 해 주었고 또 여성과 아프리카계 미국인들에게는 인종과 성 차원에서 직접 관련되어 있는 주제이기도 했다. 나아가 이들은 교과서라는 한정된 틀을 벗어나 독립적인 탐구를 수행할 기회를 제공했는데, 이는 비판적 사고력을 키우고자 하는 수업의 목적과도 일치하는 것이었다. 학생들은 토론을 위해 과제를 부여받았으며 이러한 과제는 학생들의 관심도와 참여에 대한 열의를 불러일으켰다.

세 번째는 다른 관점을 가진 교과서 비교 방법이었다. 학생들이 역사적인 문제에 대해 다양한 관점과 견해를 분석할 수 있도록 하기 위해 텍스트를 복합적으로 분석하게 했다. 냉전에 관한 섹션을 위해 미국 교과서와 소비에트 연방의 역사교과서가 비교되었다. 이를 통해 학생들은 동일한 사건이 어떻게 달리 기술되고, 경우에 따라 정반대의 관점에서 기술된다는 것을 알 수 있었다. 이러한 복합적인 텍스트 읽기는 비판적이고 독립적인 사고를 키울 수 있었으며 각각의 주장을 평가할 기회를 제공했다. 분석과 판단은 역사를 이해하고 파악하는 데 중요한 도구들이다.

네 번째는 편향성 분석이었다. 사비치는 편견을 분석하는 데 필요한 기준과 방법을 설명하고 문서들을 분석, 평가하게 했다. 학생들은 정보의 소스, 사용된 언어, 진술의 목적 등을 조사했다. 예를 들면 언어가 감정에 호소한 것인가, 이성에 호소한 것인가? 저자가 스테레오 타입이나 비논리적인 추론을 한 것은 아닌가? 저자의 목적은 무엇인가? 설득을 하기 위한 것인가, 정보 제공을 위한 것인가? 등이다. 학생들은 그 주장들이 정확하고 신뢰할 만한지를 분석했다.

다섯 번째는 비판적 미디어리터러시(critical media literacy)의 적용이었다. 학생들은 미디어리터러시 요소들을 활용해서 정보원을 평가하기 위한 스킬과 전략을 개발했다. 텔레비전, 케이블, 위성 텔레비전, 신문, 잡지, 라디오, 교과서 및 인터넷 뉴스 등 거의 모든 미디어의 뉴스가 정확성과 신뢰성 측면에서 분석되었다. 학생들은 탐구기반 학습방법을 적용하여 텔레비전 방송국 역시 하나의 기업으로서 이해 당사자가 될 수 있다고 보고 텔레비전이 무엇을 어떻게 보도하는지를 분석했다. 그리고 정부, PR 기업들과 로비단체들이 정보가 보도되는 방식에 어떤 역할을 하고 있는지도 분석했다.

그 결과 방송국들은 자신들의 이익의 관점에서 뉴스를 선택하고 검열하는 경향을 보였고 정도의 차이는 있지만 라디오 방송국들과 케이블 뉴스 네트워크들도 같은 경향을 보였다. 학생들은 비판적인 미디어리터러시를 응용해서 뉴스와 정보가 배포되는 과정을 배웠으며 뉴스미디어들의 신뢰도와 정확성을 평가할 수 있었다.

여섯 번째는 그룹 토론(Group discussions)이었다. 앞선 과정을 거친 후에 학생들은 주요 주제에 대해 찬반 그룹으로 나누어 토론을 수행했다. 발제에 이어 반박 주장을 제시했으며 근거를 사용해서 주장하는 법을 배웠다.*

---

* 이 수업을 실시하면서 전통적인 강의식 교실 수업과 탐구기반 학습의 효과 차이를 측정했는데, 탐구기반 학습을 한 학생들은 시험, 퀴즈, 과제물에서 보다 높은 점수를 얻었

비판적 사고를 적용한 미디어리터러시와 사회과 교육의 방향

2015 개정 교육과정에 의해 고등학교 교육과정에 통합사회 교과가 신설되었다. 통합사회는 인간, 사회, 국가, 지구 공동체 및 개별 학문의 경계를 뛰어넘어 통합적인 관점에서 이해하고 이를 기반으로 비판적 사고와 창의성, 문제해결 능력과 의사소통 능력, 그리고 공동체적 역량 등과 같은 미래 역량을 함양하는 데 목적을 두고 있다. 그리고 그 구체적인 목표로 시간적, 공간적, 사회적, 윤리적 관점을 통해 인간의 삶과 사회현상을 통합적으로 바라보는 능력을 기르고 인간과 자신의 삶, 이를 둘러싼 다양한 공간, 그리고 복합적인 사회현상을 과거의 경험, 사실 자료와 다양한 가치 등을 고려하면서 탐구하고 성찰하는 능력을 설정하고 있다.

2003년 열린 미국사회교과협의회(NCSS) 연례 학술대회에서 애팔래치안 주립대 데이비드 콘시딘(David M. Considine) 교수는 미디어교육과 사회교과를 통합, 사회과목의 심화 학습 차원에서 미디어리터러시가 왜 중요하고 그것을 어떻게 해야 하는지를 열 가지로 정리해 제시했다.[144] 10개의 키워드를 통한 분류방식과 내용도 훌륭하지만 하나하나가 비판적 사고의 중요성을 강조하고 있어서 자세히 소개한다.

으며 역사에 대한 이해도와 의미를 읽어내는 능력 점수도 더 높은 것으로 나타났다.

첫째는 문화이다. 한 사회가 민주적이고 다원적인 사회가 되기 위해서는 학생들이 다양한 관점을 이해할 필요가 있다. 미디어, 특히 뉴스미디어에 대한 비판적인 분석은 학생들에게 뉴스에 나오는 고정관념과 지배적인 담론이 무엇인지 알게 해 주고 인종과 계급, 그리고 성별에 대한 묘사가 얼마나 정확한 지를 평가할 수 있는 기회를 준다.

둘째는 시간의 연속성과 변화이다. 이것은 학생들에게 그들의 역사적 뿌리를 이해하고 그들 자신이 살고 있는 시대를 인식시키며 역사적인 관점을 발달시키도록 도와준다. 또한 이를 통해 그들이 과거의 선조들과 어떻게 연결되어 있는지를 깨닫게 해 준다. 이러한 것들은 물론 부모와의 대화나 가족 앨범에 대한 탐색 등을 통해서도 할 수 있다. 그러나 학생들이 과거를 인식하는 방법을 배울 때 미디어가 얼마나 강력한 영향력을 발휘하는지 아는 것이 중요하다. 이런 점에서 미디어교육을 받은 학생들은 역사적 허구로부터 사실을, 구성된 인물로부터 실제 인물을 분리하고 비교하며 대조할 수 있는 능력을 가지게 된다.

셋째는 사람과 장소와 환경이다. 이 주제는 학생들이 세계에 대한 지리학적인 관점을 발전시켜 나가는 데 매우 유용하다. 미국의 미디어는 세계 또는 특정 지역에 대한 내용을 많이 다루지만 그것들은 이미 미국의 시각에서 걸러진 이야기들이다. 하지만 오늘날의 인터넷은 학생들에게 그들 자신의 글과 이미지로 그들 자신의 미디어를 통해 다른 국가와 문화에 대한 이야기들을 직접적으로 만날 수 있는 기회를 제공한다. 학생들은 특정한 지역에서 일어나는 일들에 대해 그 지역의 미디어와 미국 미디어를 비교하면서 갈등의 원인을 찾아낼 수 있다. 또한 인터넷을 통해 학생들은 외국 정부의 공식적인 이야기 외에 또 다른 대안적인 목소리와 시각을 접할 수도 있다. 여기에서 사람과 장소, 환경에 대한 우리의 시각은 뉴스미디어만이 아니라 모든 오락적 미디어를 통해서도 형성된다는 것을 기억해야 한다.

넷째는 개인적인 발달과 정체성이다. 이 주제는 개인적인 정체성은 그 사람이 속한 특정 문화와 제도적인 영향에 의해 형성된다는 것을 전제로 한다.

다섯째, 개인과 집단, 그리고 제도이다. NCSS(National Curriculum Standards for Social Studies; 사회과목 표준커리큘럼)는 제도에 영향을 미치는 요인으로 학교와 교회, 가족과 정부기관, 그리고 법원 등을 강조한다. 여기서 더 중요한 것은 매스미디어가 이러한 제도와 기관들에 미치는 영향력인데, 실제 이것은 많은 사람들에 의해 잘 인식되지 못하고 있다. 매스미디어와 대중문화에 대한 공부가 시간낭비라고 생각하는 사람들은 매스미디어 속의 가족과 학교에 대한 묘사가 학생들에게 미치는 영향력에 대해 생각할 필요가 있다. 중요한 것은 내가 어떻게 제도에 의해 영향을 받는가 그리고 제도는 어떻게 변화하는가, 제도의 변화에 있어 나의 역할은 무엇인가를 인식하는 것이다. 만약 대중들이 공중파의 개념과 방송산업의 책임감을 안다면 방송산업은 보다 민주적인 사회를 위해 봉사하게 될 것이다.

여섯째, 힘과 권위 그리고 지배의 문제이다. 시민적 능력을 발달시킴에 있어 학생들은 파워와 관련된 질문들을 받고 이에 대해 생각해 보게 된다. 누가 파워를 소유하는가, 그 파워를 어떻게 얻을 수 있으며 이는 어떻게 사용되고 정당화되는가와 관련된 질문은 개인의 권리와 책임감의 역동적인 관계를 포함하고 있다. 또한 공공의 삶에서 계속적으로 만나게 되는 사회적인 문제들을 발견하는 것도 포함된다. 이러한 의미에서 학생들은 매스미디어와 관련된 소유와 통제, 규칙과 규정들을 배우는 것이 중요하다.

일곱째는 생산과 분배 그리고 소비이다. 이 주제는 어린 학습자들의 물질에 대한 욕구와 필요를 차별화하는 것에서 시작된다. 소비문화가 범람하는 가운데 청소년들은 광고산업의 무차별적인 공세 앞에 종종 욕구와 필요를 혼동하게 된다. 이에 대한 학습은 학생들에게 특정 정보에 대한 개인적인 접근이 제도적이고 조직적인 실천과 연결될 수 있는지를 알 수 있게 해 준다. 또한 학생들이 실제로 학교 안에서 풀뿌리 민주주의를 위해서 어떠한 실천적 행위를 할 수 있는지에 대한 학습기회를 제공한다.

여덟째는 과학과 기술, 그리고 사회이다. 오늘날의 사회에서 기술은 우리를 놀라게 하고 우리의 믿음에 도전하는 변화를 가져온다. 또한 이러한 기술은 종종 예상치 못한 사회적 변화를 가져오기도 한다. 기술의 발달과 관련된 질문과 토론을 TV와 컴퓨터, 인터넷 등의 미디어에 적용시키면 어떻게 되는가, 그리고 이러한 기술로부터 오는 이익을 다수의 사람들이 누릴 수 있도록 하기 위해 기술을 어떻게 관리해야 되는가, 빠르게 변화하는 사회 속에서 우리의 기본적인 가치와 믿음을 지키기 위해 어떻게 해야 하는가와 같은 질문을 촉발시키고 정보와 오락기술의 역할과 관련된 조사와 토론에 적용될 수 있다. 기술이 계몽과 참여의 요인으로 작용하는지 아니면 반대로 사생활을 침해하고 가족을 붕괴시키는 요소로 작용하는지에 대한 논의로 이어갈 수도 있다.

아홉째, 글로벌 차원의 협력이다. 이와 관련된 부분은 학생들이 평화와 인권, 무역과 환경과 관련한 개인적인, 국가적인, 지구적인 결정과 상호작용 그리고 그 결과들과 관련하여 체계적으로 생각할 수 있어야 한다는 것이다. 현대사회에서 이러한 글로벌화는 문화의 획일화를 가져오고 이것은 결국 지배적인 문화만이 살아남게 되는 부작용으로 이어질 수 있다.

다양한 미디어에 대한 노출을 통해 학생들은 지구적인 규모의 사건을 알 수 있고 특정한 사건에 관해 스스로가 신뢰할 수 있는 경험과 자료의 수집이 반대의 증거들을 제공할 수도 있다. 이를 통해 학생들은 잘못된 일들에 대해 지적하고 그들의 권리를 주장할 수 있으며 이것이 사회에 참여할 수 있는 기회를 부여해 준다.

마지막으로, 시민적인 이상과 실천이다. 이 마지막 주제는 시민적인 참여와 개입에 초점을 맞춘다. 이는 공동체에서, 국가에서, 그리고 세계에서 시민으로서 학생들의 역할에 대해 살펴보도륵 요구한다. 정치적으로 냉소적인 학생들을 능동적인 참여자로 변화시키는 것이 쉬운 일은 아니다. 따라서 학생들이 스스로의 의견을 다양화하고 스스로에게 이러한 변화를 촉진시킬 수 있도록 의미 있는 기회를 제공하는 것이 매우 중요하다. 미디어가 정치에 대해 어떤 이야기를 하든지 간에 변화와 헌신을 위한 기회는 학교에서, 교실에서, 그리고 공동체 내에서 제공되어야 한다. 협력과 참여를 위한 적극적인 교실을 만들기 위해 노력해야 한다.

수학교과 적용

수학교사들은 신문기사나 TV뉴스에서 통계나 그래픽을 자주 사용한다는 것을 잘 안다. 따라서 매스미디어의 보도관행과 통계 사용의 오류 등을 학습하게 할 수 있다. 또 가장 시청률이 높은 프라임 타임대의 TV 프로그램들을 경제효과의 원리에 따라 평가하는 것을 지도할 수 있다.

미디어에서 사용되는 통계를 찾아보고 수치나 통계적 개념들이 정확하게 사용되고 있는지 알아본다. 대통령 선거여론조사는 수학교과서에서 배운 통계의 개념과 기본 원리들을 사회 현상에 적용해 볼 수 있는 기회를 제공한다.

여론조사는 모집단에서 추출한 표본을 바탕으로 분포와 변화를 분석하는 작업이기 때문에 여기에는 표본오차, 신뢰수준, %포인트 등과 통계 개념들이 적용된다. 따라서 신문이나 TV의 대통령 선거 보도를 통해 이런 개념들이 올바르게 적용되고 있는가를 파악하는 것은 통계적 사고를 함양하는 데 큰 도움을 준다. 특히 통계는 수학 분야뿐만 아니라 경영학, 경제학, 자연과학, 사회과학, 공학, 의학 등 거의 모든 학문 분야에서 응용되고 있기 때문에 자신의 진로와 연계하여 다양한 체험학습을 할 수 있다.

19대 대통령 선거 여론조사와 관련해서 통계와 관련된 탐구문제를 제기해 보면 다음과 같다.

* 신문기사나 TV뉴스에서 여론조사 결과를 보도할 때 공직선거법에서 제시하는 기준들을 얼마나 지키고 있는가?
* 신문기사나 TV뉴스 보도는 선거 여론조사 결과를 보도할 때 표본오차의 의미를 얼마나 잘 반영하고 있는가?
* 후보별 지지율이 언론사 간에 얼마나 차이가 있는가?

참고로 통계청 산하 통계교육원은 통계의 기초에서 고급과정까지 다양한 무료 온라인 학습프로그램을 마련해 놓고 있고 각 과정별로 수료증까지 발급해 주기 때문에 많은 도움을 받을 수 있다.[145]

답은 https://blog.naver.com/csnhwang/221202060064 참조

연습문제 1 : 미디어에 대해 회의적인 시각을 가져야 하는 가장 적절한 이유는?

1. 미디어는 거의 의미가 없기 때문에
2. 미디어는 숨겨진 어젠다를 가질 수 있기 때문에
3. 미디어는 가치 있는 정보를 다루지 않기 때문에
4. 미디어는 거짓말로 가득 차 있기 때문에

연습문제 2 : 다음 중 미디어와 편향성 사이의 관계를 가장 적절하게 기술한 것은?

1. 미디어 콘텐츠의 일부라도 편향되어 있다면 그것은 전혀 가치가 없다.
2. 편향성은 쉽게 피할 수 있다.
3. 편향된 미디어는 더욱 흥미롭다.
4. 모든 미디어는 편향성을 가진다.

연습문제 3 : 미디어의 콘텐츠를 해독한다는 것은 미스터리를 ______ 과 같다

1. 비평하는 것
2. 듣는 것

3. 푸는 것

4. 무시하는 것

연습문제 4: 대부분의 미디어 이미지들은 ______ .

1. 변경되지 않은 것들이다

2. 긍정적인 모습들이다

3. 효과적이지 못하다

4. 만들어진 것이다

연습문제 5 : 아래 문제는 2017학년도 수능 국어영역에서 출제된 기사형 광고에 관한 문제이다. 비판적 사고를 적용한 미디어리터러시 핵심 개념에 근거해서 이 문제를 풀어본다.

[6~8] 다음을 읽고 물음에 답하시오

우리는 인터넷, 신문, 잡지 등의 다양한 매체를 이용하면서 수많은 광고에 노출된다. 이러한 광고는 다양한 매체에서 여러 유형으로 나타나는데, 이는 매체 발달에 따라 매체별 광고기법도 다양해졌기 때문이다. 하지만 매체 이용자들은 이러한 광고를 불필요한 정보로 판단해 회피하는 경향이 있다. 이에 대응하여 매체 이용자들이 거부감 없이 광고를 수용하도록 하는 새로운 광고기법이 등장하고 있다.

인터넷에서 이용자들의 눈길을 끄는 광고기법으로 검색광고를 들 수 있다. 검색광고는 검색창에 검색어를 입력하면 검색결과와 함께 검색어와 관련된 다양한 광고가 노출되도록 하는 광고이다. 검색광고는 불특정 다수에게 노출되는 기존 인터넷광고와 달리 특정대상에게만 노출되지만, 검색결과와 비슷한 형태로 제시되므로 이용자들에게 마치 유용한 정보인 것같은 착각을 일으킨다.

신문이나 잡지 등에서 새롭게 사용되는 광고기법으로 기사형 광고를 들 수 있다. 형식이나 내용이 기사와 확연히 구분되었던 기존광고와 달리 기사형 광고는 기사처럼 보이는 광고를 말한다. 기사형 광고는 기사처럼 보이기 위해 제목에서 특정 제품명을 드러내지 않으며, 전문가 인터뷰나 연구자료 인용을 통해 유용한 정보를 제공하는 것처럼 꾸며 독자의 관심을 끈다. 그러면서 가격, 출시일 등의 제품정보를 삽입하여 독자의 소비심리를 자극한다. 하지만 이러한 점 때문에 독자들이 기사형 광고를 기사로 오인할 수 있으므로 '특집', '기획' 등의 표시를 사용하는 것이 제한되어 있다. 또한 기자가 작성한 글로 착각하지 않도록 글 말미에 '글 ○○○ 기자'와 같은 표현도 사용하지 못하도록 되어 있다.

광고를 접할 때 매체 이용자들은 이러한 광고기법들의 문제점을 정확히 인식할 필요가 있다. 검색광고와 기사형 광고는 모두

㉡

8. ㉠을 바탕으로 초고의 마지막 문단을 완성하고자 한다. ㉡에 들어갈 내용으로 가장 적절한 것은?

① 광고를 유용한 정보인 것처럼 오인하게 만들어 매체 이용자들에게 착각을 유도한다. 따라서 매체 이용자들은 필요한 정보와 광

고를 구별할 수 있는 비판적 안목을 기를 필요가 있다.

② 검색대상과 제품이 달라 매체 이용자들이 잘못된 정보를 바탕으로 제품구매를 하도록 유도한다. 따라서 정부는 이러한 광고들을 강력히 규제하여 소비자들을 보호할 필요가 있다.

③ 기존 광고에 비해 매체 이용자들의 거부감이 낮은 편이어서 부작용이 적다. 따라서 매체 이용자들은 기존 광고의 부작용을 인식하고 비판적으로 매체의 정보를 수용할 필요가 있다.

④ 광고내용이 불특정 다수에게 노출된다는 점에서 매체 이용자들에게 거부감을 준다. 따라서 매체 이용자들은 주체적으로 광고를 분별할 수 있는 비판적 태도를 기를 필요가 있다.

⑤ 매체 이용자들에게 광고를 불필요한 정보로 판단하게 하여 회피하게 한다. 따라서 기업은 매체 이용자들을 현혹하는 광고를 비판적으로 점검하며 기업윤리를 지킬 필요가 있다.

연습문제 6 : 광고는 중요 정보를 누락함으로써 소비자에게 피해를 줄 수 있다. 이와 관련한 윤리적 문제는 이미 2000년 전에 로마의 정치가이자 사상가인 키케로가 『의무론(De Officiis)』에서 '곡물 상인의 딜레마'라는 형태로 제기한 바 있다.[146]

"곡물 부족으로 인해 곡가(穀價)가 폭등하여 기아에 허덕이고 있는 로도스섬에 어떤 상인이 알렉산드리아로부터 곡물을 배에 가득 싣고 왔다고 가정해 보자. 그리고 많은 곡물 상인들이 배에 곡물을 가득 싣고 알렉산드리아를 출항하여 로도스섬을 향해 오고 있다는 사실을 바로 이 상인이 알고 있었다고 가정해 보자. 이 상인은 로도스인들에게 그 사실을 그대로 말하겠는가, 아니면 침묵한 채로 자신의 곡물을 가능한 한 비싼 값으로 많이 팔겠는가?"

키케로는 스토아 철학자 디오게네스와 그의 제자 안티파테르의 논쟁을 통해 두 가지 해결책을 제시한다. 스승은 곡물 상인이 자신의 이윤 추구를 위해 침묵하는 것은 도덕적으로 문제가 없다는 입장인 반면, 제자는 공동체의 이익을 생각해야 하므로 침묵해서는 안 된다는 입장이었다.

이 상황에 직면했을 때 어떤 입장을 취하겠는가? 그리고 그 입장을 취한 이유는 무엇인가?

연습문제 7 : 학생들에게 지역축제에 관한 광고나 홍보물을 찾아 리뷰하게 하고 5개의 핵심개념들을 적용해서 분석해 보도록 한다.

연습문제 8 : 학생들에게 인터넷을 탐색해서 여러 종류의 미디어를 소유하고 있는 미디어 복합기업들을 찾아보고 소속되어 있는 미디어들을 정리한 다음, 교차 소유에 따른 문제가 무엇인지 프레젠테이션하도록 한다.

연습문제 9 : 다음 사설을 읽고 비판적 사고를 적용한 미디어리터러시의 핵심개념을 적용해서 단계별로 분석해 본다.[147)]

뉴스미디어를 개혁한다는 것은 가능한 일인가?*

저널리스트는 대중에게 편견 없는 글을 제공해야 한다. 그러기 위해

* Paul, R. & Elde, L.(2002) 어떻게 매체의 허와 실을 구분해야 하는가에서 발췌.

서는 자신이 이해하지 못하는 관점에 대해서도 고려할 줄 알아야 한다. 나아가 자신과 정반대되는 관점을 가진 대중이 어떤 글에 공감할지에 대해서도 예상할 수 있어야 한다.

저널리스트들은 사회에 대한 중립적인 통찰력을 키워야 하며, 비판적인 독자에게도 관심을 가져야 한다.

무엇보다 가장 심각한 문제는 독자가 그들의 글을 '편견'이나 '왜곡' 혹은 '정치적 선전' 등으로 생각한다는 것이다. 기자들은 무책임해 보인다. 뿐만 아니라 기자 자신의 관점으로 기사를 왜곡하는 것으로 비쳐진다. 팔레스타인에 대해 공감하는 글을 쓰는 이스라엘 저널리스트를 상상할 수 있는가? 인도에 대해 공감하는 글을 쓰는 파키스탄 저널리스트를 상상할 수 있는가?

하지만 가장 중요한 점은 저널리스트들 역시 자신의 뜻대로 기사를 쓰지 못한다는 점이다. 사실 그들은 독자가 원하고 생각하고 미워하고 두려워하는 것을 결정하지 못한다. 즉 그들의 기사는 그가 속한 사회의 본질과 신념, 가치, 그리고 그 구성원이 세상을 바라보는 관점에 의해 결정된다. 그런데 사람은 본성적으로 자기중심적인 관점에서 혹은 자기 사회중심적인 관점에서 세상을 바라본다. 사람들은 대부분 자신의 관점을 넓히는 데 별로 관심이 없다. 현재 자신이 가지고 있는 신념이나 가치를 찬양하면서 그에 따르고자 한다. 축구팬들과 마찬가지로 그들은 홈팀이 이기기를 바라며, 자신의 팀이 이기는 것을 영광스럽게 생각한다. 혹 자신의 팀이 진다 하더라도 그들은 그 경기가 별로 중요한 경기가 아니었다고 말한다. 더러는 상대 팀을 비방하거나 심판이 자기 팀에 불공정했다고 말하기도 한다.

이렇게 기득권을 가진 대중이 그들의 관점이나 열정에 대해서 질문을 제기하지 않고 오히려 강화해주는 뉴스를 선호하는 한 신문이 어떤 기사를 실어야 하는 지는 자명하다. 그 논리는 한 국가의 식습관을 개혁하는 것과 비슷하다. 대다수의 사람이 고지방함유 식품을 원하는 한 시장은 그들에게 그것을 팔 것이다. 마찬가지로 대다수가 자기중심적이고 자기 사회 중심적인 생각을 부추기는 기사를 원하는 한, 또한 선과 악이라는 견지에서 세상을 표현하는 단순한 기사를 원하는 한 뉴스미디어는 그들에게 서비스하는 종류의 기사를 만들어낼 것이다(여기서 선이란 독자들의 관점에서 선인 것이고 악이란 독자들이 악이라고 생각하는 것이다).

이런 점에서 독자들이 가진 편견과 열정을 주기적으로 강화해주는 뉴스 자료는 계속 이익을 만들어 갈 것이며, 그에 대한 평가 역시 계속 치솟을 것이다.

1. 이 사설의 주요 목적은 무엇인가?

2. 이 사설에서 제기하고 있는 핵심 질문은 무엇인가?

3. 이 사설에서 가장 중요한 정보는 무엇인가?

4. 이 글에서 제시하고 있는 추론을 요약해보면?

5. 이 글에서 글쓴이의 생각을 이끄는 주요 개념은 무엇인가?

6. 글쓴이의 생각에 깔려 있는 주요 전제는 무엇인가?

7. 이 생각이 정당하다면 그것이 함축하고 있는 것은 무엇인가?

8. 이 글에서 나타난 주요 관점은 무엇인가?

4부
비판적 사고를 적용한 미디어리터러시 수업의 확장

1. 페이크뉴스와 미디어리터러시

페이크뉴스는 신뢰할 수 있는 저널리즘을 모방해서 최대한의 관심을 끌기 위해 조작된, 완전하게 만들어진 뉴스이다.[148] 특히 미디어 플랫폼의 다양화와 함께 정보를 손쉽고 빨리 이용할 수 있는 상황에서 언론기사로 포장된 채 인터넷과 SNS 등을 통해 유통되는 페이크뉴스는 허구와 사실, 그리고 거짓과 진실의 구분을 더 어렵게 만들고 있다. 여기에 거짓 소문에 내재되어 있는 '자극성'과 '의외성'에 SNS의 '빠른 전파성'이 결합되면서 페이크뉴스는 더 강력한 영향력을 발휘하고 있다.

실제로 미국의 뉴스 및 엔터테인먼트 웹사이트인 버즈피드가 2016년 8월부터 대선일까지 주류 뉴스와 페이크뉴스의 페이스북 반응 정도를 조사한 결과 상위 20건의 주류 뉴스에서 '좋아요', '댓글', '공유' 등의 반응 수가 약 730만 건이었다. 그에 반해 페이크뉴스는 870만 건의 반응 수를 기록했다. 이런 결과는 페이크뉴스가 '거짓' 여부를 떠나 주류 뉴스보다 더 강력하게 유권자들이나 국민에게 파고들 수 있다는 것을 보여준다.[149]

페이크뉴스에 대한 우려가 확산되면서 세계 각국의 미디어리터러시 교육 기관이나 학교에서는 페이크뉴스 대처법 교육에 순발력 있게 대응하고 있다. 영국의 공영방송사인 BBC는 학생들을 대상으로 뉴스를 통해 페이크뉴스를 가려내고 신고하는 방법을 알려주는가 하면 미국 의회방송인 C-SPAN은 홈페이지 학습란을 통해 페이크뉴스에 대처하는 법을 수업자료로 만들어 서비스하고 있다. 또 프랑스의 경우 교육부와 미디어리터러시 전문기관인 클레미(CLEMI)가 공동으로 페이크뉴스 구별과 관련된 자료집을 만들어 배포했고, 세계신문협회는 뉴스리터러시 교육 차원에서 페이크뉴스에 대응하기 위한 방안을 다각도로 모색하고 있다.

페이크뉴스는 정치적 측면을 내포하는 경우가 많다. 그것은 정치적인 영향력을 행사할 목적으로 기획된 잘못된 정보나 선전의 형태를 띠기도 한다.[150] 그러나 어떤 면에서는 경제적 동기가 더 크게 작용한다. 페이크뉴스는 자주 자극적인 제목으로 인터넷 유저들의 클릭을 유도하여 조회수를 높이는 쓰레기 기사나 광고를 의미하는 클릭베이트로 역할하고 광고와 이용자들의 데이터를 판매함으로써 수익을 창출한다. 따라서 페이크뉴스 현상은 인터넷의 광범위한 정치경제적 현상과 연관해서 이해할 필요가 있다.

이러한 정치적, 경제적 동기는 그 경계가 분명하게 구분되지 않을 수도 있다. 2016년 미 대선캠페인 기간 동안에 유발된 친트럼프성 페이크뉴스는 러시아 정부가 개입하기도 했지만, 대부분 마케도니아 벨베의 틴에이저들이 운영하는 여러 사이트에서 온 것들이다. 이 비즈니스에 참여한 젊은이들은 "자신들은 단순하게 트럼프 지지자들에게 그들이 듣고 싶어 하는 것을 전달해 주고 돈을 벌었을 뿐"이라고 말한다.

사실 페이크뉴스는 새로운 현상이 아니다. 그러나 미디어 테크놀로지 발달에 힘입어 보다 쉽고 광범위하게 확산될 가능성이 많다는 점에서 심각한 문제가 되고 있다. 특히 최근 들어 미디어 집중도가 더 심화되는 가운데 소위 주류 미디어 외에 블로그, 팟캐스트, 비디오 등과 같은 온라인 플랫폼들이 우후죽순으로 생겨나고 누구나 시민저널리스트가 될 수 있는 소셜미디어까지 등장하그 있다. 이런 것들은 어떤 면에서 활기차고 역동적인 정보환경을 만들기도 했지만 그 소스들이 진실인지 아닌지 아는 것이 더욱 어렵게 만들고 있다.

스탠포드 대학의 연구에 따르면 미국 중고등학생들의 80% 이상이 광고와 실제 뉴스를 구분하지 못하는 것으로 나타났다. 성인들 또한 예외가 아니다. 퓨리서치센터가 2016년에 실시한 조사에 따르면 미국 성인들의 4분의 1 이상이 페이크뉴스를 공유하면서 그것이 가짜라는 사실을 인지하지 못했다고 응답했다.[151]

페이크뉴스는 누군가가 정치적, 경제적 혹은 그 외의 목적으로 일방적인 진술이나 관점을 담아 그럴듯하게 조작한 뉴스이다. 물론 이 정보를 믿는 사람이 있을 것이라는 전제도 깔려 있다. 이를 비판적 사고를 적용한 미디어리터러시 원리에 비추어 보면 다섯 가지 핵심 개념인 저자, 포맷, 오디언스, 콘텐츠, 목적 요소를 전형적으로 내포하고 있다. 따라서 다섯 가지 핵심개념에 기초한 질문법은 페이크뉴스를 판별하는 데 유용한 도구가 될 수 있다.

핵심개념 1. 모든 미디어 메시지들은 구성된다.
핵심질문 1. 누가 이 메시지를 만들었는가?

페이크뉴스는 일반적인 미디어 메시지와 달리 유저들의 관심을 최대한 끌기 위해 의도적으로 조작된 메시지이다. 누가 그것을 만들었는가를 확인하는 것은 가짜인지 혹은 조작인지를 판별하는 데 중요한 기준이 될 수 있다. 따라서 우선적으로 질문해볼 수 있는 것은 저자가 누구인지 분명하게 알 수 있는가이다.

먼저 저자가 밝혀지지 않은 뉴스나 정보는 기본적으로 의심하고 들어갈 필요가 없다. 명백한 페이크뉴스이기 때문이다. 그러나 대부분의 페이크뉴스는 저자가 가짜일지라도 저자를 밝혀놓은 경우가 많다. 따라서 다음과 같은 질문을 단계적으로 제기할 필요가 있다.

* 정보를 어디에서 입수했는가? 웹사이트를 통해 본 것인가, 소셜미디어 피드를 통해 본 것인가 아니면 아는 사람으로부터 전달받은 것인가?
  - 정상적인 뉴스미디어는 아무리 중요한 내용이라 할지라도 검증과정을 거치기 때문에 SNS를 통해 먼저 게시하지 않는

다. 따라서 웹사이트가 아닌 SNS상에서 게시된 정보일 경우 의심할 필요가 있다.

* 그 정보가 수록된 URL은 정확한 것인가?

– 먼저 URL을 보고 기사의 출처가 어디인지 확인한다. 사이트 주소를 보고 익숙한 곳이 아니면 보안인증서를 확인한다. 안전한 사이트는 'https'(마지막 's'자는 보안용)로 시작하고 주소창에 자물쇠 그림이 뜬다. 또 마지막 점 전후에 무엇이 있는지 확인한다. 예를 들어 영국 BBC의 공식 웹사이트는 'www.bbc.com'이지만 여기에 '.co'가 추가로 붙는다든지 하면 가짜일 가능성이 높기 때문이다. 페이크 사이트는 조작된 것을 감추기 위해 자주 '.co'를 덧붙이는 경우가 많다. 또 영국 일간지인 데일리 메일(Daily Mail)의 웹사이트를 도용한 페이크 뉴스는 da1ly.com과 같이 혼동하기 쉬운 철자의 일부를 바꾸어 게재하기도 한다.

* 법적 책임자가 누구인지, 조직의 구성원들은 누구인지를 표시해놓고 있는가?

– 만약 그렇지 않다면 이 경우 진짜 언론사가 아니다.

* 그 정보를 수록한 웹사이트에 운영자나 운영기관의 편집방침이나 기준을 갖고 있는가?

* 정보를 담고 있는 디자인이 자연스럽고 세련된 것인가?
  - 페이크뉴스는 일반적으로 그 형식이나 디자인에서도 조잡한 특성을 가진다. 어느 정도 공식적인 위치에 있는 뉴스미디어사는 아무리 시간을 다투는 사건이라 할지라도 조악한 콘텐츠를 내보내지 않는다. 페이크뉴스 웹사이트는 엉성하거나 세련되지 않은 디자인을 사용하거나 대문자 사용을 강조한다. 따라서 모두 대문자로 되어있는 뉴스는 페이크뉴스일 가능성이 높다.

* 지나치게 많은 구두점이나 약물을 포함하고 있지 않은가? 웹사이트가 있다면 그 사이트의 디자인도 하나의 지표가 될 수 있다. 물론 디자인이 정보의 진실성 여부를 모두 보장해 주지는 않지만 페이크뉴스를 담고 있는 웹사이트의 디자인은 상대적으로 거칠게 되어 있다.

* 페이크뉴스에 등장하는 소스는 정확한 것인가? 그 소스는 잘 알려져 있는 소스인가? 아니면 확인가능한 소스인가? 혹은 그 정보의 어느 부분인가에 바이라인이 달려 있는가?

* 하나 혹은 소수의 소스만을 이용하고 있는가 아니면 다양한 소스를 인용하고 있는가?
  - 해당 기사나 메시지에 인용되는 정보원은 정보의 진위를 판별하는데 중요한 가늠자가 된다. 즉 입증할 수 있는 소스가 제시되어 있지 않으면 그것은 사실이 아니라 가설이나 추정일 가능성이 높다. 기본적으로 기자나 편집자는 기사의 내용을 원래의 소스로 연결하거나 백업할 수 있도록 조치를 해야 한다. 그러나 단순히 링크가 걸려 있다는 이유만으로 그것이 사실이라고 단정해서는 안 된다. 또 해당 기사의 주장이 모호하거나 극단적으로 보일 경우 링크를 따라가 원래의 아이디어, 인용, 그림 등이 실제로 존재하는지 확인할 필요가 있다. 만약에 이런 것들을 찾을 수 없다면 기사 작성자에게 소스를 요구하는 댓글을 남기는 것도 한 방법이다.

* 다양한 취재원을 이용하고 있나?
  - 하나의 취재원에만 의존하는 기사는 제대로 된 기사가 아니다.
  - 정보의 출처를 확인해야 한다.

* 그 사이트가 제공하는 뉴스가 보다 잘 알려진 사이트에서 찾을 수 있는 뉴스인가? 그렇다면 서로 유사한 내용인가 아니면 다

른 내용인가?

– 우선 출처가 잘 확인이 안 될 때 당연히 의심을 품어야 한다. 작성자가 댓글이나 기타의 방법으로 소통할 수 있는 방법을 제공하고 있다면, 작성자가 다른 사람들의 의견에 달아놓은 댓글을 읽어서 확인해 볼 수도 있다.

* 그 정보는 다른 질적으로 공인된 소스들과 하이퍼링크되어 있는가? 다시 말해 그 정보들은 수정 혹은 조작되지 않은 것인가?

– 만약 그 페이크뉴스가 링크를 제공하고 있다면, 링크로 찾아 들어가 본다. 페이크뉴스이면 링크가 안 되거나 전혀 엉뚱한 곳으로 연결될 가능성이 높다.

* 웹사이트일 경우 그 정보가 수록된 웹페이지의 'about' 메뉴에 그 기관이나 사람에 관한 정보를 수록하고 있는가?

– 없다면 당연히 의심을 품어야 하고, 있다면 그 사이트가 본래적으로 풍자나 판타지 뉴스가 아닌지를 확인한다.

* 'contact us' 섹션이 도메인과 일치를 이루는 이메일 주소를 가지고 있는가?

* 해당 정보가 게시된 날짜가 현재 시점인가?
  - 페이크뉴스는 대부분 날짜가 수록되지 않거나 오래전의 기사들을 재생해서 쓰는 경우가 많기 때문에 현재나 최신의 시점이 확인되지 않으면 의심을 품어야 한다.

* 다른 뉴스미디어에서도 그 뉴스나 정보를 다루고 있는가?
  - 현재 읽고 있는 기사 하나에만 의존해서는 안 된다. 설사 믿을만한 뉴스라 할지라도 다른 뉴스 매체를 통해 그 기사를 비교해 볼 필요가 있다. 이는 해당 주제에 대해 보다 깊게 이해할 수 있는 방법이기도 하다. 특히 정치기사의 경우 다양한 시각에서 보도하는 경우가 많기 때문에 관점의 다양성을 확보한다는 측면에서 다른 뉴스매체의 기사를 교차 검증할 필요가 있다. 이를테면 해당 메시지에 나오는 주요 단어들을 몇 개 골라 널리 알려진 뉴스미디어 홈페이지에 들어가 검색을 해 보는 것도 하나의 방법이다.

핵심개념 2. 미디어 메시지는 그 자체의 규칙을 가지고 창의적인 언어를 사용해 구성된다.
핵심질문 2. 나의 관심을 끌기 위해 어떤 창의적 기법들이 사용되었는가?

* 팝업광고나 배너광고가 지나치게 많지 않은가?
  - 팝업광고나 배너광고가 지나치게 많은 사이트는 조회 수를

높이기 위한 클릭베이트라는 것을 보여주는 좋은 증거다.*

* 기사가 지나치게 화려하거나 그 반대로 지나치게 혐오스러운 것이 아닌가?
  - 기사가 너무 좋게 보이거나 아니면 그 반대로 보일 경우 일단 의심할 필요가 있다. 읽고 있는 기사가 아주 충격적인 내용이거나 논란의 여지가 커보일 경우 혹은 매우 특이한 경우 그 신뢰성을 의심할 필요가 있다. 많은 뉴스 매체들, 심지어는 잘 알려진 언론사들도 트래픽을 유발하기 위해 모든 수단을 다 동원하고 헤드라인을 과대포장하기도 한다. 이를테면 '미 국무장관이 생중계되는 TV에 기자들에게 정말 맹세했습니까?'와 같이 의문부호를 단 센세이셔널한 제목은 조심할 필요가 있다. 이런 식의 의문문에 대한 답은 흔히 '아니오'라고 나오기 일쑤다. 독자들을 끌어들이기 위한 전형적인 수법이다.

* 사진 이미지는 원본인가 아니면 변형된 것인가?
  가짜뉴스에는 그 뉴스가 진짜로 보이도록 하기 위해 사진이 들어간 경우가 많다. 이 경우 리버스 이미지 검색법을 통해 확인

---

* 클릭베이트(clickbait)는 자극적인 제목으로 인터넷 유저들의 클릭을 유도하여 조회수를 높이는 쓰레기 기사나 광고를 말한다.

해 볼 필요가 있다. 리버스 이미지 검색은 온라인상의 사진 데이터베이스에서 해당 이미지와 일치하는 이미지가 있는지 여부를 검색하는 방법이다. 일치하는 이미지가 있다면 과거에 게재됐던 웹페이지를 찾아 확인할 수 있다. 구글 이미지*와 틴아이**는 수많은 사진들을 수록한 데이터베이스 서비스를 제공한다. 이러한 데이터베이스를 통해 이미지 URL을 복사해서 붙여 놓거나 사진을 업로드해서 일치 여부를 검색할 수 있다. 웹브라우저로 구글 크롬을 사용할 경우 마우스를 이미지에 대고 오른쪽을 클릭해서 구글 이미지 검색을 선택하면 더 간단하게 이미지 일치 여부를 확인할 수 있다.

뉴스에서 사실과 의견 구분하기

페이크뉴스를 판별할 수 있기 위해서는 먼저 학생들은 사실과 의견의 차이를 이해할 수 있어야 한다. 세상에 있는 모든 진술은 사실과 의견으로 구분된다. 사실은 무슨 일이 일어났는지 혹은 어떤 것이 존재하는지에 대한 정확한 기록이다. 따라서 품격 있는 뉴스는 사건들을 전달하는 데 필요한 반론의 여지가 없이 확실한 정보에 초점을 맞춘다. 여기에는 관련된 사람들, 사건이 일어난 장소, 그리고 부가적인 중요한 세부사항들과 증거가 포함된다.

---

* https://imagesgoogle.com

** http://www.tineye.com

사실적 기사는 경우에 따라 분석이 포함되거나 분석에 의해 보완된다. 즉 공인된 전문가나 학계 인사 등 확인 가능하고 신뢰할 만한 취재원을 제시한다면 사실일 가능성이 높다. 이것은 특정인의 관점을 반영한 의견과 엄연히 다르다. 그 목적은 독자나 시청자가 사실의 의미를 잘 이해하도록 설명하는 데 있다. 분석이 각기 다른 관점을 가진 사람들로부터의 인용을 포함할 수도 있지만 그 분석의 목적은 확신을 심어주기 위한 것이 아니라 설명하기 위한 것이다. 가끔 기자들은 특정 당파에 소속된 사람이나 특정 당파의 관점을 반영한 사람들을 인터뷰하기도 하는데 정체가 명확하다면 그것은 용인될 수 있다.

의견은 뉴스의 중요한 부분이 사건이나 사실의 의미나 영향에 대한 해석으로 개인이나 집단의 의견이나 입장이 반영되어 있다. 어떤 것이 의견으로 명명되는 한 그것은 구체적인 관점의 반영이며 다른 사람들에게 확신감을 심어줄 수 있다. 따라서 가치판단이나 견해 부분은 진위를 결정하는 것이 아니라 그것을 정당화하기 위해 제시된 근거의 타당성을 평가해야 한다.

교수용 팁

* 학생이나 아이들에게 사실과 의견에 대한 차이를 알려주고 그들이 중요하다고 생각하는 뉴스기사에 적용해 보도록 한다.

* 소셜미디어나 뉴스 웹사이트에서 뉴스로 위장한 광고물이나

후원받은 기사에 대해 설명해 주고 아이들에게 그것을 찾아 설명해 보도록 한다.

최근 들어 페이크뉴스는 아니지만 뉴스로 포장된 광고가 자주 등장하고 있다. 흔히 기사형 광고로 불리는 것으로 페이크뉴스와 성격은 다르지만 또 다른 측면에서 미디어 소비자들을 혼란스럽게 만든다. 광고와 뉴스를 구분하는 한 가지 방법은 해당 기자가 미디어 소비자들에게 특정의 물건을 사도록 권유하거나 특정의 후보를 지지하도록 하는 정보를 사용하는가 그렇지 않은가를 면밀히 살피는 것이다. 이런 류의 정보는 대부분 어느 일방의 주장이나 입장을 반영하고 있기 때문에 비판적 사고의 핵심개념인 '관점' 차원에서 인식할 필요가 있다.

하지만 기사형 광고는 그나마 어느 한 켠에 광고라는 표기가 붙어 있기 때문에 혼란스럽긴 하지만 어찌됐건 식별은 할 수 있다. 심각한 것은 식별 자체가 불가능한 '네이티브 광고(native ad)'의 사례들이다.[152] [153] 네이티브 광고는 대체로 '디지털 플랫폼에서 콘텐츠가 자연스럽게 노출되도록 하는 광고 형식'을 일컫는다. 언론사 누리집이나 지면에 기사와 비슷한 느낌과 형식으로 게재되는 콘텐츠, SNS에서 친구들이 올리는 게시물들과 자연스럽게 섞여서 함께 노출되는 제품 · 브랜드 광고 등이 포함된다.

네이티브 광고는 인터넷의 영향으로 신문사의 경우 종이신문

구독률이 급격히 감소하고 방송사 역시 경제 악화로 인해 수익이 갈수록 줄고 있는 상황에서 새로운 수익원으로 떠오르고 있다. 그러나 저널리즘의 핵심 가치인 '신뢰'를 위협할 수 있다는 점에서 심각한 문제의 여지를 안고 있다.

핵심개념 3. 동일한 메시지라도 사람들은 그것을 다르게 경험한다.
핵심질문 3. 사람에 따라 이 메시지를 어떻게 다르게 이해하는가?

* 극단적인 감정을 자극해서 격한 분노를 느끼게 하거나 희열을 느끼게 하는 요소가 없는가?
  - 페이크뉴스는 의도적으로 그것을 읽는 사람들의 감정을 자극하는 경우가 많다. 대표적인 예가 2016년 말 미 대선 정국에서 불거진 페이크뉴스 피자게이트 사건이다. 피자게이트는 '대선후보였던 힐러리 클린턴과 민주당 고위 관계자들이 피자가게에서 주기적으로 만나 비밀리에 아동 성매매 및 성학대를 즐겼다'라는 내용의 가짜뉴스이다.[154] 이 뉴스가 보도된 뒤 에드가 웰치라는 청년이 이 뉴스를 진짜로 믿고 격분해 총기를 난사한 사건으로 확대되었다. 이처럼 가짜뉴스는 보는 사람의 격한 감정을 불러일으키는 속성을 가지고 있기 때문에 일단은 그 진정성을 의심해 볼 필요가 있다.

* 페이크뉴스를 접했을 때 나 자신의 주관이나 편견이 개입되지 않았는가?

– 페이크뉴스를 접했을 때 그것을 쉽게 믿는 사람이 있는가 하면 그것을 거들떠 보지도 않는 사람도 있다. 바로 확증편향(confirmation bias)이라는 사회심리적 현상 때문이다. 확증편향이란, 사고와 문제해결 과정에 있어서 자신의 신념 혹은 선호 가설을 뒷받침해 주는 정보만을 선택적으로 활용하는 무의식적인 인지과정이다.[155] 예를 들어 '교복은 꼭 입어야 하는가?'의 질문에 대한 찬성 혹은 반대의 논증적 글을 쓸 때, 교복에 대한 부정적 시각을 지닌 학생이 교복의 문제점들을 부각시킨 정보만을 찾거나 기억하면서 자신의 입장에 대해 더욱 강한 믿음을 형성하게 되는 경우를 두고 확증편향이 작용했다고 할 수 있다.

인디애나 대학 컴퓨터공학과 교수인 샤오 등의 연구에 따르면 가짜뉴스가 확산되는 원인에는 불완전한 주의력과 확증편향이 크게 작용한 것으로 나타났다.[156] 즉 자신의 신념과 일치하는 정보는 받아들이는 심리적 편향성 때문에 페이크뉴스가 자신이 믿고 있는 사실과 부합하면 믿어버리는 경향을 보였다는 것이다. 따라서 교수학습 측면에서 확증편향에서 벗어나게 하기 위해서는 불일치한 정보에 노출시켜 주는 것이 필요하다. 자연스러운 방법은 다양한 성격의 정보를 놓고 토론을 유도하는 것이다.

교수용팁 : 이런 현상을 극복하기 위해서는 감정을 조절하는 법을 가르쳐 줄 필요가 있다. 어린이나 어른에 상관없이 감정적 메시지를 통제하지 못하는 한 이러한 감정들은 촉발될 수밖에 없다. 학부모의 경우 자녀들이 있는 바로 그 자리에서 미디어에서 촉발된 감정을 경험할 수 있다. 그러나 교사들은 미디어로 인해 유발된 감정을 교실 안까지 끌고 들어와서는 안 된다. 어느 경우에서건 교사는 그러한 감정들을 재빨리 추스리고 어떻게 합리적으로 생각할지에 대해 아이들과 공유할 필요가 있다.

예일감성지성센터의 로빈 스턴(Robin Stern) 박사는 이 경우 어른들이 먼저 자기 자신의 감정을 점검하고 아이들과 이야기할 때 냉정한 자세를 유지하는 것이 필요하다고 권고한다.[157] 그리고 아이들에게 사실을 들려준 다음 그들의 느낌을 말할 수 있도록 도와주어야 한다. 또 아이들에게 미디어 제작자들이 오디언스의 감정을 촉발시키기 위해 어떻게 미디어를 만드는지에 대해 생각해 보도록 독려한다.

이와 함께 아이들이 대화를 하면서 감정을 관리할 수 있도록 아이들과 같이 할 수 있는 활동들을 준비해 놓는 것이 좋다. 예를 들면 배꼽으로 호흡하기나 그림 그리고 색칠하기 그리고 아이와 함께 글쓰기를 하는 것도 효과적인 방법이 될 수 있다.

핵심개념 4. 미디어는 내재된 가치와 관점들을 가진다.
핵심질문 4. 이 메시지에는 어떤 가치, 라이프스타일, 관점이 반영되어 있는가 혹은 빠져 있는 것은 무엇인가?

* 메시지 안에 들어 있는 소스나 관점 차원에서 어느 한편을 옹호하거나 어느 한쪽에 편향된 것처럼 보이는 것은 없는가?
  - 특정의 사건에 대해 신문사나 방송사의 성격에 따라 특정의 관점을 취할 수가 있다. 그러나 어느 관점을 취하더라도 공신력 있는 미디어는 반대의 관점을 다룬다. 이런 측면에서 사회적으로 중요한 뉴스에 대해 여러 가지 미디어에서 어떻게 다뤄지고 있는가를 보여주고 이해하는 훈련을 하는 것도 필요하다.

* 맥락을 제공하고 있는가?
  - 맥락이 제공되지 않은 동영상이나 이미지를 믿어서는 안 된다. 동영상이나 이미지의 경우는 장면 배치를 다시 하거나, 순서를 바꾸거나, 다른 구도에서 재사용하거나 하는 것이 너무나 간단하다.

가짜뉴스와 편향된 뉴스를 내용 면에서 검증하는 방법 중의 하나는 핵심개념 4를 적용해 제시된 내용이나 주장을 깊이 있게 분석해 보는 것이다. 이를테면 논란의 여지가 있는 이슈에 대해 어느 한

쪽 면만 있는 것이 아닌가? 여러 가지 측면이나 입장이 공정하고 객관적으로 제시되고 있는가? 기자나 글쓴이가 특정의 해석만을 선호하지 않는가? 해당 기사가 비중을 두고 있는 가치는 무엇인가? 등등. 이것은 미국 미디어리터러시 센터에서 강조하는 5개 핵심 개념 중 '가치와 관점' 기준을 적용하는 것으로 이해할 수 있다.

미국 올사이즈(Allsides) 사는 미국 대학생들이 사회적으로 논란이 되는 문제에 대해 잘 이해할 수 있도록 도와주기 위해 '균형잡힌 사전(balanced dictionary)'을 편찬했다.[158] 올사이즈 사는 다양한 관점의 뉴스 서비스를 제공하고 미디어리터러시 교사연수 및 관련 자료를 서비스하는 미디어 스타트업 기업이다.

올사이즈 사는 "페이크뉴스가 양산되고 특히 도널드 트럼프 대통령이 당선된 이후 정당 간은 물론 같은 정당 내에서도 갈등과 분열이 확산되고 있기 때문에 대학생들에게 사회문제에 대해 균형잡힌 시각을 가질 수 있도록 하기 위해 이 사전을 만들었다"라고 그 배경을 밝혔다.

올사이즈 딕셔너리(AllSides)란 이름으로 서비스되고 있는 이 사전은 사회적 논란의 여지가 있는 수백 개의 단어와 개념을 선정하고 각각의 용어나 개념에 대해 지지적 관점, 중립적 관점, 반대적 관점 등 다양한 관점에서 기술하고 독자들이 비판적으로 사고할 수 있도록 도와주는 질문들도 수록하고 있다. 이것은 미디어리터러시의 주요 영역인 비판적 사고 기능 중에서 '다양한 관점에서 조망하기'와 맥을 같이하는 부분이다.

올사이즈 딕셔너리는 온라인 형태로 서비스되고 있는데, 예를 들어 '테러리즘'이란 용어를 클릭하면 테러리즘의 일반적 정의와 언어적 기원, 용례, 그리고 이 용어에 대한 다양한 관점들이 제시된다. 또 테러러즘에 대해 비판적 사고를 할 수 있도록 다양한 형태의 질문이 주어진다.

핵심개념 5. 미디어 메시지는 이익이나 권력을 얻기 위해 만들어진 것이다.
핵심질문 5. 이 메시지는 왜 보내진 것인가?

일방적으로 누군가에게 유리하거나 불리하게 되어 있는 정보는 일단 의심할 필요가 있다.

* 페이크뉴스가 사실로 인식되어 확산될 경우 나타날 수 있는 잠재적 결과는 무엇인가?
  – 거짓 정보가 수정되지 않은 상태로 확산될 때 나타날 수 있는 잠재적 위험의 심각성에 대해 학생들에게 분명히 얘기해 주어야 한다. 이것은 학생들에게 페이크뉴스의 결과를 분석하게 하고 그들이 온라인에서 본 것에 문제를 제기하고 확인하는데 필요한 역량을 구축하도록 하기 위한 것이다.

가짜뉴스는 사람들이 해당 사이트 및 기사를 소셜네트워크를 통해 공유할 때 번성하기 쉽다. 보통 사람들은 다른 사람들보다 친구를 더 신뢰하는 경향이 있다. 그래서 가짜뉴스를 공유할 경우 친구들은 그것을 믿고 또 다른 친구들과 공유를 하는 식으로 마치 전염병처럼 번져 나가게 된다. 소수이긴 하지만 때론 합법적인 뉴스 매체들도 그 가짜뉴스를 유통시키는 경우가 있다. 따라서 소셜네트워크를 통해 공유하기 전에 반드시 그 기사의 진위를 확인할 필요가 있다.

우리나라에는 사실인지 거짓인지를 확인해주는 팩트체킹 기관이 없지만 미국의 경우 팩트체킹 사이트를 통해 사실 확인을 할 수 있다. 대표적인 곳이 스노프스(Snopes), 폴리티팩트(Politifact), 팩트체크(FactCheck) 등이다.

스노프스(Snopes)는 1995년 데이비드 미켈슨(David Mikkelson)이 근거 없는 이야기와 뜬소문의 진실을 밝히기 위해 설립해서 오늘에 이른 독립적 펙트체크 웹사이트이다.[159)]

폴리티팩트는 트루스 오미터(Truth-O-Meter)라는 측정 스케일을 바탕으로 유력 인사의 발언을 팩트체킹하고 '진실(truth)', '거의 진실(most truth)', '반쯤 진실(half truth)', '거의 거짓(mostly)' '거짓(false)' 등의 등급으로 구분하고 있다.[160)] 특별히 최악의 거짓말에는 바지에 불붙었다(pants on fire)의 의미를 가진 '새빨간 거짓말'로 분류한다.

팩트체크는 펜실베이니아 대학 공공정책연구소가 2004년 미국 대선을 기점으로 처음 개설한 비영리 팩트체크 기관으로 2009년 퓰리처상을 수상할 정도로 공신력을 인정받고 있다.

4부. 비판적 사고를 적용한 미디어리터러시 수업의 확장

– 페이크뉴스와 미디어리터러시 연습문제

답은 https://blog.naver.com/csnhwang/221202061875 참조

연습문제 4–1 : 미디어리터러시에서 리터러시란 단어는 다음 중 무엇을 의미하는가?

1. 나의 어휘력을 증진시키는 것이다.
2. 의미와 메시지를 분석하는 것이다.
3. 테크놀로지를 읽는 것이다.
4. 설득적으로 말하는 방법을 배우는 것이다.

연습문제 4–2 : 다음 중 페이크뉴스를 확인하는데 적절한 방법이 아닌 것은?

① 뉴스를 싣고 있는 사이트를 누가 지원하고 있는지 알아본다.

② URL을 확인해 본다.

③ 경찰서에 신고한다.

④ 다른 사이트들이 그 사이트에 대해 뭐라고 말하는지 체크해 본다.

⑤ 그 사이트의 소스들을 조사한다.

연습문제 4-3 : 아래 보기 중에서 팩트체킹을 하지 않는 곳은?

① www.snopes.com

② www.checkthefacts.gov

③ www.factcheck.com

④ www.washingtonpost.com/news/fact-checker/

⑤ www.politifact.com

연습문제 4-4 : 온라인상에서 뉴스를 출판할 수 있는 사람은 누구인가?

① 각 분야의 전문가들

② 박사학위를 가진 교수들

③ 누구나 다

④ 기자들

⑤ 연구하는 사람들

연습문제 4-5 : 페이크뉴스가 여론 형성이나 민주주의에 어떤 영향을 미칠 것인가?

연습문제 4-6 : 페이크뉴스도 표현의 자유를 보장받아야 하는가?

2. 광고리터러시

현대사회에서 광고는 삶의 많은 부분을 차지한다. 거리의 수많은 간판, 신문과 TV를 포함한 매스미디어 광고, 광고포스터, 옥외광고, 신문과 TV광고, 드라마 속 간접광고, 그리고 인터넷과 스마트폰에 이르기까지 끊임없이 쏟아져 나오는 광고 등등. 프랑스 광고인 로베르 게랭(Robert Guérin)은 이런 현상을 두고 "우리가 숨 쉬는 공기는 질소와 산소 그리고 광고로 되어 있다"라고 말했을 정도다.

광고는 기본적으로 상품을 알리고 자연스럽게 제품을 소비하도록 이끄는 마케팅의 한 요소로 알려져 있다. 좀 더 엄밀히 말하면 광고는 '확인 가능한 광고주가 다양한 매체를 이용하여 상품이나 서비스의 교환을 창출하거나 유지하기 위해 유료로 행하는 일방 또는 상호작용적 마케팅커뮤니케이션'으로 정의할 수 있다.[161] 그러나 그것이 다가 아니다. 광고는 더 나아가 일상의 모습으로 사람들의 욕망을 부추기고 시대를 살아가는 사람들의 의식과 행동을 반영하며 새로운 문화를 그려내기도 한다. 이런 이유 때문에 광고를 제대로 읽어내는 능력, 즉 광고리터러시가 중요하다는 인식이 확산되고 있고 학교 수업에서도 다양한 형태로 활용되고 있다.

광고리터러시의 개념

광고리터러시는 미디어리터러시 교육과 마찬가지로 광고의 유해한 영향으로부터 어린이들을 보호하자는 데서 출발했다. 그러나 초기의 광고리터러시는 독립적 영역이 아니라 미디어리터러시 교육의 여러 영역 중의 하나로 다루어져 왔다.

광고리터러시란 용어가 언제부터 사용되었는지에 대한 근거는 불분명하지만, 1990년대 초반 테레사 덤잘(Teresa J. Domzal)과 제롬 커넌(Jerome B. Kernan)은 광고리터러시를 '광고를 읽어내는 능력'으로 정의했다.[162] 스테파니 오도노호(Stephanie O'Donohoe)와 캐롤린 타이난(Caroline Tynan)은 '광고의 설득적 힘에 대한 주의를 환기시킴으로써 소비자들에게 통제권한을 부여하는 것'이라고 정의하고 "그러한 통제 권한이 광고에 대한 저항력을 키워준다"라고 주장했다.[163]

광고에 대한 이러한 정의들은 광고의 유해성으로부터 어린이들의 보호를 강조하는 보호주의적 관점을 반영한 것이다. 난도 말멜린(Nando Malmelin)은 미디어리터러시의 개념적 요소를 차용하여 '광고가 재현하는 방식을 읽는 능력과 비판적인 분석 능력'이라고 정의했다.[164] 말멜린의 정의는 광고리터러시 역시 미디어리터러시의 연장선상에 있다는 것을 전제하지만 체계적인 개념화로 진전되지는 못했다. 이렇듯 광고리터러시에 대한 개념이나 구성 요소에서 합의점을 찾기가 어려웠는데 그것은 '광고를 이해한다'는 의미의 복합성 때문이다.

기존의 광고리터러시 개념을 종합하고 이를 체계화한 에스더 로젠달 등(Esther Rozendaal etc.)은 광고리터러시 개념을 세 가지 차원으로 나누어 제시했다.[165]

여기에는 몇 가지 전제가 깔려 있는데, 이들은 우선 어린이들의 경우 일정 연령에 도달할 때까지는 광고 메시지를 비판적 관점에서 이해할 수 없기 때문에 광고의 설득적 영향에 취약할 것이라고 보았다. 이러한 관점은 어린이의 광고 수용과 관련하여 비교적 많은 학자들의 지지를 받았던 인지적 방어관점(cognitive defense view)과 대치되는 것이다. 인지적 방어관점은 '광고에 대한 어린이들의 방어기제는 인지적인 것이며 따라서 광고 관련 지식이나 광고리터러시는 광고 관련 메시지를 처리할 때 하나의 필터로서 기능할 수 있다'고 본다.[166] 즉 광고리터러시를 획득한 어린이는 방어기제를 사용해서 그들이 일상에서 만나는 광고를 비판적으로 처리할 것이기 때문에 광고의 설득적 영향을 덜 받을 것이라고 보았다.

이에 대해 로젠달 등은 '인지적 방어관점은 광고를 개념적으로 이해하는 능력인 개념적 능력과 개념적으로 알고 있는 지식을 실제로 적용하는 능력인 실행능력 사이의 구분을 간과했다'고 보았다.[167] 이와 함께 '개념적 광고리터러시가 실제의 방어기제로 작동하기 위해서는 광고메시지를 처리할 동기와 처리능력이 있어야 한다'고 주장했다.

실제로 거듭된 연구에도 불구하고 '높은 수준의 광고리터러시 능력을 보유한 사람이 광고의 설득적 영향을 잘 받지 않는다'는 근거는 거의 도출되지 않았다. 오히려 그 반대의 결과가 나타나기도 했다. 예를 들면 아리엘 체르닌(Ariel Chernin)의 연구에서는 광고 의도, 광고에서의 편향, 광고주들의 설득 전략 등에 대한 교육을 받은 어린이들은 교육을 받지 않은 학생들보다 광고된 상품을 더 선호하는 것으로 나타났다.[168) 즉 광고리터러시가 광고 수용성을 감소시키지 못했다는 의미다.

이러한 결과는 어린이들은 실제로 광고리터러시를 방어기제로 사용하지 못하고 있다는 것을 보여주는 것으로 인지적 방어관점의 이론적 틀에 중요한 결점이 있다는 것을 시사하는 것들이다.

또 최근의 어린이 대상 광고는 정서적 단서를 많이 활용하고 있는데 이러한 소구기법들이 광고 관련 지식을 습득한 어린이들의 방어기제를 무력화시킨다는 주장도 제기된다.[169) 예를 들면 어린이 대상 광고가 시청각적 요소, 큰 소리의 음향, 빠른 카메라 컷, 밝은 컬러를 사용하고 더 나아가 인기스타 캐릭터나 마술적 신비스러움을 강조할 경우 광고리터러시가 무의미해진다는 것이다. 결과적으로 정서지향적인 광고 소구기법이 광고메시지를 처리하는 동기와 능력을 제한시킨다고 볼 수 있다.

어린이들은 또한 연령상 미성숙한 인지능력 때문에 광고메시지를 정교하고 비판적으로 처리할 능력에서 제한을 받는다. 따라서 개념적 광고리터러시가 방어기제로서 제대로 효과를 발휘하기 위해서는 메시지의 설득적 속성을 인지하고 통제할 수 있는 능력을 가져야 하고 또 어린이들은 보다 심층적인 사고력의 기반 위에서 설득메시지를 생각할 수 있는 능력이 있어야 한다.

이와 같은 논의에 기초해서 로젠달 등은 광고리터러시를 개념적 광고리터러시, 실행적 광고리터러시, 태도적 광고리터러시 등 3개의 차원과 8개의 하부요소로 구성된 개념으로 정의했다.[170)]

개념적 광고리터러시(conceptual advertising literacy)는 '광고에 관한 개념적 지식을 얼마나 보유하고 있는가'를 말하는 것으로 광고의 의도와 전략에 대한 이해 여부로 측정할 수 있다. 하부요소에서 광고 인지는 '신문, TV프로그램, 인터넷 등 각기 다른 미디어에서 제시되는 광고를 구분할 수 있는 능력'이며, 판매의도 이해는 '광고는 기본적으로 상품을 팔기 위한 활동이라는 것을 이해하는 능력'이다. 설득의도 이해는 '광고는 소비자들의 상품에 대한 태도나 인지를 변화시킴으로써 소비자들의 행위에 영향을 미치려고 한다는 것을 이해하는 능력'이며, 설득전략 이해는 '광고주들이 특별한 전략을 사용해서 소비자들의 태도, 인지, 행위를 변화시키려 한다는 것을 이해하는 능력'이다.

실행적 광고리터러시(advertising literacy performance)는 '광고 메시지를 처리하는 과정에서 기억에서 개념적 광고리터러시를 추출해

내고 실제에 적용할 수 있는가'를 말한다.

하부요소인 광고리터러시 회상은 '광고메시지를 처리하는 동안에 기억에서 관련된 광고 관련 지식을 되찾아오는 능력'이며, 광고리터러시의 적용은 '광고 관련 지식을 광고메시지에 실제로 응용하는 능력'이다.

태도적 광고리터러시(attitudinal advertising literacy)는 '광고에 대해 전체적으로 가지고 있는 태도', 즉 광고에 대해 회의적인 태도를 가지고 있는지 혹은 광고를 혐오하고 있는지 등과 관련된 개념이다.

광고리터러시 교육의 필요성

앞서 광고를 '확인 가능한 광고주가 다양한 매체를 이용하여 상품이나 서비스의 교환을 창출하거나 유지하기 위해 유료로 행하는 일방 또는 상호작용적 마케팅커뮤니케이션'으로 정의한 바 있다. 이러한 정의는 다분히 광고주들의 경영활동, 즉 마케팅 측면을 강조한 것이라 할 수 있다.

그러나 광고는, 사회적 역할과 기능에서 오랜 논란이 제기되어 왔듯이 마케팅 측면을 넘어 일상 생활과 소비활동, 사회문화적 현상 등과 불가분의 관계를 맺고 있다. 이런 측면에서 광고는 학교 현장에서 다양한 형태의 교수 · 학습자료로 활용되어 왔다. 학교 교육에서 광고리터러시가 필요한 이유를 몇 가지로 나누어 살펴본다.

첫째, 사회문화적 현상을 반영하고 있는 광고는 비판적 문화읽기의 중요한 소재가 된다.

상품 구매를 자극하는 광고는 소비자들을 설득하기 위해 사실적인 정보, 설득적인 언어 그리고 이미지 등 다양한 텍스트들을 사용한다. 최근의 광고 콘텐츠는 디지털 기술의 발달에 힘입어 신문, TV 등 전통적인 미디어를 넘어 비디오게임, 인터넷, 빌보드, 스마트폰 등에까지 확대되고 있다. 그야말로 광고는 이제 '어디에서나 볼 수 있는 텍스트(everywhere texts)'가 된 것이다. 이렇듯 일상화되어 있는 가운데 광고는 사람들의 소비행위는 물론 사회문화적 측면에서 다양한 긍정적, 부정적 영향을 미치고 있지만 광고를 비판적으로 읽는 방법을 교육받을 기회는 거의 없다. 이는 광고리터러시 교육의 필요성을 역설적으로 보여준다.

둘째, 광고는 표현 특성상 짧은 시간 내에 수용자의 주목을 끌고 브랜드를 기억시키기 위해 다양한 언어 전략을 사용한다.[171] 또 상세하고 직접적인 언어보다는 함축적이고 상징적인 언어를 많이 사용한다. 따라서 광고와 같은 다모드의 텍스트 읽기 학습은 학생들의 자기표현, 감정이입, 협동학습, 한번에 여러 대상에 동시에 관심을 갖는 능력, 즉 멀티태스킹과 같은 다양한 기능을 발전시키는 데 도움을 준다. 학교 현장에서 오랫동안 광고읽기를 실천해 온 대구 서부고등학교 김언동(2004) 교사는 이와 관련하여 광고 교육의 중요성을 다음과 같이 강조하고 있다.[172]

"우리의 실제 언어생활은 말과 글뿐만 아니라 몸짓, 표정, 다양한 기호 등의 여러 가지가 복합적으로 작용하여 이루어지는데, 대부분의 학교 수업에서 교사와 학생들은 수많은 의사소통 과정에서 실제 언어현상과는 동떨어지게 됩니다. 감성적으로 혹은 논리적으로 전달되는 광고를 통해서 학생들은 인간 생활의 다양한 언어 현상과 커뮤니케이션 기호들에 대해서 이해할 수 있기 때문에 광고는 좋은 교육 수단이 될 수 있습니다. 또한 효과적인 광고, 좋은 광고를 통해서 자신의 의견이나 주장을 전하는 방법도 알게 되고, 실제 광고를 제작함으로써 창작과 사회참여의 기쁨도 누릴 수 있습니다. 타인과 사회에 대한 이해와 배려가 부족한 요즘의 학생들에게 광고는 나를 둘러싼 주변세계를 이해하고 대처하는 방법을 제시합니다."

셋째, 광고는 또한 창의적 사고의 전제가 되는 확산적 사고(divergent thinking)를 향상시킬 수 있는 다양한 소재들을 가지고 있다. 광고는 소비자를 설득하기 위해 혹은 소비자에게 호의적인 반응을 얻기 위해 기본적으로 설득커뮤니케이션에 기초한 창의성을 주된 내용으로 한다. 광고 텍스트의 이러한 특성은 확산적 사고, 나아가 창의성을 학습할 수 있는 좋은 계기를 제공한다.

세계의 광고리터러시 교육단체

우리나라의 경우 광고리터러시를 체계적으로 실시하는 기관이나 단체가 없지만 외국의 경우 다양한 기관 및 단체에서 이를 시행하고 있다. 세계에서 가장 체계적이고 모범적인 광고리터러시 교육을 실시하는 곳이 바로 영국의 미디어스마트*이다. 6세에서 11세까지의 어린이들이 광고를 비판적으로 생각하도록 가르치기 위해 개발된 이 프로그램은 영국뿐만 아니라 프랑스, 독일, 핀란드 등 유럽 각국의 교육기관이 차용하고 있을 정도로 높은 인기를 구가하고 있다.[173)]

미디어스마트가 2004년 후반에 교수용 자료로 제작한 비 아드와이즈2(Be Adwise2) 프로그램은 영국 전역의 7,000개 이상의 학교에서 활용되고 있다. 영국의 미디어리터러시 전문가들의 주도로 만들어진 이 프로그램은 초등학생들을 주 타깃으로 만들어진 것이다.

비 애드와이즈2는 기본적으로 미디어리터러시 교수법을 기초로 이루어지는데, 광고리터러시에 초점을 두고 광고에 대한 비판적인 이해와 말하고 쓰는 능력을 기르는 내용으로 구성되어 있다.[174)] 학습과정은 능동적인 학습과 발견에 기초하여 토론, 집단작업, 여러 가지 미디어 형식에 대한 실천적 소통 및 열린 질문 형태로 이루어진다. 또 광고가 본질적으로 해롭다거나 혹은 이롭다는 전제에서 벗어나 객관적인 시각을 유지한다는 점도 특징적이다.

전체적인 내용은 창의적이고 활동적인 수업이 되도록 고안되어 있으며 게임, 역할놀이, 어린이 체험 및 인터랙티브 DVD를 사

---

* www.mediasmart.org.uk

용하여 광고에 대한 이해를 돕고 있다. 인터랙티브 DVD에는 광고 영상물과 교사용 자료가 들어 있다.

세 가지의 교과과정이 있으며 각 과정마다 자세한 교사 지침서, 커리큘럼 내용, 수업 계획서, 학습 활동지 및 실제 광고물인 비디오 클립이 제공된다. 모든 자료는 온라인으로 볼 수 있으며 각 과정의 구성내용은 다음과 같다.

제1과정 광고와 광고에 사용된 기법 소개

주제 1. 광고와 너

주제 2. 광고 안에는 무엇이 있나?

주제 3. 놀라운 광고놀이를 하자

주제 4. 아이디어를 파는 광고

주제 5. TV광고의 언어 배우기

주제 6. 화면에서 팔 때

주제 7. 보기에서 만들기로 : 너만의 TV광고를 만들어 봐

주제 8. 광고 만드는 법

주제 9. 유명인 팔기

주제 10. 광고가 틀렸을 때

주제 11. 영화와 제품

주제 12. 광고를 둘러싼 논쟁

제2과정 어린이를 대상으로 하는 광고와 이를 알아보는 법

주제 1 .너에게 초점 맞추기

주제 2. 장난감 광고

주제 3. 광고 속 환상

주제 4. 시기별 장난감 광고

주제 5. 광고를 위해 만들어지는 캐릭터

주제 6. 패스트푸드 광고에서 장난감

주제 7. 좋아하는 캐릭터로 음식 팔기

주제 8. 음식과 음료를 파는 유명인

제3과정 어린이에게 비상업적 광고 소개

주제 1. 너의 마음을 바꾸는 광고

주제 2. 충격 전술

주제 3. 교통안전 캠페인

주제 4. 비상업적 광고와 유명인

주제 5. 대의명분 마케팅

디지털 애드와이즈와 디지털 애드와이즈 티 모바일

디지털 애드와이즈는 비 애드와이즈2에 이어 나온 프로그램으로 광고리터러시 영역을 온라인으로까지 확장한 것이다. 이 프로그램은 비주얼 리터러시와 설득적 글쓰기를 가르치면서 아이들에게 인터넷의 상업적 속성을 가르치고 온라인 마케팅 기법들을 잘

이해하는 데 도움을 주는 내용으로 구성되어 있다. 인쇄 및 동영상 광고를 학생들이 보거나 읽고 이해하고 만들고 토론하는 능력을 개발하는 데 주목적을 두고 있다.

적용한 미디어리터러시 기법들.[175)]

- 광고의 언어
- 다양한 미디어 형태에서 실제 광고는 어떤 의미를 가지고 있는가?
- 이미지, 사운드 카피 및 편집은 인쇄, 라디오 및 TV 광고에서 어떤 역할을 수행하는가?
- 광고주는 어떻게 특정 수용자 및 시장을 공략하는가?
- 광고는 수용자에게 도달하기 위해 어떻게 배치되는가?
- 수용자는 어떻게 광고에 반응하는가?
- 캠페인은 초기 소개에서 마지막 상품에 이르기까지 어떻게 개발되는가?
- 광고대행사의 기능과 제작과정
- 광고법규와 규제
- 광고의 메시지와 반영되는 가치
- 광고에서 사용하는 다양한 성, 연령, 사회, 문화, 인종 및 라이프스타일
- 상품광고와 연관된 가치와 라이프 스타일

– 논쟁적인 광고 기술

– 광고에서 유명인과 인물의 이용

– 어린이 대상 식품 및 음료 광고

– 어린이 대상 장난감 광고

– 애니메이션

디지털 애드와이즈 티 모바일은 디지털 애드와이즈 수업과 연계해서 광고캠페인이 바이럴 마케팅과 소셜미디어를 통해 사람들을 설득하기 위해 어떤 기법을 사용하고 또 어떻게 제작되는지를 가르치는 프로그램이다.

미국 연방거래위원회(The Federal Trade Commission: FTC) 역시 글로벌 PR기업 플레시먼 힐러드(Fleishman–Hillard)와 손잡고 아동을 대상으로 하는 광고리터러시 교육프로그램을 운영하고 있다. 국가의 공식 기관이 광고리터러시 프로그램을 운영하는 것도 특이하지만 무엇보다도 내용이 체계적이고 아이들이 좋아하는 캐릭터와 애니메이션으로 구성되어 있어서 교사들은 물론 학생 및 학부도로부터 좋은 반응을 얻고 있다.

연방거래위원회의 광고리터러시 교육 프로그램은 8세에서 12세 사이의 어린이들을 대상으로 보다 합리적인 소비자가 될 수 있도록 하는 데 목적을 둔 일종의 캠페인성 광고 교육 프로그램이다.

세부적인 목표는 첫째, 광고와 마케팅에 관한 메시지들의 이해를 높이고 둘째, 광고물에 대해 분석하고 해석할 수 있는 비판적 사고 능력을 키우며 셋째, 합리적인 소비자의 이점을 체감할 수 있도록 하는 것이다.

이 프로그램의 주목적은 광고를 포함한 상업적 미디어 메시지를 분석하는 데 도움을 주기 위한 것이지만 광고 외에 뉴스기사와 문학작품을 포함한 비상업적 메시지를 평가하는 데 필요한 내용도 운영하고 있다.

이 프로그램은 애드몬고(ADMONGO)라는 홈페이지를 통해 운영되는데, '게임 기반의 웹사이트', '교실에서 사용할 수 있는 샘플 광고물', '전문가들에 의해 만들어진 무료 학습지도안', '교사연수용 비디오' 등 4개 과정으로 구성되어 있다.

홈페이지의 학습지도안 코너에는 학습지도 계획서가 있고 교실에서 사용할 수 있는 포스터와 워크시트, 그리고 활동지들이 패키지 형태로 제공된다. 수업은 광고에 대한 비판적 사고능력을 키우는 데 역점을 두면서 전체적으로 4단계로 이루어진다.

첫 번째 수업인 '광고 이해'에서는 광고가 무엇이고 광고물이 어떤 역할을 하며 광고 메시지의 생산자가 누구인지에 대한 이해를 넓히는 수업이 이루어진다. 수업의 목표와 함께 수업자료, 그리고 세부적인 수업지침 등이 자료로 제공된다.

두 번째 수업인 '광고 타기팅과 광고기법'에서는 광고주가 누구를 대상으로 어떤 설득기법들을 사용하는지에 대해, 세 번째 수업인 '광고 제작'은 광고물이 어떻게 제작되고 타깃이 어떻게 설정되는지를 학습한 다음, 광고물 제작을 위해 아이디어를 도출하고 광고물을 만들어보는 내용으로 구성된다. 여기에서는 팁으로 광고물을 제작할 때 고려해야 할 점들이 체크리스트 형태로 제시된다.

네 번째 수업인 '영리한 소비자'에서는 광고에 대한 이해가 스마트한 소비자가 되는 데 어떤 도움을 주는지에 대해 다룬다. 이 밖에 별도의 코너를 통해 교사들이 수업 중에 사용할 수 있는 비디오물을 운영하고 있으며 학부모 코너를 통해 아이들과 가족들이 함께 참여할 수 있는 온라인 게임 등도 운영하고 있다.

비판적 사고를 적용한 광고리터러시 수업사례

다음 사례는 초등학교 사회교과의 경제영역 수업의 일환으로 소비자의 구매욕구에 영향을 미치는 요인과 의사결정 요인을 탐구하도록 하기 위해 비판적 광고읽기 수업을 진행한 사례다. 다소 긴 분량이지만 수업지도 절차나 방법들이 자세히 나와 있어서 학교 현장의 교사들이 다양한 팁을 얻는 데 도움을 줄 수 있다는 생각에 비교적 자세히 소개한다. 이 수업의 목표는 다음과 같다.

학생들은 첫째, 광고에 대한 배경지식을 활성화할 수 있다.
둘째, 비판적 읽기를 통해 광고의 문제점을 찾아낼 수 있다.

셋째, 광고에 사용된 설득적 언어와 사실을 구분할 수 있다.

넷째, 광고 속의 시각적 이미지, 사실, 의견에 대한 판단을 내릴 수 있다.

다섯째, 광고의 목적과 타깃 오디언스를 파악할 수 있다.

배경지식 형성하기

초등학교 3학년 교사인 신디 하드우드(Cindy Hardwood)는 먼저 학생들의 배경지식을 끌어내기 위해 아서의 TV 트러블(Arthur's TV Trouble) 읽기를 시작으로 수업을 시작했다. 이 프로그램은 마크 브라운(Marc Brown)이 저술한 어린이 그림책 시리즈를 비디오로 제작한 교육용 TV 시리즈물로 아서를 주인공으로 어린이들의 일상을 다양한 모습으로 들여다볼 수 있도록 만든 것이다.

아서는 TV 만화영화를 보다 개에게 먹이를 주는 기계 광고를 보고 그것을 사고 싶어 안달이 난다. 하지만 기계 값이 너무 비싸 돈을 어떻게 마련할까 고민하다 이웃집 아저씨의 일까지 도와가며 열심히 돈을 모아 설레는 마음으로 기계를 샀다. 그러나 집에 와서 강아지를 앞에 놓고 기계를 작동시켜 보지만 강렬한 빛과 함께 로켓처럼 쏟아져 나오는 먹이 때문에 강아지가 많이 놀라게 된다. 광고에서 나온 내용과 실제 상품이 다르다는 것을 안 아서는 수업에서 '광고의 진실'에 대해 배우고 앞으로는 상품을 구매할 때 더 신중해야겠다고 다짐한다.

아서의 TV 트러블을 보여준 후에 교사는 학생들에게 광고와 관련한 그들의 개인적인 경험을 떠올려보게 했다. 그리고 학교 밖 어디에서 광고를 보았는지 생각하게 한 다음 학생들의 반응을 교육용 소프트웨어를 사용해 컴퓨터에 기록했다. 그 후 학생들이 집에 가서 주변의 광고물을 수집하고 가족들과 함께 이야기해 볼 수 있도록 수업 중에 기록한 학습지를 집으로 보냈다.

그 다음 수업에서는 학생들이 각각 집에서 가져온 광고물을 자신의 기준에 따라 분류하게 했다. 대부분의 학생들은 음식, 장난감, 컴퓨터 게임, 시각적 이미지들과 색깔 배합의 형태들, 상품에 대한 개인적 선호도, 그리고 어른, 어린이, 가족과 같이 주요 고객층이 누군지와 같은 기준을 바탕으로 광고들을 분류했다.

수업하기 : 특별한 텍스트 유형으로서 광고 이해하기

하드우드 교사는 광고 분류작업을 마친 학생들을 모아 놓고 광고에 대해 알게 된 사실을 질문했다. 그리고 "지금부터 무엇이 그 광고를 독특하고 특별하게 만드는지 자유롭게 생각해봅시다."라고 말하고 생각그물 만들기를 위해 원 하나를 그린 다음 학생들에게 "대부분 광고에서 공통적으로 발견할 수 있는 것은 무엇일까요?" 라고 물었다. 그녀는 화이트보드에 학생들의 대답을 하나하나 기록하면서 생각그물 만들기를 계속했다. 그런 다음 학생들에게 광고의 중요성에 대해 생각해보게 하고 불완전한 문장을 제시한 다음 짝과 함께 문장을 완성해 보도록 했다.

학생들에게 준 불완전한 문장의 예를 들면 다음과 같다:

광고에서 중요한 것은 ________________________ 이다.

그것은 ________________ 과 ________________ 이다.

그런 다음 교사는 학생들에게 광고를 비판적으로 읽는 것이 왜 중요한지 그리고 앞서 보여주었던 아서의 TV 트러블에서 아서가 더 나은 구매를 하도록 어떻게 도울 수 있는지에 대해 생각해 보게 했다. 하드우드 교사는 대형 차트에 학생들의 반응을 기록했고 그것을 교실에 매달아 놓았다. 그리고 학생들의 생각을 종합해서 다음과 같은 진술문을 만들어냈다.

"광고는 무엇인가를 사도록 설득한다. 광고를 주의 깊게 읽지 않는다면 속을 수 있다."

시범 읽기 : 소리 내어 생각하기(Think-aloud)로 시작하기

이어서 하드우드 교사는 어떻게 광고를 읽어야 하는지 시범을 보였다. 그녀는 PPT를 활용하여 스캔한 장난감 자동차 광고를 화면에 제시하고 큰 소리로 읽어 나갔다. 그리고 다음과 같이 말했다.

"자 여러분, 이제 선생님이 실제 모둠에서 하는 것처럼 이 광고를 읽는 동안 무엇을 생각했는지 여러분에게 말해줄 거예요. 여러분은 선생님이 하는 것을 잘 보고 있다가 시범이 끝났을 때 여러분이 알게 된 것을 말하면 됩니다. 이제 시작합니다.

선생님이 처음 이 광고를 보았을 때 든 생각은 사진의 밝은 색깔들과 사진의 섬세함이에요. 네 대의 차가 있고, 각각의 차들은 매우 빠르게 움직이고 있는 것처럼 보였어요. 왜냐하면 타이어 주위에 흰 원들이 있기 때문이에요. 그 흰 원은 이 그림에 아주 많은 움직임이 있다는 것을 말해주죠. 이 자동차를 '핫휠(Hot Wheels)'이라고 해요. 선생님의 아들이 어렸을 때, 이 장난감 자동차를 가지고 노는 것을 좋아했어요.

사진 밑에는 몇 개의 다른 단어들이 있네요. 이 단어들은 각기 다른 컴퓨터 게임들의 상표 이름이네요. 선생님 아들이 닌텐도 게임기인 위(Wii)를 가지고 있고 여러분 중 몇몇은 게임의 날에 학교에 닌텐도 게임을 가지고 왔었기 때문에 그 단어들이 게임기와 관련이 있다는 것을 알아냈어요.

차 그림 밑에도 단어들이 있네요. 이것을 읽어보면, '위험한 폭발물' 그리고 '세상에서 가장 멋진 차'라고 되어 있네요. 선생님은

이 단어들을 읽으면서 매우 흥미로웠어요. 선생님 생각에 이 광고는 이 차들이 재미있고 흥미로운 것이며 만약 이 게임을 하게 된다면 절대로 지루하지 않을 것이라고 말하는 것 같아요."

하드우드 교사는 시범 읽기를 한 후에 자기 점검표를 학생들에게 제시하고 자신의 시범읽기를 평가해 보게 했다.

주요 용어 설명하기

하드우드 교사는 이어서 "대부분의 광고들은 시각적 이미지, 사실 그리고 의견을 담고 있다"라고 말하고 "시각적 이미지는 무엇인가를 이야기하거나 숨겨진 의미를 지니고 있다"라고 설명했다. 여기에서 말하는 시각적 이미지는 그림, 사진, 상징 등을 의미한다. 그러고 나서 하드우드 교사는 학생들에게 교실 주위를 둘러보게 한 다음 시각적 이미지를 발견하게 되면 손을 들게 했다. 학생들은 "내가 본 시각적 이미지는 ___________ 이다."라는 문구를 반복하면서 함께 이미지를 찾았다.

그 다음에는 의견과 사실이라는 용어에 대해 설명했다. 사실은 진실을 말하고 확실한 정보를 주는 단어이다. 의견은 판단을 나타내는 단어이다. 의견을 나타내는 많은 단어들은 '가장 좋은', '가장 나쁜', '최고의' 등과 같은 비교에 주로 사용된다. 의견을 나타내는 단어들은 고객들을 설득하고 확신하도록 하기 위해 고객들이 필요로 하고 구매하길 원하는 광고에 사용된다.

하드우드 교사는 이어서 장난감 자동차 핫휠을 학생들에게 보여주고 그 장난감에 대한 한 가지 사실과 한 가지 의견을 생각해보게 했다. 그러고 나서 포스트잇을 나누어 준 다음 학생들에게 자신의 답을 적게 하고 한 학생씩 불러 전체 학생들 앞에서 자신이 생각한 사실과 의견에 대해 이야기를 나누게 했다.

짝과 함께 소리 내어 읽고 생각하기

하드우드 교사는 시범 읽기에 이어, 학생들에게 자신이 수집한 광고들 중에 세 가지를 골라 짝과 함께 소리 내어 읽으면서 생각하기를 해 보도록 했다. 학생들의 소리 내어 읽기를 평가하는 데 도움을 주기 위해 모든 학생들에게 자기점검 기록지를 나누어 주고 광고를 읽고 난 후에 그것을 작성하도록 했다.

광고 비교, 대조하기

이어서 학생들에게 언어차트를 이용해 3개의 다른 광고를 비교해 보게 했다. 그리고 교실의 왼쪽 벽에 세 개의 광고 예시문을 그려놓고 차트 위에는 5개 질문을 적어 놓았다. 하드우드 교사는 다시 핫휠 광고를 활용하여 학생들에게 그녀가 학생들의 단어들을 차트 위에 기록하는 동안 각각의 질문에 대해 답을 작성하게 하고 각각의 광고마다 이 과정을 반복했다. 그녀는 각각의 광고의 시각적 이미지, 목적, 목표로 하고 있는 고객을 비교하기 위해 세 편의 광고를 읽게 하는 것으로 이 활동을 마쳤다.

시범을 보여준 후에 학생들을 네 그룹으로 나누고 모둠에서 함께 읽고 평가하기 위한 광고가 하나씩 주어졌다. 이 단계에서 각 모둠의 구성원은 저마다 역할을 맡게 된다. 그 역할은 기록하는 사람, 광고 비평가, 시간 기록원 그리고 발표자로 나누어진다. 학생들은 그들의 반응을 전체 학급과 함께 사용하는 언어차트와 동일한 차트에 기록했고 그것을 바탕으로 그들의 활동 결과를 발표했다.

쓰기 활동

이 수업의 마지막 단계에서는 학생들이 특정의 물건을 선정해서 광고물 제작 계획을 세우고 실제 광고물을 만들어 보게 했다. 하드우드 교사는 학생들에게 만든 광고물을 만들 때 고려해야 될 점들을 체크리스트 형태로 제시하고 학생들이 그들의 광고를 완성했을 때, 체크리스트에 기록된 각각의 기준을 가지고 토론하게 했다.

개별 지도하기

하드우드 교사는 학생들의 수준과 특성에 맞추어 교수법을 달리했다. 예를 들면, 광고 학습의 시작 단계에서는 '광고에 있어서 중요한 것'을 쓰는 활동을 하기 위해 짝과 함께 활동하도록 해주었다. 대다수의 학생들은 짝에게 자신의 반응을 기록하게 한 다음 둘이 협동해서 문장의 빈칸을 채우게 된다. 또 국어 수업에 참여하는 학생들과 함께 단어와 그림으로 언어차트를 만들었고 이 차트를 복사하여 학생들이 책상 위에 놓도록 했다.

광고읽기 시범을 보이는 동안 하드우드 교사는 텍스트를 읽고 생각하면서 무엇을 할 것인지를 설명하기 위해 시각적 비계(책 속의 그림과 머릿속의 그림)를 사용했다. 이 시각적 비계는 학생들이 읽기의 과정을 이해하는 데 도움을 주었고 또한 텍스트 이해를 위해 독자들이 사용하는 전략을 떠올리게 했다.

광고물 만들기 활동을 한 후에 몇몇 학생들은 교사와 일대일 면담을 통해 완성한 광고를 평가받았다. 교사는 체크리스트에 있는 각각의 기준을 읽으면서 학생들의 작품을 평가했다. 이 수업을 하는 동안 교사는 학생들이 숨겨진 다양한 주제를 다시 찾을 수 있도록 도와주는 커다란 차트와 그것을 게시할 수 있는 넓은 공간을 만들었다. 예를 들면, 그녀는 사실과 의견의 정의를 강조하는 포스터를 만들고 그것을 학생들이 볼 수 있도록 교실에 게시했다. 그와 동시에 두 개의 학습센터를 만들었다. 하나는 아서의 TV 트러블을 위한 읽기와 듣기 센터이며, 다른 하나는 학생들이 다양한 미디어와 오디오 중심의 광고를 접할 수 있게 하는 컴퓨터 학습센터이다.

정리 및 반성적 평가

하드우드 교사는 수업을 진행하면서 학생들의 학습활동을 평가하기 위해 단원 전체에 걸쳐서 반 학생들의 학습과정을 면밀히 관찰했다. 그리고 개별 학습 및 모둠 학습에 대해 매일 수행 평가서를 작성했다. 교사는 또 학생들의 자기 평가와 모둠에서 만든 언어 차트를 모았다. 개인 또는 그룹이 사실과 의견의 차이와 같은 개념을 이해 못했다거나 시각적 이미지에 대해 이해하지 못했을 경우 보다 명확한 설명을 통해 다시 지도했다.

하드우드 교사는 마지막 종합평가로서 광고물 만들기 활동을 하도록 했다. 학생들은 자신만의 광고를 만드는 것으로 단원을 마치게 되고 교사는 학생들과의 개별 면담을 통해 활동 결과물을 확인했다. 교사는 학생들에게 자신들의 광고가 체크리스트에 명시된 기준을 얼마나 충족시켰는지에 대해 설명하게 했다. 이 개별 면담과 체크리스트의 정보를 기초로 하드우드 교사는 많은 학생들이 광고에서 중요한 개념인 '타깃 오디언스'에 대해 잘 모르고 있다는 점을 발견했다.

하드우드 교사는 이 지역에 있는 광고회사에 도움을 청해 전문가를 일일교사로 초청하여 광고를 만들 때 타깃 오디언스를 고려하는 것이 얼마나 중요한지에 대한 특강을 의뢰했다. 학생들은 광고를 실제로 만드는 '전문가'와 만나는 것을 즐거워했다. 그와 함께 하드우드 교사는 많은 광고 회사들이 효과적인 광고를 만들기 위해 사전에 잠재고객들의 니즈를 알기 위해 온라인 및 면대면 설문조사를 한다는 것을 알려 주었다. 하드우드 교사는 내년에 이 단원을 다시 구성할 때에는 타깃 오디언스의 중요성과 비판적 읽기와 광고 만들기를 할 때에 설득적인 글쓰기를 좀 더 강조해야겠다는 계획을 세우고 수업을 마쳤다.

TV 광고 읽기 수업

다음은 고등학교 1학년 미술시간에 TV광고 읽기를 시도한 수업 사례다.[178] 이 사례는 시각문화 텍스트로서 TV 광고의 의미를 사회문화적 맥락에서 읽어내고 자신의 사고와 가치관에 미치는 영향을 비판적으로 인지할 수 있도록 하는 데 목적을 두고 8차시에 걸쳐 이루어졌다.

이 수업을 위해 2012년 12월부터 1월까지 미술교과에서 요구하는 비평능력과 바람직한 시각문화교육의 방향에 대해 문헌연구를 했으며, 비평 수업에 시각문화 텍스트로서 TV광고의 의미를 읽어보고 새로운 의미를 생성해보는 교수방안의 적용 및 도입을 모색했다. 그리고 고등학교 1학년 미술교과에서 '광고읽기' 단원을 선정하여 각 차시별 교수학습 지도안과 평가도구를 설계하고 학습지 등을 제작했다.

이 수업에서 비평 수업의 제재로 활용한 광고는 공중파 TV에서 방영된 현대자동차 PYL 광고, 니콘 1 J2 '찍는 모습까지 아름답다' 편, 주류광고 '처음처럼 Girl's' 편, 삼성 ATIV 스마트PC 광고 등 4편이다.

전체 수업은 TV광고 텍스트 읽기, TV광고가 문화를 반영 혹은 조장함에 대한 토론하기, 상품의 의미를 새롭게 생성하는 광고 기획하기의 절차로 이루어졌다. 이와 함께 연구 수업에 따른 비평능력 향상 여부를 알아보기 위해 사전, 사후 비평문을 작성하게 했다.

먼저 1차시에는 강의식 수업으로 '시각문화로서 TV광고 인식하기'를 주제로 실시했다. 주요 내용 및 활동은 '삼성 스마트 PC광고를 보고 비평문을 작성해 봄으로써 비평 학습의 중요성을 인식한다', '광고의 종류와 일반적 기능을 파악한다', 'TV광고를 주체적, 비판적으로 수용해야 하는 이유를 이해한다' 등이다.

2차시에서 4차시까지는 강의식 수업과 협동학습을 적용하여 TV광고 텍스트 읽기 수업을 진행했다. 먼저 강의식 수업에서는 '객관적 의미 읽기→함축의미 읽기→숨겨진 사회 · 문화적 의미 읽기'의 3단계를 적용하여 현대자동차 PYL 광고 텍스트를 분석했다. 협동학습에서는 학생 자신이 단계별 분석방법을 적용하여 니콘1 J2 TV광고의 의미를 읽어내고 학습지를 완성했다.

5차시 수업에서는 TV광고의 문화 반영 및 조장 가능성에 대한 토론을 실시했다. 주요 내용 및 활동은 '처음처럼 광고의 사회 · 문화적 의미를 읽어낸다', 'TV광고가 우리의 사고와 행동에 미치는 영향을 비판적으로 인식한다', '광고의 순기능과 역기능에 대한 자신의 의견을 논리적으로 전개해 본다' 등이다.

6차시와 7차시는 '상품의 의미를 새롭게 생성하는 광고 기획하기'를 주제로 조별 활동을 실시했다. 주요 내용 및 활동은 '상품의 의미를 새롭게 생성해보는 TV광고를 기획한다', '주제를 구체적으로 선정하고 스토리보드 작업을 한다' 등이다.

마지막 8차시에서는 발표식과 강의식을 혼합하여 스토리보드를 감상하고 학습내용을 정리하는 시간을 가졌다. 주요 내용과 활동은 '새로운 의미 생성의 측면에서 완성된 광고물을 감상한다', '학습한 내용을 종합 정리한다', '1차시에 보여주었던 삼성 스마트 PC 광고를 보고 사후 비평문을 작성한다' 등이다.

김지영은 수업을 실시한 후에 학습자가 작성한 사전, 사후 비평문을 비교하고 비평 및 토론과정을 녹취한 자료와 실기결과물을 종합한 질적 분석을 실시했다. 비평문 분석의 기준은 첫째, TV광고를 특정 가치관을 전달하는 텍스트로 인식하고 비판적으로 수용했는지, 둘째, 비평방법을 이해하고 이를 적용하여 TV광고가 내포한 의미를 읽어냈는지, 셋째, 타당한 근거를 들어 논리적으로 자신의 판단을 서술했는지 등을 설정했다.

분석 결과, 사전 비평문에서 학생들은 광고가 상품의 장점을 과장한 것이나 상품의 사용에 뒤따르는 폐해를 비판하는 등 초점이 빗나간 비평을 한 것으로 나타났다. 또 막연한 느낌이나 개인적인 선호에 따라 광고를 평가하거나 광고에 표면적으로 드러난 의도를 분석하는 등 비평에 대한 개념과 관점이 분명하게 잡혀있지 않았다. 하지만 사전, 사후 비평문을 비교 분석한 결과 37명 중 28명에게서 유의미한 차이가 나타났다.

첫째, TV광고 안에서 특정 대상이 어떤 식으로 묘사되고 있는가를 비판적으로 인식하게 되는 변화가 나타났다. 둘째, 비평방법을 적용하여 체계적으로 TV광고 텍스트를 분석하고 이로부터 광고가 어떠한 가치관이나 고정관념을 반영 및 조장하고 있는지 읽어냈다. 셋째, 광고 안에서 전보다 다양한 구성요소들을 폭넓게 분석하고 이를 근거로 자신의 해석과 판단을 논리적으로 주장했다. 또한 비평과정에서 학생들은 서로의 의견을 교환하면서 각자의 주관적인 해석을 검토하고 종합하여 보다 객관적인 판단을 내렸으며, 토론과정에서도 자신의 생각을 말로써 설득력 있게 표현하고자 노력하는 모습을 관찰할 수 있었다.

실기결과물의 경우, 연구대상 37명 중 31명이 원래광고의 구성요소들을 재기획하여 새로운 의미를 생성하고 스토리보드로 표현했다.

이러한 결과를 바탕으로 연구자는 'TV광고 비평수업은 TV광고를 비판적으로 수용하고 능동적으로 대처하는 태도로의 변화와 함께 광고텍스트를 체계적으로 분석 및 해석하는 능력, 그리고 이를 효과적으로 언어화하는 면에서 학습자의 전반적인 비평능력 향상에 유의미한 영향을 주었다'라고 결론을 내렸다.

– 광고리터러시

답은 https://blog.naver.com/csnhwang/221202061875 참조

연습문제 4–6 : 다음 중 간접광고에 해당하는 것은?

1. TV 속의 인물이 특정 상표의 스마트폰을 사용하고 있는 경우
2. 대통령이 경제정책에 대해 발언하고 있는 경우
3. 영화를 보면서 팝콘을 먹고 있는 경우
4. 케이블 TV를 보다가 위성방송으로 채널을 바꾸는 경우

연습문제 4–7 : 유명한 뮤지션들이 등장하는 광고를 봤을 때 우선적으로 생각해야 하는 것은

1. 뮤지션들은 광고되는 상품의 애호가들이다.
2. 음악 가사가 매우 설득력 있다.
3. 그들은 상품을 그들의 인기와 유명세에 연결시키고 있다(o)
4. 모든 사람은 음악을 좋아한다.

연습문제 4–8 : 스포츠용품 업체인 나이키는 1996년 올림픽에서 'You don't win silber. You lose gold'이란 내용의 문안을 사용했다. 우리말로 번역하면 '당신은 은메달을 딴 것이 아니라, 금메달을 잃은 것이다'로 표현할 수 있다. 비판적 사고를 적용한 미디어리터러시

의 다섯 가지 핵심개념에 근거해서 이 광고 문안을 분석해 본다.

연습문제 4-9 : 광고는 일반적으로 '확인 가능한 광고주가 다양한 매체를 이용하여 상품이나 서비스의 교환을 창출하거나 유지하기 위해 유료로 행하는 일방 또는 상호작용적 마케팅커뮤니케이션'이라고 할 수 있다. 이러한 정의는 광고의 마케팅 기능을 강조한 것이지만 광고는 일상 생활과 소비활동, 사회문화적 현상과 불가분의 관계를 맺고 있어서 여러 가지 논란을 불러일으키고 있다. 광고의 사회적 역할 및 기능을 다음과 같이 구분하고 모둠별로 찬반 토론을 해 본다.

시장 지배력과 경쟁 측면

가격 효과

사회적 영향

문화적 영향

3. 미디어리터러시와 비판적 사고를 적용한 자유학기제 프로그램

우리나라의 자유학기제 개요

중학생을 대상으로 시행되던 자유학기제가 2018년부터 자유학년제로 확대 시행된다. 이에 따라 경기도, 광주광역시, 강원도 지역의 전 중학교를 포함해서 전국적으로 1,470개의 중학교가 자유학년제로 전환한다.

우리나라에서 실시하고 있는 자유학기제는 중학교 과정 중 한 학기 동안 학생들이 시험 부담에서 벗어나 꿈과 끼를 찾을 수 있도록 토론 · 실습 등 학생 참여형으로 수업을 개선하고, 진로탐색 활동 등 다양한 체험 활동을 독려하는 데 목적을 두고 있다.

자유학기제 교육과정은 국어 · 영어 · 수학 · 사회 · 과학 등의 기본교과로 구성된 '공통과정'과 학생의 흥미와 관심사를 기반으로 구성된 '자율과정'으로 구분할 수 있다.[179] 물론 두 과정 모두 중요하지만 꿈과 끼를 찾는 취지에 비추어 볼 때, 다양한 사회현상을 접할 기회를 부여하는 자율과정은 그 의미가 더 크다고 할 수 있다.

자율과정은 다시 진로탐색, 학생 선택 프로그램, 동아리 활동, 예술 · 체육 등 네 가지 유형으로 구분된다.* 진로탐색 중점모형은

* 각 유형별 운영방법은 학생이 선택하며 교수자는 학교 교사 및 외부 강의자로 이루어진

학생들에게 진로 탐색의 기회를 제공하는 데 일차적인 목적을 두고 학습 내용도 진로 및 직업 관련 내용이 주를 이룬다. 일반적으로 행해지는 교육활동은 진로검사, 초청강연, 포트폴리오 제작 활동, 직업리서치, 모의창업 등이 있다.

학생 선택 프로그램 중점모형은 학생에게 전문화된 프로그램 학습기회를 제공하는 데 목적을 두고 학생들의 관심사에 따라 다양한 활동을 하도록 하고 있다. 동아리 활동 중점 모형은 학생들 간에 자치적, 자율적 활동 기회를 제공하는 데 목적을 두고 있으며 학생들의 관심사에 따라 다양한 진로활동을 수행한다. 예술 · 체육 중점 모형은 학생들에게 다양한 예술 및 체육 활동 기회를 제공하는 데 목적을 둔 것으로 음악, 체육, 미술 등 학생들이 자유롭게 선택할 수 있다.

자유학기제의 시행 취지와 목적, 그리고 교육과정의 내용을 볼 때 미디어리터러시는 중요한 의미를 갖는다. 미디어리터러시는 자유학기제 교육과정에서 강조하는 학생들의 미래역량 강화, 교수 · 학습의 혁신, 진로교육 등의 요소들을 기본적으로 포함하고 있기 때문이다.[130] 실제로 미디어리터러시 교육은 자유학기제의 다양한 교육과정에 두루 적용될 수 있다. 이런 맥락에서 자유학기제와 연관된 미디어리터러시 프로그램이 다양하게 전개되고 있으나 대부분 제작 중심의 교육이나 미디어 분야의 진로 체험 등에 국한되어

다. 다만 동아리 활동의 경우 교사가 지원자 역할을 수행한다.

있다. 또 미디어리터러시의 본질이자 핵심역량을 강조한 2015 개정 교육과정에서 강조하고 있는 비판적 사고를 적용한 프로그램도 매우 드문 실정이다.

아일랜드 전환학년제 개요

그러나 자유학기제의 원조격인 아일랜드의 경우 전환학년제 프로그램에 비판적 사고를 적용한 미디어리터러시를 폭넓게 활용하고 있다. 1974년에 처음 도입된 아일랜드 전환학년제(transition year)는 중학교 과정을 마친 학생들이 고등학교 과정에 들어가기 전에 1년 동안 시험 등으로 인한 공부의 부담을 최소화하여 학업 이외의 외부세계에 대한 학습 기회를 제공하기 위해 시작했다.

그러나 교육 개혁 차원에서 실시된 아일랜드의 전환학년제 역시 초기에는 별다른 호응을 받지 못했다. 그 후 시행과정에서 보완에 보완을 거듭한 끝에 최근에는 시행학교가 600개 이상으로 늘어났으며 참여학생 수도 전체 중학교 졸업자의 절반이 넘는 3만 명에 달하고 있다.[181]

현재 시행되고 있는 아일랜드 전환학년제는 대략 네 가지 유형으로 분류할 수 있다.[182]

첫 번째는 필수과목(core subjects) 학습이다. 모든 학생들이 1년 동안 배우는 과목으로 영어, 아일랜드어, 수학, 언어 및 문화탐구,

예술 등이다. 두 번째는 선택과목(rotation subjects)으로 고등학교 과정에서 배우게 될 물리, 생물, 지리, 역사, 음악, 포토샵, 프로그래밍, 가정경제, 경영학 등의 과목으로 구성된다. 세 번째는 특별활동(other timetabled activities) 수업이다. 이는 체험활동 중심의 프로그램으로 지역사회 봉사활동(community service), 뮤지컬 제작, 연구프로젝트 및 보고서, 연간 다양한 활동과 경험, 업적을 수록한 포트폴리오 작성(TY portfolio), 직업 체험 및 기술 습득(careers and study skills), 직업 경험(work experience) 등으로 구성된다. 이 특별활동 중에서 학생들이 IT 멘토가 되어 노인들을 멘토링해주는 '로그온런(Log on Learn)'이나 다양한 지역사회 개선을 위해 참여하는 '청소년 사회혁신가(Young Social Innovators)' 등은 특별히 인기를 끈 특별활동의 사례로 꼽히고 있다.[183] 또 학생들이 모의회사를 세운 뒤 다양한 제품을 함께 만들어 판매하거나 서비스를 제공하여 수익창출 방법을 익히고 체험하는 '미니컴퍼니(mini-company)' 활동도 있다. 학생들은 이 활동을 통해 사업경영, 문제해결, 팀워크 등에 대해 배우게 된다.

네 번째는 다양한 경시대회에 참여하는 강화활동(enrichment)이다. 강화활동 중에서 가장 인기를 끌고 있는 프로그램은 가시카(An Gaisce) 프로그램이다. 이 프로그램은 남과의 경쟁이 아니라 자신의 성취를 평가하고 격려하는 성격을 지닌다. '지역사회 참여', '개인 기술', '체육활동', '모험여행' 등 네 가지 영역에서 성취도가 높은 학생에게 대통령상이 수여된다.

청소년 과학자(BT Young Scientist) 경시대회는 영국통신사인 브리티시 텔레콤이 지원하는 프로그램으로 중고등학생이 1년 동안 연구 개발한 과학연구 활동을 격려하기 위해 일종의 콘테스트이다.

아일랜드 전환학년제의 최대 강점은 학생들이 보다 자유로운 환경에서 자신의 관심사와 주제를 선택해 실현해 볼 수 있는 프로그램들이 많다는 점이다. 특히 미디어 영역은 그 특성상 언어, 문화 및 정치, 사회 등 다양한 측면과 연계되어 있어서 전환학년제에 접어든 학생들의 많은 관심을 받고 있다. 그중에서도 미디어리터러시 프로그램은 21세기 핵심역량으로 강조되고 있는 비판적 사고 역량을 키울 수 있을 뿐만 아니라 능동적이고 참여적인 시민성을 개발할 수 있는 기회를 제공한다는 점에서 전환학년제의 취지에 잘 부합된다.

특히 현재 시행되고 있는 전환학년제에서 영어 커리큘럼은 미디어 탐구모듈을 통합했을 뿐 아니라 보다 광범위한 의미에서 미디어리터러시와 연계 학습을 허용하고 있다. 이에 따라 학생들은 라디오와 영상물 제작, 그리고 온오프라인 잡지 제작을 통해 영어 수업에서 흔히 하는 것보다 넓은 시각에서 읽기, 시청하기, 쓰기를 경험할 수 있다.

미디어리터러시를 적용한 전환학년제 프로그램 1 : 무빙 이미지

현재 아일랜드에서 전환학년제와 미디어리터러시를 접목한 사례 중에서 가장 성공한 사례로 꼽히고 있는 프로그램은 아일랜드 영화연구소(The Irish Film Institute)의 혁신적 전환학년제 모듈인 '무빙 이미지(moving image)'이다.[184] 이 프로그램은 청소년들에게 영화에 대한 경험을 넓혀주고 또 국가적으로 집중 지원하고 있는 커리큘럼을 지원하기 위해 특별하게 고안된 프로그램으로 영상이미지 교육이 교실 안에서 어떻게 수행될 수 있는가를 잘 보여주는 사례이다. 이 프로그램은 영화 관람을 한 후에 비판적 사고를 바탕으로 그 영화에 대해 토론을 하고 그 밖에 부대적인 활동을 수행하는 프로그램이다. 영화에는 일반 대중용 영화뿐만 아니라 독립영화, 문학영화 다큐멘터리물 등이 포함된다.

이 프로그램을 위해 상세한 교수학습 지침서도 제공하고 있는데 아일랜드 영화연구소가 밝힌 기본적 목적은 영화 및 영상 이미지에 대한 비판적인 사고와 능동적 참여를 촉진시키기 위한 것이다.

미디어리터러시를 적용한 전환학년제 프로그램으로서의 영상이미지 교육은 전체 45시간 동안 실시하는 것으로 되어 있다. 그리고 최소 3개 이상의 영화 상영, 그것도 학교 밖에서 최소 2회 이상을 전제조건으로 한다. 이러한 활동을 원활하게 하기 위해 아일랜드 영화연구소는 홈페이지*를 통해 수많은 교수학습지침서와 사례들을 제공하고 있다.

무빙이미지 수업의 공식 명칭은 '전환학년제 영화수업(Film & Filmmaking in Transition Year)'이며 영화 및 영상 이미지 감상, 영화 및 영상 이미지의 관습과 규약 분석, 영화의 역사에 대한 사례조사, 학생들의 단편 영화 제작 및 전시, 실제 영화 제작사나 제작자들과의 공동 제작 활동 등으로 구분된다.[185] 참가대상자는 전환학년제 학생들이며 적용 가능한 교과는 예술 및 전환학년제 영어이다. 이 프로젝트를 담당하는 수석교사는 영화학 석사학위를 가진, 12년 이상 중학교에서 영화를 지도한 교사이다.

시와 문학작품을 단편 영화로 만들어보기, 다큐멘터리 만들기, 그리고 전환학년제 영화 수업 등을 포함 총 12개 유형으로 구분되어 있다. 교과과정은 1년 과정으로 구성되며 1학기 때에는 다양한 영화를 감상하고 영화 일반에 대한 지식과 영화의 메커니즘, 영화 언어에 대해 배운다. 예를 들면 수업 초기에는 뤼미에르 형제가 만든 초기 영화 작품들을 관람하고 영화와 관련된 다양한 역사적 사건과 사례들, 그리고 영화사조를 조사하고 분석하는 학습을 한다. 이어서 영화의 관습과 규약 등 영화 언어에 대해 배우고 영화를 비판적으로 분석, 평가하는 학습을 한다. 2학기 때에는 모둠별로 다

---

* www.irishfilm.ie

양한 영화 작품들을 분석하면서 영화대본과 스토리보드를 공동으로 만드는 작업을 한다. 그러고 나서 영화를 만드는데 필요한 기술적 요소, 조명, 편집 등에 대해 실습을 하고 최종적으로 10분짜리 단편 영화를 만들어 제출한다.

아일랜드 영화연구소는 이 프로젝트를 진행하면서 학생들이 습득할 역량을 다음과 같이 제시하고 있다.

미디어리터러시 역량

* 영화에 대한 비판적 사고와 아이디어를 커뮤니케이션하는 능력
* 다른 사람들과 함께 비판적 어휘들을 습득하고 개발하는 능력
* 그들 자신의 영화를 기획하고 만드는 능력

정보처리 능력

* 영화에 관한 기본 지식과 용어 습득을 위해 서적, 인터넷, 비디오 클립 등 다양한 정보에 접근하고 영화를 분석하는 능력
* 다양한 ICT를 활용해서 그들이 새롭게 발견한 것들을 표출하는 능력

비판적 사고 및 창의적 사고

* 각기 다른 장르의 영화들을 비교, 분석하고 평가할 수 있는 능력
* 영화를 만드는 과정에서 대안적 옵션들을 고려할 수 있는 문제 해결능력
* 그들 자신의 필름에서 영화 언어와 다양한 기법들을 창의적으로 사용하는 능력

커뮤니케이션 능력

* 영화의 장르, 감독의 관점, 문화적 관점 차원에서 영화를 분석하는 능력
* 숏들이 오디언스로부터 어떤 반응을 이끌어낼지를 추론하는 능력

협력 활동

* 다른 사람들과 함께 공동작업을 수행하는 능력
* 유연하고 목표지향적 행위를 할 수 있는 능력
* 다른 사람들과 좋은 관계를 구축하고 그룹활동에 동기를 부여하는 능력

이와 함께 구체적인 수업목표를 다음과 같이 제시한다.

* 영화 언어를 이용해서 클래식한 영화의 핵심내용들을 분석할 수 있다.
* 영화언어와 기법들을 사용해서 영화대본과 스트로리보드를 만들 수 있다.
* 그룹의 일원으로서 효율적으로 작업을 할 수 있다.
* 미디어리터러시, 정보처리능력, 비판적 사고와 창의적 사고, 커뮤니케이션 능력, 협력활동 능력 등을 습득할 수 있다.

아일랜드는 또 지역 교육청별로 매년 전환학년제 특유의 프로그램 리스트를 선정해서 제시하는데 아일랜드 킬데어 카운티의 셀브리지 지역에서 설정한 2018-2019 전환학년제 프로그램은 디지털 미디어리터러시를 주제로 11주에 걸쳐 시행된다.[186]

이 모듈은 학생들이 디지털 테크놀로지, 커뮤니케이션 툴, 그리고 인터넷 등을 창의적이고, 비판적으로 그리고 안전하게 사용할 수 있는 능력을 고양시키기 위해 만들어진 프로그램이다. 나아가 학생들이 사회와 지역생활에서 효과적으로 참여하는 능력을 높여주기 위한 것이다. 이 모듈은 정보원의 속성과 신뢰도를 판별할 수 있는 방법, 인터넷 사용과 관련된 도덕적 이슈, 좋은 저널리즘의 특성 등을 탐구한다. 이 모듈은 또한 과학, 테크놀로지, 지리, 역사, 영어 등의 교과와 연계하여 통합교과 활동으로 적용되기도 한다.

미디어리터러시를 적용한 전환학년제 프로그램 2 : 프레스 패스

아일랜드에는 또 전환학년제와 미디어리터러시를 연계시킨 프레스패스(press pass) 프로그램이 있다. 이 프로그램은 아일랜드 교육부와 신문협회(National Newspapers of Ireland, NNI)의 지원하에 이루어진다. 읽고 쓰는 능력과 비판적 사고 능력을 향상시키면서 학생들이 뉴스 매체에 대한 깊은 이해와 주변 세계에 대한 의사 소통 방법을 개발하는 데 주목적을 두고 있다.[187] 학생들은 이 프로그램을 통해 영어 수능시험*(Leaving Certificate English paper)의 기본이 되는 다섯 가지 언어분야, 즉 정보 언어, 논증, 내레이션, 설득 그리고 언어의 미학적 사용 등에 대해 익히게 된다.

뉴스 일반에 대한 지식과 정보원의 신뢰도를 판별하는 방법, 기사 및 칼럼 작성 등의 교육에 이어 지역사회 구성원으로서 신문을 통해 지역사회의 공동 관심사에 참여하는 일 등이 포함되며 활동이 끝나는 무렵에서 활동의 결과물들을 프레스패스 저널리즘 경시대회에 출품한다. 2012년부터 시작된 이 프로그램은 6년간 6만여 명에 이르는 전환학년제 학생들이 참가할 정도로 인기를 끌고 있으며 매년 초에 개최되는 시상식에는 총리가 참석할 정도로 의미 있는 행사로 발돋움했다.

이 프로그램은 아일랜드 전환학년제에 들어선 학교의 신청을

---

* 우리나라의 수능과 같이 대학입학에 필요한 영어 자격시험을 말한다.

받아 이루어지는데 통상 10월 말까지 신청을 받아 대상학교를 선정하고 실제 활동은 11월 셋째 주부터 1월 말까지 이루어진다. 대상으로 지정된 학교는 아일랜드 신문협회로부터 신문, 수업지도안 및 학습 자료 등을 무료로 제공받는데 지역에 있는 학교의 경우 지역 일간지와 전국지 등 7개의 일간지를 무료로 제공받는다.

수업모듈은 일반적으로 20주차로 구성되어 있지만 학교의 상황이나 필요에 따라 6주에서 13주 코스로 진행된다. 실제 수업은 40분 단위로 이루어지며 1주일에 3, 4회 정도 운영된다. 주차별 수업 내용은 다음과 같다.

레슨 1 : 수업 오리엔테이션 및 프레스패스 저널리즘 경시대회에 대한 소개
레슨 2 : 뉴스는 왜 중요한가?

뉴스와 뉴스리터러시는 왜 중요한지에 대한 여러 가지 상황을 설정하고 각각의 상황에 대해 토론하는 학습으로 구성된다. 이 수업에서는 또 뉴스에 대한 인식과 관심도를 측정하는 간이 테스트를 실시하고 토론하는 시간을 갖는다.

레슨 3~4 : 뉴스의 본질적 특성과 기사 구조

뉴스의 본질적 특성인 사실과 의견 구분의 필요성, 정확성, 균형성 등에 대해 설명하고 이에 대한 간단한 토론을 벌인다. 이어서

5Ws 원칙들을 중심으로 뉴스 기사의 구조를 설명하고 나서 뉴스 기사의 구조를 익히는 학습활동을 수행한다. 즉 학생들은 개인별로 혹은 짝을 이뤄 신문의 1면 기사 중에서 하나의 기사를 선택하고 색연필로 밑줄을 그으면서 5W를 구분해 보는 활동을 한다.*

레슨 5~6 : 뉴스리터러시의 중요성에 대해 생각하기

이 수업에서는 뉴스 메시지를 왜 비판적으로 읽어야 하는지에 대해 설명하고 몇 가지 학습활동을 전개한다.

* 특정의 뉴스기사를 선택해서 사실과 의견을 구분해 보도록 한다.
* 짝을 이뤄 어떤 기사의 헤드라인이 가장 사실적인지 혹은 선정적인지를 분석해 보게 한다.
* 5W 원칙이 어떤 방식으로 사용되고 그 순서는 어떻게 정해지는지를 비교, 분석한다.**
* 5W 외에 어떤 추가 정보가 들어가 있고 또 누가 인용되었는지 파악하게 하고 그 이유에 대해 토론을 한다.
* 2개의 기사를 선택한 후에 어떤 것이 더 흥미롭고 또 어떤 것이 더 잘 쓴 것인지 구분하게 하고 흥미롭다면 왜 흥미로운지,

---

* 뉴스가치에 대한 보충자료는 https://blog.naver.com/csnhwang/221202063442 참조

** 5W1H 원칙에 대한 보충 자료는 https://blog.naver.com/csnhwang/221202064318 참조

또 왜 잘 썼다고 생각하는지에 대해 그 이유를 이야기하도록 한다.

* 각각의 모둠은 자신들의 분석결과를 공유하고 그에 대한 피드백을 받을 수 있다.

이 수업에서 뉴스의 유형과 각 유형의 특성에 대해 설명하고 개인 혹은 모둠 단위로 다음과 같은 학습활동을 전개한다.

신문기사 중에서 하나의 (뉴스)기사를 골라 사실이 들어 있는 부분을 색연필로 표시해 보게 한다

사실과 분석이 같이 게재된 기사를 골라 분석이라는 것을 알 수 있게 해주는 단어나 문장을 3개 정도 골라 읽게 한다

학생들은 피처 기사를 선택해서 읽고 특별한 인상이나 느낌을 받았는지, 그리고 왜 그런 느낌이 들었는지를 이야기하게 한다

그룹 토론을 통해 활동 결과에 대한 피드백을 받는다.

레슨 7 : 인터뷰를 어떻게 수행할 것인가? *

뉴스미디어에서 인터뷰의 의미와 방법에 대한 설명을 하고 다양한 학습활동을 전개한다.

---

* 인터뷰 의미와 방법에 대한 세부내용은 https://blog.naver.com/csnhwang/220906117880 참조

학생들에게 조사를 통해 스포츠, 패션, 음악, 정치인, 영화배우 등 유명인들의 리스트를 작성해 보도록 한다.

학생들에게 리스트에 있는 사람들 중에서 그들이 특별히 관심을 갖고 있는 사람을 고르게 한다.

학생들은 그룹 단위로 나누어 한 사람은 인터뷰어가 되고 다른 한 사람은 인터뷰이가 되는 역할을 설정한다. 각각 5 내지 10분 정도 인터뷰를 한 후에 역할을 바꾸어 다시 한다.

이것은 동기부여를 위해 즐겁게 하거나 재미있는 활동으로 수행하지만, 한 단계 더 나아가 실제 인터뷰를 해도록 권유하면 좋다.

레슨 8 : 트위터와 소셜미디어의 중요성

뉴스 플랫폼으로서 소셜미디어의 특성을 설명하고 그것을 왜 비판적으로 읽어야 하는지 어떻게 읽어야 하는지를 설명한다. 이 수업에서 학생들은 주어진 신문 기사 중에서 하나를 골라 내용을 요약하고 속보 형태로 재구성해서 자신의 트위터 피드에 올리도록 한다. 비록 짧은 기사이지만 5W 원칙을 적용하도록 독려한다.

이 수업 이후부터는 프레스패스 대회에 출품할 기사 작성을 고려한 활동이 병행된다.

먼저 일반 기사 작성과 관련하여 프레스패스 경시대회에 제출할 기사의 주제는 어떤 것이 좋은가에 대해 토론을 벌인다. 이 수업에서는 학급 학생 전원이 참석한 가운데 자유스럽게 아이디어를 내고 공유하는 브레인스토밍을 전개한다. 이 과정에서 다음과 같은 아이디어들이 도출될 수 있다.

* 커버 범위는 어떻게 할 것인가? 즉 지역의 뉴스를 다룰 것인가 전국적인 뉴스를 다룰 것인가 아니면 국제적인 범위까지 확장해 볼 것인가?
* 최근 지역에서 흥미로운 사건이 발생한 것이 없는가?
* 지역 혹은 전국 차원에서 곧 다가올 중요한 뉴스거리나 사건은 없는가?
* 현재 생각하는 주제와 관련하여 인터뷰나 자문을 해줄 사람으로 누가 적합한가?

레슨 10~11 : 피처 기사 분석하기

피처 기사는 특정의 토픽에 초점을 맞추고 있으며 그것은 일반적으로 테마나 특별한 메시지를 가진다는 것 등 피처기사의 특징을 설명한다.

학생들 스스로가 피처기사를 찾아보도록 한다. 일반적으로 피처기사는 특성상 헤드라인이나 사진을 보면 알 수 있다. 찾은 피처기사를 놓고 다음과 같은 단계로 분석을 해 보도록 한다.

* 피처기사의 헤드라인, 부제목 그리고 바이라인을 적는다.
* 그 기사가 초점을 맞추고 있는 토픽은 무엇인가?
* 그 기사는 독자의 관심을 끌기 위해 어떻게 서두를 시작했는가?
* 문장은 정보적이고 사실적인가?. 컬러풀하고 주관적으로 묘사하는 부분은 없는가?
* 피처기사에서 두드러지게 나타나는 앵글 혹은 관점이 있는가?
* 인용을 많이 했는가? 많이 했다면 어떤 정보원들을 인용했는가?
* 피처기사는 어떻게 끝을 맺는가?

학생들은 개인 혹은 모둠별로 피처기사를 읽고 분석한 다음 분석결과에 대해 토론한다.

레슨 12 : 피처기사감 찾기 브레인스토밍

다음과 같은 기준을 놓고 프레스패스 경시대회에 출품할 피처 기사감에 대해 토론을 하고 각각이 피드백을 주고받는다.

* 특별히 관심을 가진 이슈나 토픽이 있는가? 특별한 관심을 가지는 이유는 무엇인가?
* 구상하고 있는 이슈나 토픽과 관련하여 특별히 떠오르는 사람들, 집단, 기관이 있는가?
* 이 토픽을 기사화한다면 어떤 측면에 초점을 맞추어야 하는가?
* 이 토픽과 관련해서 생각하고 있는 특별한 앵글이 있는가?
* 이 토픽과 관련하여 생각해 볼 수 있는 아이디어는 무엇이고 그러한 아이디어를 어떤 순서로 전개할 것인가?
* 그 토픽에 대해 인터뷰를 해 줄 사람은 누구인가?

레슨 13~14 : 포토저널리즘

보도사진의 의미와 유형, 방법 등에 대해 설명하고 학생들이 선택한 실제 보도사진을 놓고 다음의 단계에 따라 분석하고 토론해 보도록 한다.

* 그 보도사진의 핵심주제는 무엇인가?
* 그 주제와 관련하여 전체적인 초점을 잘 잡아 냈는가? 무언가

간과한 부분은 없는가?

* 그 사진에는 명암이 뚜렷하게 구분되어 있는가?
* 그 사진의 컬러는 적절한가?
* 그 사진이 가지고 있는 독특한 무드나 분위기가 있다면 무엇인가?
* 그 사진의 주제가 사람에 관한 것이라면 그 사진이 얼굴표정, 제스처, 아니면 의미 있는 행동을 담고 있는가 그렇게 생각하는 이유는 무엇인가?
* 이 사진은 어떤 느낌을 갖게 하는가 즐겁게 만드는가, 충격에 휩싸이게 만드는가, 지루하게 만드는가?
* 그 사진을 찍은 작가의 의도는 무엇이라 생각하는가?

레슨 15~16 : 논평 및 비평

논평 및 비평기사에 대해 설명을 하고 실제의 논평기사를 골라 다음과 같은 순서에 따라 분석해 보도록 한다.

* 모든 학생들은 개인적으로 특정 신문을 골라 오피니언 기사를 분석해 보고 나서 모둠을 만들어 그룹 토론을 실시한다.
* 학생들은 오피니언란을 읽고 그중의 하나를 골라 자신들의 반응, 의견을 써 본다.

스포츠 보도에서 자주 나타나고 있는 현상 중의 하나가 스타 중심의 보도이다. 특히 팀워크가 강조되는 구기종목에서 이러한 스타 중심의 보도는 다양한 문제를 낳을 수 있고 나아가 1등 지상주의라는 잘못된 의식과 문화를 만들어내기도 한다. 이는 비판적 사고를 적용한 미디어리터러시의 핵심개념 중 네 번째인 관점과 가치의 측면에서 비판적으로 생각할 필요가 있고 스포츠 보도와 관련된 비평의 소재로 삼을 수 있다. 다음은 필자가 2005년 2월 2일자 경향신문에 기고한 글의 일부다.

박주영 영웅 탄생의 그늘

경향신문 2002년 2월 2일자

월드컵 이후 주춤한 축구 열기가 되살아나고 있다. '2005 카타르 8개국 초청 청소년대회'에서 한국을 우승으로 이끈 박주영의 맹활약 덕분이다. 언론 역시 경쟁적으로 박주영 띄우기에 열을 올렸고 경향신문도 예외는 아니었다.

1월17일 '中킬러 박주영 그 명성 그대로', 25일 '박주영 영웅탄생' 등 결승전으로 다가갈수록 박주영은 거의 신화적 존재로 묘사되었다. 급기야 일본과 결승전을 치르고 난 28일자에서는 '박주영, 처음도 끝도 화려했다' '골냄새 잘맡는 천부적 킬러' 등 2개면에 걸쳐 박주영을 한껏 부각시켰다. 그러나 박주영을 제외한 다른 선수들이나 코칭 스태프에 대한 기사는 거의 나오지 않았다.

스타플레이어에 집중하는 스포츠저널리즘의 속성을 이해 못하는 건 아니다. 하지만 축구는 기본적으로 팀워크의 산물이다. 최고에게만 모든 영예를 돌리는 식의 보도는 저널리즘에서 금기시하는 '과장'의 극치다. 자칫 선수들 간의 갈등과 분열을 초래한다. 이는 박주영 자신을 위해서도, 한국 축구의 발전을 위해서도 결코 바람직한 보도자세가 아니다. 29일자 사설에서 박주영에 대한 세심한 배려와 함께 다른 선수들의 공이 뒷전에 밀려나지 않도록 당부했지만 병 주고 약 주는 격이었다.

필자는 지난해 8월 아테네올림픽 보도에서 경향신문이 보인 아름다운 파격을 잊지 않고 있다. 비인기종목인 수영 결선에서 7위에 오른 남유선 선수의 기사를 '금메달보다 빛난 7위'라는 제목으로 1면 톱으로 올리고, 1984년 LA올림픽에서 동메달을 딴 데 이어 20년 만에 중년의 투혼을 발휘해 다시 은메달을 딴 일본 양궁선수를 과감하게 1면에 올리기도 했다. 최고가 아닌 선수에게도, 주연이 아닌 조연에게도 아낌없는 찬사를 보낸 경향신문의 평상심이 흐트러진 게 아닌지 못내 아쉬웠다.

레슨 17 : 논평 및 비평기사를 쓰기 위한 브레인스토밍

프레스패스 경시대회에 제출할 논평기사의 주제와 관련된 내용을 놓고 브레인스토밍을 실시한다. 3, 4명 단위의 모둠을 만들고 학급 학생 전원이 참석한 가운데 토론을 실시한다.

* 평소에 다루어보고 싶었던 주제들을 이야기하고 도출된 주제들의 적절성을 놓고 토론한다.
* 도출된 주제들을 압축해서 이 이슈에 대한 의견들을 짧게 요약해 본다.
* 이 이슈와 관련하여 추가적인 탐구나 조사가 필요한지를 확인한다.
* 이 경우 의견에는 정확한 사실에 바탕을 둔 근거가 필요하다는 것을 상기시킨다.
* 이슈에 대한 의견들을 열거해 본다.
* 각각의 의견에 대해 영향을 받을 사람이 누구일지를 생각해 본다.
* 사람들이 이 이슈에 대해 더 많은 관심을 가지도록 하기 위해 어떻게 해야 되는지를 생각해 본다.
* 중심이 되는 관점을 결정한다.

레슨 18~19 : 스포츠기사 분석하기

스포츠 기사의 특성에 대해 설명을 하고 다음과 같은 학습활동을 하도록 한다.

* 먼저 분석할 스포츠 기사를 선정하고 신문의 이름과 발간일자를 적는다.

* 그 기사가 경기에 관한 보도인지 특정 인물에 관한 기사인지 구분한다.
* 보고 있는 기사가 경기에 관한 기사라면 기자가 장면 설정을 위해 사용했던 단어나 문장을 찾아본다.
* 그 기자가 특정의 행동을 포착하기 위해 얼마나 정확하게 분명하게 했는지 평가한다.
* 기사에 포함된 사실들의 상세한 내용을 파악한다.
* 만약 인터뷰한 기사라면 기자가 인터뷰를 위한 장면 설정에 사용했던 단어나 문장들을 분석해 본다.

그 기자가 인터뷰를 위해 사용한 질문을 정리해 본다. 자신의 생각에 특별히 좋은 질문을 뽑아내 본다.

그 기자가 한 인터뷰 질문 말고 다른 좋은 질문이 만들어질 수 있는지 생각해 본다.

레슨 20 : 스포츠 기사 작성을 위한 브레인스토밍

학생들은 다음의 지침을 활용해서 경시대회에 출품할 적절한 스포츠기사 주제를 설정한다. 주제는 학생들 개인적으로 혹은 그룹 단위로 할 수 있으며 도출된 아이디어들을 학급 내에서 공유하고 전원이 참석한 가운데 토론을 한다.

인터뷰 기사를 위해 학생들이 특별히 좋아하거나 존경하는 스포츠 인물들의 리스트를 열거하게 한다.

그 중 한 사람을 선택해서 그 사람의 퍼스낼리티, 커리어, 최근의 근황 등을 정리한다.

질문지 리스트를 작성한다.

인터뷰의 초기에 독자들을 끌어당길 수 있게 하기 위해 어떤 도입을 두어야 할 것인지 그리고 앵글은 어떻게 맞출 것인지 등에 대해 생각해 본다.

경기에 관한 기사를 위해 학생들이 관심을 갖고 있는 지역의 경기기사 정보를 리스트로 만들어 열거한다.

그중 하나를 선택해서 학생들이 기억할 수 있는 스포츠 게임이나 사건에 대해 상세한 사항을 적어본다.

* 취재하고자 하는 경기의 초점에 대해 이야기해 본다.
* 그 경기가 언제 어디에서 개최되었는가?
* 그 경기에 누가 관련되어 있는가 혹은 그 경기는 왜 중요한가?
* 그날의 날씨나 분위기를 표현하는데 사용할 수 있는 단어나 문장이 있다면 무엇인가?
* 그밖에 그 경기의 중요한 순간이나 모멘트는 없는가?

이 수업이 끝나고 나면 학생들은 개인별로 작품을 만들고 아일랜드 신문협회에 출품을 한다. 작품 분야는 스포츠기사 쓰기, 칼럼 및 비평, 피처기사, 뉴스기사, 그리고 보도사진 등 총 5개 부문이다. 출품된 작품은 부문별로 3등까지 시상이 되고 통상 3월 중에 이루어지는 시상식에는 아일랜드 총리가 참석한 가운데 시상식이 이루어진다.

주

1부

1) Siegler, M. G.(2010). Eric Schmidt: Every 2 Days We Create As Much Information As We Did Up To 2003,
https://techcrunch.com/2010/08/04/schmidt-data/에서 이용 가능
2) Rheingold, H.(2012). Net Smart; 김광수 옮김(2012), 『넷스마트』. 문학동네.
3) http://www.independent.ie/business/jobs/next-industrial-revolution-to-put-seven-million-jobs-at-risk-34379711.html에서 이용 가능
4) 한상기(2007). 『비판적 사고와 논리』. 서광사.
5) Ibid.
6) 오준호(2012). 『소크라테스처럼 읽어라』. 미지북스, 2012.
7) http://blog.naver.com/ysk9289/80058960817
8) Chaffee, J.(2006). *Thinking Critically, 8th ed.*, Houghton Mifflin.
9) Paul, R. & Elder, L.(2006). The miniature guide to critical thinking: Concepts and tools. Dillon Beach CA: The Foundation for Critical Thinking.
10) Ibid.
11) 김광수(2007). 『논리와 비판적 사고』. 서울 철학과 현실사.
12) Ibid.
13) Paul, R. & Elder, L. p.458.
14) McPeck, J. E.(1981). Critical Thinking and Education, New York: St. Martin's Press.
15) Paul, R. & Elder, L.p.459.
16) Beyer, B. K.(1987). *Practical strategies for the teaching of thinking*. Boston: Allyn and Bacon.Inc.

17) Ibid.

18) 서민규(2012). 비판적 사고와 창의적 문제해결, 교양교육연구 제6권 제3호. 한국교양교육학회. 221-247.

19) Ibid. 22쪽.

20) 서민규. 앞의 책. p.224.

21) Ruggiero, V. R.(1984). Beyond feelings: A guide to critical thinking(2nd ed.) Mountain View, CA: Mayfield.

22) 김명숙(2006). 비판적 사고성향 측정도구의 개발 및 양호도 검증 연구, 교육과정평가연구 제9권 제 1호. 89-117.

23) Ibid.

24) Canada Offers Ten Classroom Approaches to Media Literacy.
http://www.medialit.org/reading-room/canada-offers-ten-classroom-approaches-media-literacy에서 이용 가능.

25) 박은진 · 김희정(2008). 『비판적 사고』. 서울 아카넷.

26) Ibid.

27) Cavender, N. M. & Kahane, H.(2010). Logic and Contemporary Rhetoric: The Use of Reason in Everyday Life. 김태은 옮김, 『논리와 현대화술; 일상에서 비판적으로 사고하기』 씨아이알.

28) Ibid.

29) Ibid.

30) 김영석(2005). 『설득커뮤니케이션』. 나남출판. pp.222-229

31) http://blog.naver.com/PostView.nhn?blogId=banddi95&logNo=220798240476&parentCategoryNo=&categoryNo=7&viewDate=&isShowPopularPosts=false&from=section

32) http://egloos.zum.com/isao76/v/2458116에서 이용 가능

33) Adler, M.(1986). Why critical thinking programs won't work. Education Week, 6(2), 28. 363.

34) 김영정(2005). 정주영 회장과 비판적 사고 : 비판적 사고와 토목공학 1. 인문 · 역사 제53권 제4호. 78-83.

35) 송해덕(2017). 초중등학교에서 역량 중심의 교육 정착을 위한 제언. 월간 교육정책 포럼 283호.

36) 정용문(2017). 비판 · 창의적 사고를 정식 교과목으로 설정. 세계도시동향 401호. 서울연구원.

37) 김혜정(2008). 비판적 사고력 신장을 위한 읽기 지도 방향, 독서연구. 한국독서학회. 제20호, 2008.12, 47−81

38) Ibid.

39) Ibid.

40) 김성철 관장의 유배로 읽는 한국사3. 남해시대 2012년 9월 27일자.

2부

41) 한면희(2001).『사회과 교육』. 서울 : 교육과학사.

42) 구인환(2006).『Basic 고교생을 위한 국어용어사전』. 신원문화사.

43) Baker, F.(2013). The History of Media Literacy, Praeger Handbook of Media Literacy(eds. Art Silverblatt). ABC−CLIO. http://www.frankwbaker.com/history_of_media_literacy.htm

44) 김소영 · 박수경 · 박혜미(2004). 공교육에서 영상미디어교육 체계화를 위한 교육과정 연구. 한국문화관광정책연구원.

45) Buckingham, D.(2003). Media Education : Literacy, Learning and Contemporary Culture. Polity Press.

46) 황치성 · 박지선(2013). 미디어센터 네트워크 연구, 한국언론진흥재단.

47) Buckingham, D. op.cit.4−5.

48) Vanwynsberghe, H., Paulussen, S., & Verdegem, P.(2011). Why and how should we measure digital media literacy?. Proceedings submitted to "Life without media: VI International conference communication and reality", Barcellona, Spain, 2011.

49) Potter, W. J.(2010). The state of media literacy. Journal of Broadcasting & Electric Media, 54(4), 675~696.

50) Vanwynsberghe, H., Paulussen, S., & Verdegem, P. op.cit.14.

51) Livingstone, S.(2004).What is media literacy? The International Institute of Communications. http://eprints.lse.ac.uk/1027/1/What_is_media_literacy_(LSERO).pdf에서 이용 가능.

52) Hobbs, R.(2010). Digital and media literacy: A plan of action. A white paper on the digital and media literacy recommendations of the knight commission on the information needs of communities in a democracy.

53) http://www.medialit.org/

54) 류현숙(2008). 하버마스의 의사소통 이론과 의사소통적 권력 : 온라인 심의적 참여 연구의 분석틀. 서울행정학회 춘계학술대회 발표 논문. 709-737.

55) 강진숙(2005). 미디어능력의 개념과 촉진사례 연구: 독일의 연방프로젝트 "학교를 네트워크로(Schulen ans Netz)"를 중심으로. 한국언론학보 49권 3호. 52-80.

56) 강진숙(2007). 미디어 능력에서 '디지털 능력'으로: 디지털 시대의 미디어 능력 촉진을 위한 미디어 교육 방법 연구. 《한국출판학연구》 53호, 5~31.

57) 문혜성(2004). 미디어교육학. 아카데미총서 1. 한국방송영상진흥원.

58) Vanwynsberghe, H., Paulussen, S., & Verdegem, P. op.cit.15.

59) UNESCO(2013). Global Media Information Literacy(MIL) : Assessment Framework : Country Readiness and Competencies. UNESCO.

60) Martin, A., & Grudziecki, J.(2006). DigEuLit: concepts and tools for digital literacy development. *ITALICS, 5*(4), 249-267.

61) Vanwynsberghe, H., Paulussen, S., & Verdegem, P. op.cit.16.

62) Ibid.

63) Ibid.

64) http://mediasmarts.ca/digital-media-literacy

65) 한국언론진흥재단(2016). 언론 수용자 의식조사, 한국언론진흥재단.

66) 한국언론진흥재단(2016). 10대 청소년 미디어 이용 조사, 한국언론진흥재단.

67) 황치성 · 김광재 · 한승연(2013). 미래 성장동력으로서 미디어리터러시 연구, 한국언론진흥재단.
68) Kellner, D. & Share, J.(2007). Critical media literacy, democracy, and the reconstruction of education. In D. Macedo & S.R. Steinberg (Eds.), Media literacy: A reader (pp. 3–23). New York : Peter Lang Publishing.
69) Siegler, M. G. Ibid.
70) Postman, N.(1985). Amusing Ourselves to Death: Public discourse in the age of show business. N. Y. : Penguin Books.
71) Jenkins, H.(2009). Confronting the Challenges of Participatory Culture : The John D. and Catherine T. MacArthur Foundation Reports on Digital Media and Learning. Massachusetts Institute of Technology.
72) Ibid.
73) Castells, M.(2002). Local and Global: Cities in the Network Society. Tijdschrift voor Economische en Sociale Geografie 93(5): 548 – 558.
74) 황치성 · 정완규(2014). 청소년의 미디어 이용과 21세기 핵심역량, 한국언론진흥재단.
75) http://www.medialit.org/
76) Hague, C. & Payton. S(2010). Digital Literacy across the curriculum : a futurelab handbook. futurelab.
77) Jolls, T. & Thoman. E.(2008). Literacy for the 21st Century : An Overview & Orientation Guide To Media Literacy Education. Center for Media Literacy. www.medialit.org
78) 정현선 · 김아미 · 박유신 · 장은주 · 길호현(2016). 초 · 중등 교과서의 미디어리터러시 단원 개발 연구. 교육부.
79) Ibid.
80) 정혜승 · 박창균 · 이선영 · 박치범(2016). 한국, 핀란드, 이스라엘 교과서의 질문 방식 비교 연구. 교육부.
81) Senechal, M., Thomas, E., Monker, J.(1995), Individual differences in

4-year-old children's acquisition of vocabulary during storybook reading, Journal of Educational Psychology, Vol 87(2), pp.218-229.

82) Ciardiello, A.(1998). Did You Ask a Good Question Today? Alternative Cognitive and Metacognitive Strategies, Journal of Adolescent & Adult Literacy. Vol. 42, No. 3, pp. 210-219.

83) King, A.(1994). Guiding Knowledge Construction in the classroom : Effect of Teaching children How to Question and How to Explain. American Educational Research Journal, 31. 338-368.

84) 정혜승 · 박창균 · 이선영 · 박치범. 앞의 책. p.19.

85) 김병태(2018). 기술 수업혁신: '기술의 세계' 분야 교육과정 재구성. 2018 중등 신구임용예정교사 직무연수(Ⅱ). 서울특별시교육청교육연수원. 345-380.

86) 정혜승 · 박창균 · 이선영 · 박치범, 앞의 책. p.19.

87) Grefe, L., & Eisenstock, B.(2017). Get REAL! about Media and Body Image A Digital Media Literacy Toolkit. California State University Northridge & National Eating Disorders Association.

3부

88) McLuhan, M.(1965). Understanding Media. 박정규 역 (1997). 『미디어의 이해-인간의 확장』. 커뮤니케이션북스.

89) Jolls, T. & Wilson, C.(2014). The Core Concepts: Fundamental to Media Literacy Yesterday, Today and Tomorrow. Journal of Media Literacy Education 6(2). The National Association for Media Literacy Education. 68-78.

90) Ibid.

91) Masterman, L.(2010). "Voices of Media Literacy." Accessed on January 25, 2014. http://www.medialit.org/reading-room/voicesmedia-literacy-international-pioneers-speak-len-masterman-interview-tran-

script

92) Masterman, L.(1985). *Teaching The Media. Abingdon, Oxon, England, 1985*. Comedia Publishing Group.

93) Carolyn, W. and Duncan, B.(2008). "Implementing Mandates in Media Education: The Ontario Experience." Accessed on January 10, 2014. http://www.revista.comunicar.com/pdf/comunicar32-en.pdf, 127-140.

94) Jolls, T. & Wilson, C.(2014). The Core Concepts: Fundamental to Media Literacy Yesterday, Today and Tomorrow. Journal of Media Literacy Education 6(2). The National Association for Media Literacy Education. 68-78.

95) Jolls, T. & Thoman. E.(2008). Literacy for the 21st Century : An Overview & Orientation Guide To Media Literacy Education. Center for Media Literacy.

96) Worsnop, C. M.(2003). Media Literacy Through Critical Thinking: Teacher Materials. NW Center for Excellence in Media Literacy.

97) Ibid.

98) Jolls, T. & Thoman. E. op.cit.14.

99) Ibid.

100) Ibid.

101) Canada Offers Ten Classroom Approaches to Media Literacy. http://www.medialit.org/reading-room/canada-offers-ten-classroom-approaches-media-literacy에서 이용 가능.

102) Ibid.

103) 박길자(2006). 초등 사회과 교육에서 대중문화 텍스트의 분석모델과 실제. 초등교육연구. 19(2), 193-215.

104) 정현선 · 박수경 · 심상민(2005). 교과교육과 미디어교육, 학교로 간 미디어. 한국언론학회 미디어교육위원회. 다홀미디어.

105) British Film Institute & English & Media Center.(2003). A teaching guide to

using film and television with three—to eleven—year olds.

106) British Film Institute & English & Media Center.(2000). Moving Images in the Classroom: A Secondary Teachers' Guide to Using Flim and Television.

107) Jolls, T. & Thoman. E. op.cit.14.

108) http://news.naver.com/main/read.nhn?mode=LSD&mid=sec&sid1=004&oid=006&aid=0000079379에서 이용 가능

109) https://www.theonion.com/kim—jong—un—named—the—onions—sexiest—man—alive—for—2012—1819574194에서 이용 가능

110) https://www.theguardian.com/world/2012/nov/27/china—kim—jong—un에서 이용 가능

111) Pigliucci, M.(2012). Nonsense on stilts : how to tell science from bunk. 노태복 역(2012). 『이것은 과학이 아니다 : 과학이라 불리우는비과학의 함정』.

112) 김소영 · 박수경 · 박혜미. 앞의 책.

113) Silverblatt, A., Ferry, J., & Finan, B.(1999). Approaches to media Literacy : a handbook. M.E>Sharpe, Inc., ; 송일준 역(2004). 『미디어리터러시 접근법』. 차송.

114) Ibid.

115) Ibid.

116) 김소영 · 박수경 · 박혜미(2004). 공교육에서 영상미디어교육 체계화를 위한 교육과정 연구. 한국문화관광정책연구원.

117) 조선일보 2011년 3월 6일자, 왜 어떤 백화점은 층마다 음악이 다를까? : http://news.chosun.com/site/data/html_dir/2011/03/04/2011030401763.html

118) 강북구청 블로그 : http://blog.naver.com/hopegb/220852330957

119) 조은진(2006). 세 가지 인지/학습이론의 비교 분석 : 교수원리 및 교육적 적용을 중심으로. 서울여자대학교 사회과학논총 제13집. 147—158.

120) 권성호 · 서윤경(2005). 『교육공학적 관점에 따른 미디어교육의 이론과 실

제』. 한울아카데미.

121) 황치성(2006). 갈등이슈에 대한 개인 의견과 특정 신문에 대한 태도가 기사 편향 및 여론 지각에 미치는 영향에 관한 연구, 고려대학교 대학원 박사학위논문.

122) Johnson, M.(2016). Bias in News Source. Media Smarts. http://mediasmarts.ca/sites/mediasmarts/files/pdfs/lesson-plan/Lesson_Bias_News_Sources.pdf에서 이용 가능

123) Silverblatt, A., Ferry, J., & Finan, B.(1999). Approaches to media Literacy : a handbook. M.E>Sharpe, Inc..; 송일준 역(2004). 『미디어리터러시 접근법』. 차송.

124) Ibid.

125) Glassgow University Media Group.(1976). Bad News. London: Routledge & Kegan Paul.

126) Canada Offers Ten Classroom Approaches to Media Literacy. http://www.medialit.org/reading-room/canada-offers-ten-classroom-approaches-media-literacy에서 이용 가능.

127) http://source.southuniversity.edu/political-campaigns-and-social-media-tweeting-their-way-into-office-106986.aspx

128) Jenkins, H.(2006). Convergence culture: Where old and new media collide. New York: New York University Press.

129) 서경숙(2014). 새로운 미디어의 융합을 통한 시 교육. 영어영문학연구 제40권 제1호. 83-98.

130) Ibid.

131) Hobbs, R. & Rowe, J.(2009). Creative Remixing and Digital Learning: Developing an Online Media Literacy Learning Tool for Girls. [Online] Available: http://mediaeducationlab.com/sites/default/files/Media%2520Literacy%2520Creative%2520Remixing%2520and%2520Digital%2520learning_0.pdf

132) http://mediaeducationlab.com/curriculum/materials

133) https://newsela.com/text-sets/#/tag/a-mile-in-our-shoes?tag=a-mile-in-our-shoes

134) http://blog.naver.com/clook21/220680721005

135) Livingstone, S.(2004). Media literacy and the challenge of new information and communication technologies. The Communication Review, 7(1), 3~14.

136) Worsnop, C. M.(2003). Media Literacy Through Critical Thinking: Teacher Materials. NW Center for Excellence in Media Literacy.

137) 한순미(1999).『비고츠키와 교육-문화역사적 접근』. 교육과학사.

138) Harvey, S. & Goudvis. A.(2007). Strategies that work: teaching comprehension for understanding and engagement. Portland, Me: Stenhouse Publishers. C., &

139) Cyndy Scheibe, Rogow, F.(2011). The Teacher s Guide to Media Literacy: Critical Thinking in a Multimedia World. Corwin Press

140) Sperry, C.(2012). Teaching Critical Thinking Through Media Literacy. Science Scope. 2012. Summer. 56-60.

141) 한국교육학술정보원(2014). 미래핵심역량 증진을 위한 정보통신기술(ICT) 활용 교육사례 탐색. 한국교육학술정보원.

142) 김육훈(2017).『비판적 사고의 힘 기르는 역사의 논쟁성』. 행복한 아침독서. http://www.morningreading.org/article/2017/06/01/201706010936001411.html

143) Savich, C.(2009). Improving Critical Thinking Skills in History. Networks: Vol. 11, Issue 2. 1-12.

144) Considine, D. M.(2003). Weapons of Mass Distraction?;Media Literacy, Social Studies & Citizenship. Media. presentation at the annual conferrnce of the National Council for the Social Studies, Chicago, November.

145) https://sti.kostat.go.kr/coresti/site/main.do

146) 조주현 · 이주은 · 박임희(2015). 미디어와 윤리 : 미디어교육 교재-대학

용. 방송통신심의위원회.

147) Paul. R., & Elder. L.(2006). The Thinker's Guides series. 박진환 · 김혜숙 옮김(2006). 『생각의 기술, 논술의 기술1』. hotec. 고차적 사고력 교육센터.

148) Hunt, E.(2016, December 17). What is fake news? How to spot it and what you can do to stop it. The Guardian. Retrieved from. https://www.theguardian.com/media/2016/dec/18/what-is-fake-news-pizzagate

4부

149) https://www.buzzfeed.com/craigsilverman/viral-fake-election-news-outperformed-real-news-on-facebook?utm_term=.wy1olOarX#.boOn3ZXm9

150) https://davidbuckingham.net/blog/

151) https://blogs.lse.ac.uk/mediapolicyproject/2017/02/07/how-has-media-policy-responded-to-fake-news/

152) http://www.mediatoday.co.kr/?mod=news&act=articleView&idxno=127933#csidx7ea05222a13accda8197235f24b02cf

153) http://www.hani.co.kr/arti/society/media/699138.html#csidx0f98cbbf-14d0abaa9142b0330096858

154) http://countercurrentnews.com/2016/11/pizzagate-conspiracy-theory-debunked/

155) 이예경(2012). 확증편향 극복을 위한 비판적 사고 중심 교육의 원리 탐구 교육과학연구 제43집 제4호, pp.1-31.

156) Shao, C., Ciampaglia, G., Varol, O., Flammini, A., and Menczer, F.(2017). The spread of fake news by social bots. arXiv. 24. July. https://www.researchgate.net/publication/318671211_The_spread_of_fake_news_by_social_bots

157) http://www.connectsafely.org

158) http://www.allsides.com/dictionary

159) http://www.snopes.com

160) http://www.politifact.com

161) 이두희(2009). 『광고론』, 박영사.

162) Domzal, T. J. and Kernan, J. B.(1992), "Reading advertising: the what nd ow of product meaning", Journal of Consumer Marketing, Vol. 9 No. 3, pp. 48−64.

163) Lawlor, M. A. & Prothero, A.(2008). Exploring children's understanding of television advertising − beyond the advertiser's perspective. Dublin Institute of Technology ARROW@DIT. http://arrow.dit.ie/buschmarart

164) Nando, M.(2010). "hat is advertising literacy: Exploring the dimensions of advertising literacy," *Journal of Visual Literacy 29*(2), 129−142.

165) Rozendaal, E., Lapierre, M. A., Buijzen, M., & Van Reijmersdal, E. A.(2010). Toward a three−dimensional approach of children's advertising literacy. paper addressed at the National Communication Association(NCA) Conference.

166) Livingstone, S., & Helsper, E.(2006). Does advertising literacy mediate the effects of advertising on children? A critical examination of two linked research literatures in relation to obesity and food choice. Journal of communication, 56 (3). pp.560−584.

167) Rozendaal, E.(2011). Advertising Literacy and children's susceptibility to advertising. http://pure.uva.nl/ws/files/1365122/88691-09.pdf. 에서 이동가능

168) Chernin, A.(2007). The relationship between children's knowledge of persuasive intent and persuasion: The case of televised food marketing. Ph.D. dissertation, University of Pennsylvania, United States − (UMI Publication No. AAT 3292015).

169) Nairn, A. & Fine, C.(2008) Who"s messing with my mind? The implications ofdual−process models for ethics of advertising to children. International Journal of Advertising, 27, 447−470.

170) Rozendaal, E.op.cit.124.

171) 김지은 · 한규훈(2016). 초등학생의 비판적 사고력 향상을 위한 광고활용교육의 적용과 효과 검증, 광고연구 2016년 봄 제 108호. 한구광고홍보학회. 5-30.

172) 김언동(2004). 광고와 미디어교육 : 광고는 주변세계를 이해하도록 돕는 조력자. http://data.adic.co.kr/lit/fulltext/S9000882/01.html

173) www.mediasmart.org.uk

174) 이희복 · 차유철 · 정승혜(2013).『미디어스마트』. 한경사.

175) Ibid.

176) https://www.admongo.gov/about.aspx

177) 아래 글은 Assaf, L.,C & Adonyi, A.(2009). Critically Reading Advertisements: Examining Visual Images and Persuasive Language. In B, Moss & D, Lapp(Eds.), Teaching New Literacies in Grades 4-6 : Resources for 21st-Century Classrooms. New York : Guilford Press. 233-244.의 내용을 발췌, 재구성한 것이다.

178) 김지영(2013). 비판 능력 향상을 위한 시각문화교육 방안: 고등학교 1학년 미술수업에서 TV 광고비평을 중심으로. 이화여자대학교 교육대학원, 석사학위논문.

179) 이상열 · 조용만(2013). 자유학기제 인문체험 확대방안 연구. 한국문화관광연구원. http://www.ggoomggi.go.kr/page/new/page_new_main

180) 정현선 · 박유신 · 전경란 · 박한철(2015). 미디어 문해력(Media Literacy) 향상을 위한 교실수업 개선방안. 교육부.

181) 이기봉(2013). 자유학기제 도입과 외국 사례: 아일랜드 전환학년제, NYPI 기획세미나, 자유학기제와 청소년체험활동 : 외국 사례와 방향성 모색. 2013년 2월 21일(목) 14:00 - 16:30 한국청소년정책연구원.

182) Department of Education(2016). Transition Year Programmes: Guidelines for schools TRANSITION YEAR 2016 - 2017. http://www.rathdown-school.ie/wp-content/uploads/2010/05/TY-brochure-2016-17.pdf

183) 김현철(2013). 자유학기제 정착을 위한 아일랜드 전환학년제 분석 및 시사

점. 세계교육정책 인포메이션 2013년 제1호. 한국청소년정책연구원.

184) Barnes, C. Corcoran, F., Brian, F., O'Neill, B.(2007). Final Report: Critical Media Literacy in Ireland. Centre for Social and Educational Research. https://arrow.dit.ie/cgi/viewcontent.cgi?article=1019&context=cser-rep

185) IFI Film Focus : New Directions in Film & Media Literacy, Irish Film Institute.(2012). http://www.ifi.ie/wp-content/uploads/IFI_FilmFocus_WV.pdf

186) Transition Year 2018-19 in Celbridge Community School. http://celbridgecs.ie/images/TY/TYBrochure20182019.pdf

187) http://newsbrandsireland.ie/newsbrands-ireland-launch-press-pass-2017-the-sixth-year-of-their-student-journalism-and-news-literacy-ty-programme/Kirwan, F(2017). Press Pass Lesson Plans, NewsBrands.

| 지은이 소개 |

황치성

1989년에 한국언론진흥재단에 입사해 조사분석팀장, 월간 〈신문과방송〉 편집장, 미디어교육팀장, 책임연구위원을 거쳤다.

학부 때부터 신문방송학을 전공했으며 고려대 대학원에서 〈갈등이슈에 대한 개인 의견과 특정신문에 대한 태도가 기사 편향 및 여론 지각에 미치는 영향 연구〉를 주제로 박사학위를 취득했다.

이달의 기자상 및 한국기자상 심사위원, 한국방송대상 심사위원을 역임했으며 경향신문에서 오랫동안 칼럼을 집필했다.

미디어교육 팀장을 수행하면서 미디어리터러시 영역의 묘미에 빠져 오랫동안 연구를 해 왔고 교육부 자문위원, 미디어와 진로활동을 주제로 한 교사연수 강의, 서울시 교육청 자유학기제 교육과정 개발위원 등의 활동을 했으며 지금은 미디어리터러시 교육, 진로활동, 그리고 글쓰기 등을 주제로 강의, 집필, 컨설팅 및 블로그 활동을 하고 있다.

저서로는 〈미디어리터러시가 창의적 사고 및 21세기 핵심역량에 미치는 영향〉, 〈청소년의 미디어 이용과 21세기 핵심역량〉, 〈미래 성장동력으로서 미디어리터러시〉, 〈미디어교육 현안과 미래 전략〉, 〈언론인의 직업환경과 역할 정체성〉, 〈갈등 이슈 보도의 새로운 접근〉, 〈SNS와 선거전략〉 등이 있다.

미디어리터러시와 비판적 사고

-디지털 세상에서 자기주도적 삶과 학습을 위한 지침서

2018년 2월 28일 1판 1쇄 발행
2020년 5월 20일 1판 2쇄 발행

지은이: 황 치 성
펴낸이: 한 정 주
펴낸곳: 교육과학사

경기도 파주시 광인사길 71
전화:(031) 955-6956~8 팩스:(031) 955-6037
Home-page: www.kyoyookbook.co.kr / E-mail: kyoyook@chol.com
등록: 1970년 5월 18일 제2-73호

정가 16,000원

ISBN 978-89-254-1266-5

Printed in Korea.